교회를
웃게 하는
섬기는 장로

교회를 웃게 하는 섬기는 장로

저자 김병태

초판 1쇄 발행 2021. 8. 20.
초판 3쇄 발행 2024. 3. 12.

발행처 도서출판 브니엘
발행인 권혁선

책임교정 조은경
책임영업 기태운
책임편집 브니엘 디자인실

등록번호 서울 제2006-50호
등록일자 2006. 9. 11.

서울특별시 송파구 백제고분로28길 25 B101호 (05590)
마케팅부 02)421-3436
편집부 02)421-3487
팩시밀리 02)421-3438

ISBN 979-11-90308-54-0 03230

독자의견 02)421-3487
이메일 editorkhs@empal.com

북카페 주소 cafe.naver.com/penielpub.cafe
인스타그램 @peniel_books

도서출판 브니엘은 독자들의 원고를 설레는 마음으로 기다리고 있습니다.
위의 이메일로 간단한 기획 내용 및 원고, 연락처 등을 보내주십시오.

도서출판 브니엘은 갓구운 빵처럼 항상 신선한 책만을 고집합니다.

교회를
웃게 하는
섬기는 장로

김병태 | 지음

장로는 _____ 교회의 리더이자 교인을 섬기는 행복 전도사다

브니엘

한 사람의 장로는 단지 한 사람의 몫이 아니다. 교회를 대표하는 사람이고 리더로 세움받은 교인이기에 그만큼 중요하고 영향력도 크다. 장로의 따뜻한 말 한마디가 목회자에게 큰 동력을 불어넣고, 성도의 상처 난 마음을 위로하고 어루만질 수 있다. 만나는 성도에게 보내는 미소 머금은 인사가 삶에 지친 성도의 마음에 희망을 안겨주고 용기를 불어넣기도 한다. 많은 말이 아니어도 등 한 번 두들겨주는 사랑의 터치가 무한경쟁의 그라운드에서 지쳐 쓰러지기 직전에 있는 젊은 집사들에게 일어설 힘을 공급할 수도 있다.

장로로 세움받은 사람이 명심할 게 있다. 교회의 리더로 미치는 영향력과 파장이 '긍정적'일 수도 있지만 '부정적'일 수도 있음을! 당회원이기에 교회가 나아갈 방향에 지대한 영향을 미친다. 목회자가 지향하는 목회에 '큰 힘'이 될 수도 있지만 '큰 짐'이 될 수도 있다. 교회가 나아갈 디딤돌을 놓을 수도 있지만 걸림돌이 될 수도 있다. 어떤 목회자는 푸념한다. "나하고 관계가 좋지 않은 장로님이 계시는데, 무슨 일을 하려고 할 때마다 사사건건 문제를 제기하고 트집을 잡아서 너무 힘들다." 목회자와 불편한 관계 때문에 매사에 반대를 위한 반대를 한다는 것이다. 그러니 교회가 해야 할 일을 하지 못하게 되는 때가 한두 번이 아니라는 게다. 그렇다. 교회의 리더로 세움받은 장로는 늘 영적 긴장감을 잃지 말아야 한다. 늘 긍정적인 파장만 일으키는 리더의 길을 걸을 수 있도록 주의해야 한다.

교회에 올 때마다 "목사님, 제가 할 일 없어요"라고 하며 싱글벙글 웃는 장로님을 보는 목회자가 행복하지 않을까? 어느 교회 장로님은 강의에서 이런 말을 했다. "장로들 가운데는 총알 장로가 있어서 툭하면 목회자를 공격하는데, 나는 총알받이 장로로 섬기고 있어요." 담임목사가 어려운 상황에 부딪히면 자신이 모든 책임을 뒤집어쓰고 담임목사를 보호한다는 것이다. 교회의 톱 리더가 흔들려서는 안 된다는 뜻이다.

교회의 리더로 세움받은 장로는 솔로몬처럼 '듣는 마음'을 구하고 소통의 길을 걸어야 한다. 예수님처럼 온유하고 겸손한 섬김의 리더십을 보여주어야 한다. 교회의 주인행세를 하려고 하기보다 예수님처럼 대야에 물을 뜨고, 수건을 허리에 두르고, 성도들 앞에 무릎 꿇고 섬기는 종이 되면 어떨까? 매사에 명령하고 지시하는 권위주의적인 리더가 아니라 자상하고 따뜻하게 설명해주고 격려하고 칭찬하면서 실수를 수정해 갈 수 있도록 지지해주는 서포터(supporter) 리더가 되면 어떨까? 어느 분이 하는 말이다. "다른 사람을 기쁘게 하면 내 안에 잔치가 일어난다." 교회의 리더로 세움받은 장로는 마땅히 주님을 기쁘게 해야 한다. 한 걸음 더 나아가 동역자인 목회자를 기쁘게 하고, 섬겨야 할 교인들의 기쁨을 추구해야 한다. 그런데 놀라운 신비는 다른 사람의 기쁨을 추구할 때 자기 안에 잔치가 벌어진다는 사실이다.

어느 교회 장로님은 토요일이 되면 교회에 오신다. 화장실 청소를 하기 위해. 물론 교회를 관리하는 집사님도 계신다. 그런데도 자원해서 친히 화장실 청소를 하신다. 그런 장로님이 리더로 섬기는 교회 성도들은 행복하지 않겠는가? 장로님이 교회 띠를 두르고 주차장에서 "환영합니다. 행복한 주일 되세요"라고 미소 지으며 차량을 안내하니 예배 드리러 오는 성도들이 얼마나 행복할까? 사람들이 꺼리는 일을 손수 앞장서서 섬기는 장로님의 모습을 보면서 많은 성도는 감동을 넘어 섬김의 모델로 삼게 된다.

2020년 1월부터 시작된 코로나가 2021년 전반전을 훌쩍 넘었는데도 쉽게 잡히지 않고 있다. 백신을 맞은 나라에서도 변이 바이러스로 인해 다시 마스크를 끼고 긴장하는 추세이다. 지구촌은 지금 바이러스라는 '보이지 않는 적'과 치열한 전쟁을 하고 있다. 교회의 리더로서 성도들을 섬기는 행복한 전도사로 세움받은 장로는 아름다운 섬김으로 공동체를 웃음 도가니로 만들어야 할 책임과 의무가 있다. 그러기 위해 '보이지 않는 영적인 적'과의 치열한 싸움을 싸워야 한다. '내가' 라는 적, '교만' 이라는 적, '경쟁과 비교의식' 이라는 적, '권위의식' 이라는 적, '인정과 존중받으려는 욕구' 라는 적 등. 보이지 않는 적과의 영적 싸움에 승리해야 '독' 이 아닌 '약' 이 되는 장로가 될 수 있다.

사탄은 나도 모르게 내면과 영혼의 악성 바이러스를 유포시킨다. 겉 사람은 자신 안에 일어나고 있는 악성 바이러스와 동행하려고 꿈틀거린다. 성령의 소욕을 외면한 채 육체의 소욕에 이끌리다 보면 자신의 의지와 상관없이 주님의 뜻으로부터 멀어지게 되고, 공동체의 행복과 교인들의 웃음을 도둑질하고 만다. 내가 나빠서가 아니다. 어둠의 영이 나와 영적 공동체를 무너뜨리기 위해 혈안이 되었기 때문이다. 그렇기에 장로는 트러블 메이커가 아닌 피스 메이커로 공동체 안에 행복한 웃음 꽃다발을 선물하기 위해 늘 깨어 있어야 한다.

이 작은 책은 주님이 원하시는 장로의 길로 안내할 것이고, 말씀 안에서 자신의 현주소를 깨닫는 자기 발견의 책이 될 것이다. 한 걸음 더 나아가 주님 앞에 서는 그날, 부끄러운 것 없는 일꾼으로 칭찬받을 수 있도록 성장자극제 역할을 할 것으로 확신한다. 교회의 리더로 세움받아 교인들을 웃게 하는 행복 전도사가 되길 소망하는 장로님들에게 소중한 선물이 되길 소망한다.

글쓴이 김병태

장로는
직분을 바로
이해하고
섬겨야 한다

장로란 직분을 바로 이해하고 섬기라

칭찬받는 덕스러운 당회원이 되라

비전을 공유하는 목회 동역자가 되라

01

직분 이해

>>> PART_1

장로란 직분을
바로 이해하고 섬기라

어느 목사님이 당회를 나오면서 고개를 절레절레 흔들며 말했다.

"장로교의 교리는 좋은데, 장로제도는 아무래도 문제가 있어."

이 말은 한국교회의 장로제도에 대한 심각한 반성이 일어나야 함을 여실히 보여준다.

하나님이 주신 직분은 거룩하고 영광스럽다. 하나님이 교회에 장로로 세워주셨다면 "장로 때문에 목회가 행복하다. 교회가 평안하다"고 말해야 하지 않겠는가? 그런데 "장로 때문에 목회를 못 해 먹겠다. 교회가 재미없다"고 한다면 심각한 문제가 아닐 수 없다.

어느 목사님이 교회를 사임하고 이사를 하는데 냉장고 속에 우황청심환이 가득했다. 왜 그랬을까? 매월 하는 당회에 대한 부담감 때문이란다. 어느 목사님은 "당회로 모이는 날은 목사가 죽는 날이다. 한 달에 한 번 찾아오는 당회가 무섭다"고 말한다. 그래서 당회가 있는 토요일 밤이면 잠자리에서 몸을 이리저리 뒤척거리며 잠을 이루지 못한다고 한다. 남편의 고민을 눈치를 챈 사모는 "주여!" 하고 긴 한숨을 어둠 속으로 내뱉는다고 한다. 온종일 설교해야 하는 목사가 "주일 아침인데 밥맛이 떨어져 밥도 못 먹는다"고 하니 사탄이 얼마나 즐겁게 춤추겠는가?

잔꾀가 탁월한 사탄은 교회를 무너뜨리기 위한 전력을 너무나 잘 알고 있다. "교회의 리더십을 공략하라!" 리더십이 흔들리면 교회는 송두리째 흔들리게 된다. 더구나 사탄은 더 교묘하게 일한다. "교회의 지도자들끼리 싸움을 붙여 분열시키라!" 그런데 현대교회가 사탄의 노리갯감으로 전락하고 있지는 않은가?

사탄의 흔듦으로부터 교회를 건져내기 위해서는 자격을 갖춘 장로를 세워야 한다. 그래서 장로를 세워놓고 후회하지 않도록 훈련해야 한다. 교회로부터 세움받는 장로 역시 자신을 점검하면서 교회에 유익한 일꾼이 되도록 노력해야 한다. 그렇다면 장로는 어떤 자격을 갖춰야 하며, 장로가 감당해야 할 직무는 무엇인가?

장로제도의 기원을 바로 이해하라

교회가 뿌리째 흔들리는 데는 목사와 장로가 중심에 서 있다. 어느 교회는 목사의 주도권이 지나치게 강하기 때문이며, 또 다른 경우는 장로의 권한이 지나치게 집중되어 있기 때문이다. 어느 교회에서는 아예 "모든 것은 당회로!"라는 이야기가 나돈다. 장로교 정치는 장점도 있고 위험성도 내포되어 있다. 그렇기에 장로직에 대한 성경에서 말하는 올바른 인식이 절실히 필요하다.

성경에 나타나는 장로에 대한 기원을 살펴보자. 구약성경과 유대교 문헌 속에서 장로(히. 즈케님)는 본래 종교적인 의미보다 어른, 늙은이, 연장자의 의미였다. 문중이나 지파 및 부족사회의 어른이나 연장자에게 사용되던 평범한 용어가 공동체 생활의 발전과 함께 점차 공동체나 지역사회의 덕망 있고 권위 있는 대표자나 지도자를 지칭하는 용어로 발전한 것이다.

구약성경에서는 전체 이스라엘 민족의 대표들을 장로라고 불렀다(출 3:16-18, 4:29, 17:5, 18:12). 이들은 전체 이스라엘을 대표하여 하나님과의 언약을 위해서 부름받은 자들이다. 그중에서 70인 장로는 모세의 인도로 시내산에 올라가 하나님과 이스라엘 사이에 맺은 언약의 증인이 되었다(출 19:7, 24:9). 이들은 시내산에서 하나님을 바라보고 하나님의 면전에서 먹고 마시는 축복을 경험했다. 이 70인 장로단이 후에 이스라엘 산헤드린의회의 시초가 된다.

구약시대의 장로들은 종교적 기능 외에도 평화 시에는 재판관적 기능과 행정의 증인, 공동체 대표자의 기능을 담당했다. 유다왕국이 망하고 포로기에 접어들어서도 장로들은 이스라엘 민족공동체의 신앙 유산을 보존하고 계승하는 중요한 역할을 했다. 그 후 BC 2~3세기에는 예루살렘에 이스라엘의 70인 장로로 구성된 장로의회, 즉 산헤드린이 존재하게 되었다. 예수님 당시에 예루살렘에만 약 480개의 회당이 있었는데, 대개 한 지역에 한 회당이 있었다. 회당은 지역 자치기관으로서 예배와 종교집회, 교육, 문화의 장으로 사용되었다. 이러한 회당의 장이 바로 장로로 불렸다.

신약성경에서 장로라는 단어는 65회 사용되었다. 첫째 부류는 산헤드린 소속 평신도 대표로서의 장로이다(마 21:23, 26:3). 이들은 유대교의 신앙 전통과 질서의 수호자로서 예수님을 박해한 자들이다. 그들은 예수님이 돌아가신 후에는 사도들을 박해한다(행 4:5, 23:14, 25:15). 둘째 부류는 각 지역 회당 대표로서의 장로이다. 셋째 부류는 기독교교회 지도자로서의 장로가 나타난다. 이들은 유대교의 산헤드린과 상응하는 기독교 지도자 그룹이다.

기독교교회 지도자로서의 장로 역시 세 가지 형태로 나타난다. 첫째는 예루살렘 원교회 지도자로서의 장로(행 11:30, 15:2,4,6,22), 둘째는 바울이 세운 이방교회 지도자로서의 장로(행 14:23, 20:17, 딤전 5:17, 딛 1:5-7), 셋째는 요한계시록에 등장하는 24명의 천상의 장로이다(계 7:9-17).

예루살렘교회는 사도들에 의해 세워졌다. 베드로, 요한, 야고보 등이 교회의 장로로 일했다. 이 장로의 머리는 처음에는 베드로였고, 그 후에는 예수님의 동생인 야고보였다. 옛 이스라엘의 대제사장이 원로장로로서 산헤드린을 주재했던 것처럼 야고보가 교회 역사상 처음으로 열렸던 사도와 장로들의 공의회를 주재했다(행 15장).

신약시대 교회의 장로직은 무엇보다도 유대교 장로제도에 깊은 영향을 받았다. 결국 유대교 장로제도 전통은 초대 기독교 신앙공동체에 자연스럽게 도입되었다. 그렇지만 신약성경에 나타난 장로는 감독직분과 거의 동의어로 사용되기도 하였고(행 20:28, 딛 1:5-7), 오늘날 목회자의 임무라고 할 수 있는 가르치고 설교하고 권면하며 교육하는 일에도 관여한 것으로 나타난다.

초대교회에서 장로제도는 일원적인 직분으로 존재했다. 프레스뷔테로스(presbyteros)라는 '장로'와 에피스코포스(episkopos)라는 '감독'은 별개의 직분이 아니라 동일 직분에 대한 다른 호칭이었다. 즉 장로와 목사가 이층구조로 직분화되어 있지 않았다. 당시에는 아직 세분된 교회 직제를 가지고 있지 않았기에 목사, 감독, 장로 등의 직분이 엄격히 구분되지 않았다. 그렇기에 신약성경이 말하는 초대교회 장로직과 오늘의 한국교회 장로직은 그 내용이나 의미에 있어서 큰 차이점을 지니고 있다.

다시 한번 정리하면 장로회 정치는 모세의 시대로까지 거슬러 올라간다. 구약의 족장제도는 오랜 경륜과 경험과 지혜를 가진 원로들의 통치로 발전하였다. 이 원로제도가 모세시대 70인 장로체제로 정착되었다. 이 장로들은 회중을 다스리는 일을 하였고, 이 장로제도는 유대교 산헤드린 공의회로 연결되어 신약교회에 의해 계승되었다.

오늘날의 장로교는 종교개혁가 츠빙글리와 칼빈에 의해 확립된 장로주의를 토대로 조직된 교회이다. 츠빙글리는 스위스의 교회를 조직할 때 그 신앙, 제도, 조직, 의식 등을 할 수 있는 대로 가톨릭교회와는 달리 초대교회와 같게 하려고 장로제도를 확립했다. 그렇기에 장로교는 교황 1인 독재체제에서 벗어나 성경이 말하는 교회 조직을 시도하여 민주주의 정치 원리로서 조직된 교회이다.

세계 장로교회사의 관점에서 볼 때 당회는 칼빈이 개혁을 꿈꿨던 제네바의 치리회에서 찾아볼 수 있다. 제네바의 치리회는 1542년 시의회에서 선출된 12명의 평신도 장로와 당시 목사회의 전 회원으로 조직되어 그 활동을 시작했다. 치리회에 대한 칼빈의 기본 생각은 개혁주의 신앙의 정통성을 지키기 위한 하나의 감시기관과 같은 것이었다.

또한 장로회 정치는 웨스트민스터 헌법을 기본으로 하고 있다. 웨스트민스터 헌법은 1643년 영국 정부의 주관으로 120명의 목사와 30명의 장로가 런던 웨스트민스터 예배당에 모여서 초안하고, 영국 각 노회와 대회에서 수의 가결한 연후에 총회가 완전히 교회 헌법으로 채용 공포한 것이다.

오늘날 장로회 정치는 지교회 교인들이 장로를 선택하여 당회를 조직하고, 그 당회가 치리권을 행사하게 하는 주권이 교인에게 있는 민주적 정치이다. 당회는 치리장로와 강도장로의 두 반으로 조직되어 지교회를 주관하고, 그 상회로서 노회와 대회 총회의 3심제 치리회가 있는 정치이다. 당회는 교인들의 대표인 장로와 노회가 파송한 목사로 구성되어 있다.

이러한 장로회 정치는 지나친 성직자 위주의 정치와 지나친 평신도 위주의 정치를 잘 조화시킨 균형 잡힌 정치 형태라 할 수 있다. 교황정치나 감독정치는 지나치게 성직자 위주의 정치를 추구한다. 그런 측면에서 장로교회는 평신도의 기본권을 훨씬 더 잘 보장해주고 있다. 한편 회중정치 체제는 지나치게 평신도 위주의 정치를 추구한다. 그런데 장로교는 목회자의 치리권을 더 보장하고 있다. 장로교는 균형 잡힌 이상적인 교회정치의 한 형태라고 볼 수 있다.

그러나 균형 잡힌 교회 형태라 하더라도 앞의 한 목회자의 푸념처럼 "당회만 없으면 목회할 맛 난다"라는 말을 가끔 듣곤 한다. 골치 아프게 목회하고 싶지 않아서 아예 장로를 세우지 않거나 아주 소수를 세우는 교회도 있다. 그러나 살펴본 대로 장로제도는 성경적이고 매우 유익한 제도이다. 그래서 김인중 목사는 이렇게 말한다. "당회 없는 교회는 어떻게 보면 편안해 보이지만 목사 혼자서 하면 편안한 게 아닙니다. 모든 짐을 목사 혼자 져야 하기 때문에 힘든 것입니다."

장로를 세우자니 목회가 힘들고, 세우지 않자니 그것도 힘든 일이라면 과연 어떻게 해야 하는가? 상호 존중과 협력하려는 마음이 필요하다. 장로는 결코 목사의 감시자나 견제자가 아니다. 그래서 김인중 목사는 또 이렇게 조언한다. "목회자도 지도자요 장로님들도 지도자입니다. 그러나 우선순위에서 보면 목사님은 운전사와 같습니다. 하나님이 한 교회의 목회 비전과 방향을 목사님을 통해서 주셨기 때문에 개척이 되거나 부임이 됩니다. 그러므로 장로님들은 하나님의 특별한 기름 부음을 받고 목회자가 된 목사님의 의견을 존중해주려고 하는 것이 필요합니다."

장로의 자격을 알고 행하라

연주자는 연주하기 전에 '튜닝'(tuning)이 잘되어 있는지 반드시 점검한다. 튜닝이란 라디오나 텔레비전 방송 따위에서 수신기나 수상기의 다이얼을 돌려 주파수를 동조(同調)하여 특정한 방송국을 선택하는 일, 혹은 악기의 음을 표준음에 맞추어 고르는 일을 말한다. 만약 튜닝이 되어 있지 않으면 아름다운 곡을 연주한다고 할지라도 오

히려 듣기에 불쾌하게 된다.

교회의 직분도 마찬가지다. 직분자를 세우기 전에 영적 튜닝을 잘해야 한다. 그렇지 않으면 직분자를 세워놓고 심한 골치를 앓거나 목회나 교회에 큰 해악을 끼치게 된다. 그렇기에 직분자를 세우기 위한 자격요건을 잘 살피고, 그에 맞는 적절한 준비를 위해 교육계획을 온전히 수립해야 한다.

거룩한 직분을 수행하기 위해서는 그에 합당한 자격을 갖춰야 한다. 모세는 70인 장로를 세울 때 "이스라엘 무리 중에서 능력 있는 사람들을 택하여"(출 18:25) 각각의 직분자로 세웠다. 그뿐만 아니라 신약교회도 "성령과 지혜가 충만하여 칭찬받는 사람"(행 6:3)을 택하여 직분자로 세웠다. 그렇게 했을 때 하나님의 말씀이 왕성해지고 교회가 부흥하는 축복이 있었다.

칼빈은 로마서 주석에서 12장 8절을 해석할 때 '다스리는 자'(rulers)는 원로(senior)로서 장로를 암시한 것으로 주해했다. 본래 장로는 단지 나이가 많은 사람을 의미하는 게 아니라 영적으로 성숙한 사람을 가리키는 것이었다. 그들은 영적으로나 지적으로 남보다 우월하여서 권위가 있고, 또한 다른 사람들을 지도할 수 있었다. 그렇기에 장로는 경건하고 위엄 있으며 성결한 사람이 되어야 한다.

대한예수교장로회 헌법 정치 〈제5장 3조〉에서는 장로의 자격을 다음과 같이 규정한다(헌법은 저자가 속한 대한예수교장로회 헌법을 기초로 하고 있음을 양해 바란다). "만 35세 이상 된 남자 중 입교인으로 흠 없이 5년을 경과하고 상당한 식견과 통솔력이 있으며 디모데전서 3장 1~7절에 해당한 자로 한다."

그렇다면 성경에서는 장로의 자격에 대해서 무엇이라고 말하는가? 신약시대에는 장로와 감독이 각기 나뉘어 있지 않았다. 칼빈은 디모데전서 1장 1절을 해석하면서 "감독의 직분은 하나님의 백성들을 주관하도록 선택된 목사와 장로들과 기타의 사역자들을 포함한다"라고 말했다. 이 단어는 베드로전서 2장 25절에서 양 떼를 돌보는 사람으로 쓰였고, 예수 그리스도께도 적용되었다. 그렇기에 감독의 자격이나 장로의 자격은 같이 볼 수 있다.

감독이나 장로의 자격에 대해서는 디모데전서 3장 1~7절과 디도서 1장 5~9절에서 규정하고 있기에, 두 본문에서 영적으로 성숙한 직분자에 대해서 살펴보고자 한다.

1. 책망할 것이 없어야 한다(딤전 3:2, 딛 1:6-7).

책망할 것이 없다는 말은 '공격을 받지 않는다'는 뜻이다. 레슬링 선수나 권투 선수가 공격하는 선수에게 몸을 노출하지 않는 데서 유래되었다. 장로의 신령한 권위가 손상되지 않도록 성품의 결함이 없어 남에게 비난받지 않고 좋은 평판을 받아야 한다. 장로란 직분은 너무나 중요한 직이자 교회의 얼굴이다. 그렇기에 도덕적으로나 신앙생활에서 타인에게 흠 잡힐 만큼 자격에 하자가 없어야 한다. 장로감이 아님에도 세상의 직위나 부의 정도를 보고 장로를 세워서는 안 된다. 더욱이 장로가 되려고 선거운동을 해서는 절대 안 된다.

2. 한 아내의 남편이어야 한다(딤전 3:2, 딛 1:6).

이 구절은 많은 논란이 된다. 축첩을 금하는 것인지, 아니면 일부일처를 말하는 것인지? 이혼 후 재혼을 금하는 것인지, 아니면 배우자가 죽어도 재혼을 금하는 것인지? 한 아내의 남편이 된다는 것을 어떻게 해석하든 일부일처제가 성경적 의미이고 자기 아내에게 충실하여야 함은 두말할 나위가 없다. 세상의 문화가 어떠하든 장로는 성적 문란함에 빠져서는 안 된다.

3. 절제할 줄 알아야 한다(딤전 3:2, 딛 1:8).

절제는 성령의 열매 가운데 하나이다. 장로는 자신의 욕망을 통제할 수 있어야 한다. 장로가 권력에 대한 욕망에 사로잡혀 교회를 큰 시험에 들게 하는 경우는 허다하다. 장로는 태도나 행동 등 모든 면에서 자신을 통제함으로써 교회의 덕을 해치지 말아야 한다.

4. 신중한 자여야 한다(딤전 3:2, 딛 1:8).

신중하다는 것은 '건전한 정신의, 자제하는, 차분한 것'을 말한다. 이것은 본래 술 취하지 않은 상태를 말한다. 장로는 술이나 다른 육체적인 쾌락을 삼가고 영적으로 깨어 있는 상태를 유지해야 한다. 충동적으로 말하거나 행동하지 않고 매사에 분별력 있게 행동해야 한다.

5. 단정한 자여야 한다(딤전 3:2).

단정하다는 말은 '질서 있는, 예의 바른, 명예로운'과 같은 뜻이 있다. 이 말은 사람의 행위에 있어서 도가 지나치지 않고 점잖고 정중하게 행동하는 것을 가리킨다. 장로는 적절한 마음과 몸가짐을 가져야 한다.

6. 나그네를 대접하는 자여야 한대(딤전 3:2, 딛 1:8).

나그네를 대접하는 것은 낯선 사람에게 친절을 베푸는 것이다. 1세기에 여행을 하던 그리스도인들은 이교적 분위기에 휩싸인 여관을 피했다. 그래서 그들은 하룻밤을 유숙할 그리스도인의 가정을 찾아다니곤 했다. 특히 초대교회에는 여기저기 다니면서 복음을 전하는 순회 전도자가 많았고, 복음 때문에 핍박을 받아 고향을 등지고 나그네 생활을 하는 성도가 많았다. 이런 사람들을 대접하는 것이야말로 얼마나 귀한 일인지 모른다. 그래서 "손님 대접하기를 잊지 말라. 이로써 부지중에 천사들을 대접한 이들이 있었느니라"(히 13:2)고 말한다.

7. 가르치기를 잘하는 자여야 한대(딤전 3:2).

장로는 하나님의 말씀을 삶에 적용해서 영적으로 가르칠 수 있는 능력을 갖춰야 한다. 장로는 불신자를 전도하고 자신이 맡은 양 떼를 말씀으로 잘 가르치고 양육할 능력을 갖춰야 한다. 그러기 위해서는 먼저 "그리스도의 말씀이 너희 속에 풍성히 거하여"(골 3:16)라는 말씀을 실천해야 한다. 내가 말씀에 매이지 않고서 다른 사람을 가르친다는 것은 외식일 뿐이다.

8. 술을 즐기지 아니하는 자여야 한대(딤전 3:3, 딛 1:7).

술을 즐긴다는 말은 '술 곁에 오래 앉아 있는 사람'을 말한다. 장로는 술에 취해 방탕한 생활을 해서는 안 된다. 술을 가까이해서 영적으로나 정신적으로, 육체적으로 유익한 것이 없다. 물론 술을 마신다고 구원에 영향을 미치는 것은 아니다. 그러나 술을 가까이하기 위해 술에 대해 관용을 베풀 필요는 없다. 집사도 술에 인박히지 않아야 하지만(딤전 3:8) 장로는 더욱 주의해야 한다. 더구나 습관적으로 술을 마신다면 그것은 장로의 자격이 없는 것이다.

9. 구타하지 않는 자여야 한다(딤전 3:3, 딛 1:7).

구타하다는 것은 '성질이 급하여 폭력을 쓰는 것'을 말한다. 그뿐만 아니라 자기의 주장만 일삼는 '언어의 폭력'까지도 포함한다. 장로는 말로나 육체적으로 싸우거나 구타하지 말아야 한다. 어떻게 거룩한 당회에서 언어폭력이나 몸싸움을 일삼을 수 있단 말인가? 거룩한 모임을 난폭한 모임으로 만든다면 용서되지 않는 일이다.

10. 관용하는 자여야 한다(딤전 3:3).

관용하다는 말은 '호의적인, 친절한, 참을성 있는, 동정심 많은, 관대한, 다정한'과 같은 뜻을 갖는다. 이것은 다른 사람을 보살피는 것, 즉 다른 사람을 위로하되 아프게 하지 않는 것을 말한다. 장로는 성경의 가르침과 배치되지 않는다면 어떤 손해나 아픔이라도 스스로 감수할 수 있어야 한다.

11. 다투지 않는 자여야 한다(딤전 3:3).

"주의 종은 마땅히 다투지 아니하고"(딤후 2:24). 장로가 논쟁하고 헐뜯으며 시비를 즐겨서 다투게 될 때 교인들에게 상처를 주고 그리스도의 몸을 해하게 된다. 다투지 않는다는 것은 자기주장만 내세우지 않고 타인의 의견을 수렴할 수 있는 자세를 내포하고 있다. 디오드레베는

으뜸이 되고자 다투기를 즐긴(요삼 1:9) 자로서, 그는 장로직을 가지고 자신의 야심을 채우려 한 나쁜 사례이다.

12. 돈을 사랑하지 않는 자여야 한다(딤전 3:3).

장로가 돈이 많으면 주의 일을 위해서는 유익하다. 장로가 인색하여 돈을 쓰지 않으면 일꾼들에게 동기부여를 하는 데 한계가 있다. 더구나 교회 재정을 쓰는 데 너무 인색하게 되면 주의 일을 제대로 할 수 없다. 장로는 지체들을 물질로 섬겨야 하기도 하기 때문이다. 때로는 교회 재정을 가정이나 구멍가게를 운영하는 식으로 하는 장로들도 있다. 그러나 돈의 노예가 되어서 돈을 섬기는 자가 되어서는 안 된다. "돈을 사랑함이 일만 악의 뿌리가 되나니"(딤전 6:10). 돈을 사랑하게 되면 미혹에 빠지게 된다. 더구나 장로는 어떤 이유에서라도 더러운 이득을 탐하지 않아야 한다(딛 1:7). 교회 재정을 손대거나 마치 자기 돈을 쓰듯이 생색을 내서는 절대 안 된다.

13. 자기 집을 잘 다스려 자녀들이 복종하게 하는 자여야 한다 (딤전 3:4-5).

장로는 자녀들을 신앙으로 양육하는 데 있어서 그 품위를 잃지 않고 자녀들을 진리 가운데로 인도하는 일에 힘써야 한다. 장로는 성실함과 자상함으로 가정을 보살펴서 자녀를 신앙적으로 잘 양육해야 한다. 장로는 방탕하다는 비난을 받거나 불순종하는 자녀를 두지 않도록 자녀를 말씀 안에서 온전히 훈육해야 한다(딛 1:6).

14. 새로 입교한 자가 아니어야 한다(딤전 3:6).

새로 입교한 자는 최근에 개종하여 교회가 받아들인 자를 가리킨다. 영적으로 어린아이가 중직을 맡았을 때 자칫 경솔하게 행동할 수 있고, 교만하여 타락의 길로 치달을 수 있다. 그래서 너무 빨리 장로가 되는 게 유익한 것만은 아니다. 장로는 영적으로 성숙하여 신앙생활의 이력이 충분한 게 도움이 된다.

15. 외인에게도 선한 증거를 얻은 자라야 한다(딤전 3:7, 딛 1:8).

외인이란 교회 밖에 있는 불신자를 말한다. 장로는 악한 것보다 선한 것을 택함으로써 세상 사람들로부터 좋은 평판을 얻어야 한다. 그렇지 않을 때 하나님의 영광을 가려서 전도의 문을 막게 된다. 이것은 세상 사람들에게 아부하고 타협하라는 말이 아니다. 정직하고 모범적으로 행동하여 존경을 받고 인정을 받아야 한다는 뜻이다.

16. 제 고집대로 하지 아니하는 자여야 한다(딛 1:7).

제 고집대로 하지 않는다는 것은 자기만족을 즐기는, 혹은 거만함을 의미한다. 이는 자기만족을 위해서 타인을 희생시키고 교만하여 하나님을 무시하는 행위를 가리킨다. 장로는 자기주장이 너무 강해서 융통성 없는 태도를 보이지 않아야 한다. 자칫 자신의 주장이나 방법만을 강요하는 장로가 될 수 있다. 이에 대하여 칼빈은 "제 고집대로 하는 자는 흔히 광신자가 된다"라고 말했다.

17. 급히 분내지 않는 자여야 한다(딛 1:7).

급히 분내지 않는 것은 쉽게 흥분하지 않는 것을 말한다. 분노는 병마개가 없이 허용되어서는 안 된다. 인간의 감정은 적절하게 통제되어야 한다. 하나님의 사람은 온유하고 겸손해야 하며 혈기를 부려서는 안 된다.

18. 더러운 이득을 탐하지 아니하는 자여야 한다(딛 1:7).

더러운 이득을 탐하지 않는 것은 부당한 거래를 통한 이익을 취하는 것을 말한다. 장로는 언제나 정당한 거래를 해야 한다. 돈에 깨끗하지 못한 장로로 인해 하나님의 명예를 더럽히는 일이 잦다.

19. 의로워야 한다(딛 1:8).

장로는 타인과의 관계에서 올바른 기준에 따라 행동해야 한다. 사람을 대할 때 모든 사람을 평등하게 대해야 한다. 장로는 하나님 앞에 바른 관계를 갖고 있을 뿐만 아니라 대인관계에 있어서도 의로워야 한다. 매사에 공평하고 정의롭게 처신해야 한다.

20. 거룩한 자여야 한다(딛 1:8).

거룩한 자는 하나님과의 관계에서 올바르다는 뜻이다. 장로는 하나님과의 관계에서 합당한 신앙생활을 해야 한다. 경건함과 거룩함으로 자신을 드러내지 못하면 리더십을 발휘할 수 없다. 교인들의 경건생활을 지도할 수 있는 경건의 모양뿐만 아니라 경건의 능력을 갖춰야 한다.

장로의 직무를 발견하라

우리는 이미 장로교 정치는 매우 성경적이고 목회자와 평신도의 균형적인 사역을 위해 이상적인 정치제도임을 살펴보았다. 그러나 불행하게도 현실적으로 당회는 심각한 중병에 걸려 있는 것이 사실이다. 그러다 보니 당회가 제 기능을 담당하지 못함으로써 소위 '장로 석가래론'이라는 말까지 생겨났다. 즉 장로는 교회의 기둥이 될 수 없고 석가래에 불과하다는 뜻이다. 이것은 장로 천대론에서 나온 그릇된 표현이다.

현실적으로 장로의 직무 중 '목사의 목회 행정을 어디까지 관여할 것인가?' 하는 문제는 늘 크나큰 논란거리였다. 그렇다면 도대체 무엇이 문제인가? 당회 정치 체제가 문제인가, 아니면 당회를 구성하는 사람들의 문제인가? 만약 사람의 문제라면 목사의 문제인가, 아니면 장로의 문제인가? 이 문제에 대한 해답을 찾기 위해 이제 당회가 담당해야 할 주된 임무가 무엇인지 살펴보아야 할 것 같다(황성철, 「교회 정치 행정학」(총신대학교 출판부), 382-415쪽 참조).

당회의 주된 임무는 '교인들의 훈련'에 있었다. 이 훈련은 특별히 교인들이 도덕적 수준에 맞는 삶을 영위하는지의 여부, 예배에 정규적으로 참석하는지의 여부, 그리고 개혁주의 신앙을 바로 알고 매일의 생활에서 실천하고 있는지 등을 감시하고 지도하는 것이었다. 한마디로 제네바의 치리회는 교회의 순결과 교인들의 개혁주의 신앙심을 심는 훈련기관이나 다름없었다.

대한예수교장로회 헌법 〈제5장 4조〉는 "목사와 협동하여 행정과 권징을 관장한다"라고 규정하고 있다. 장로에게는 행정과 권징을 수행해야 할 권한이 있다. 그러나 그것이 지나쳐서 목회에 걸림돌로 작용하는 게 문제이다. 그래서 총신대학교 황성철 교수는 "장로가 신령적 유익에 관계된 일을 중심으로 해야지 매사에 목사의 전문 목회 행정권에 제동을 거는 것은 장로의 직무 권한을 넘어서는 것이다"라고 지적한다.

실제로 당회는 지교회의 정치와 행정의 핵심이다. 모든 지교회의 정치와 행정이 당회를 통해 이루어진다. 이러한 당회는 제네바의 치리회에서 시작되었다. 그런데 문제가 되는 것은 "당회가 정치의 전 영역인 입법, 사법, 행정의 모든 영역의 전권을 행사할 수 있느냐?" 하는 것이다. 당회는 원래 사법적 기원을 갖기 때문에 치리기능을 하는 건 당연하다. 그런데 현대교회에서는 사법기능이 약화되고 행정기능이 강화됨으로써 교회의 정책결정 기능의 핵으로 변하게 되었다.

여기서 문제가 발생한다. 오늘날 흔히 볼 수 있는 현상이 있다. 목사의 전문 목회정책과 당회의 이사회적인 행정기능이 충돌하고 있다는 사실이다. 그러다 보니 목사와 장로의 갈등이 교회를 사회 법정으로 끌고 가는 심각한 사태까지 빚어지고 있다. 이러한 현상은 헌법에서 규정하고 있는 '교인의 신앙과 행위를 총괄'하고 '신령적 유익을 도모하며 각 기관을 감독' 한다는 문구를 오해해서 일어나는 현상이다. 즉 문구 가운데 '총괄과 감독'을 확대해석하여 입법, 행정, 사법을 포함한 당회의 전권 행사권으로 남용되어 '교인'을 감독하는 것을 '목사'를 감독하는 것으로 잘못 해석해서 벌어지는 현상인 것이다. 그렇다 보니 장로가 되면 목사에게 사사건건 간섭하는 것을 사명으로 알고 목회의 행정기능을 제재하려고 드는 것을 당연한 일로 여기곤 한다.

어떤 경우는 "장로가 되면 목에 깁스한다"라는 말을 듣는다. 장로직은 섬기는 자리이자 희생하는 직분이다. 결코 이방 집권자들처럼 권세를 휘두르는 권위나 명예직이 아니다. 주님이 교회를 위해 자기 몸을 희생함으로 섬기셨듯이 그리스도의 몸인 교회를 위해 봉사와 희생을 각오하면서 종으로 섬기는 직분이다. 주인으로서 군림하려는 마음은 사탄이 교회를 깨뜨리기 위해 심어주는 잡초와 같은 것이다.

그렇다면 장로교 헌법에서는 장로의 직무에 대해서 무엇이라고 규정하고 있는가? 교회정치 〈제5장 4조〉에는 장로의 직무에 대하여 다음과 같이 말한다.

1. 교회의 신령적 관계를 총찰한다.

치리장로는 교인의 택함을 받고 교인의 대표자로 목사와 협동하여 행정과 권징을 관리하며 지교회 혹은 전국 교회의 신령적 관계를 총찰한다.

2. 도리 오해나 도덕상 부패를 방지한다.

주께 부탁받은 양의 무리가 도리 오해나 도덕상 부패에 이르지 않기 위하여 당회로나 개인으로 선히 권면하되 회개하지 아니하는 자가 있을 때는 당회에 보고한다.

3. 교우를 심방하되 위로, 교훈, 간호한다.

교우를 심방하되 특별히 병자와 조상자를 위로하며 무식한 자와 어린아이들을 가르치며 간호할 것이니 평신도보다 장로는 신분상 의무와 직무상 책임이 더욱더 중하다.

4. 교인의 신앙을 살피기 위하여 기도한다.

장로는 교인과 함께 기도하며, 위하여 기도하고, 교인 중에 강도(講道)의 결과를 찾아본다. 이와 같이 장로는 목사가 선포한 말씀대로 살고 있는지를 살펴보고 그들을 지도해야 한다.

5. 특별히 심방할 자를 목사에게 보고한다.

병환자와 슬픔을 당한 자와 회개하는 자와 특별히 구조받아야 할 자가 있는 때는 목사에게 보고한다. 이와 같이 장로는 교인들을 심방해서 그들의 영적인 상태와 가정적인 상황을 알아보고 목사에게 보고해야 한다.

황성철 교수는 장로의 정체성을 다음과 같은 세 가지로 요약한다. 첫째는 교인들의 대표이다. 둘째는 목사의 협력자이다. 셋째는 교인들의 영적 관리자이다. 그렇다면 장로는 목사와의 관계에서 교회의 모든 직무가 말씀 증거의 직무에 모여 있고, 이 직무는 목사의 고유직무이므로 장로의 고유직무인 치리나 봉사의 일은 목사의 말씀 증거의 직무에 협력해야 한다. 또한 장로는 교인과의 관계에서 교인의 신령적 형편을 파악하고 그들의 부패를 방지시키고 권면하여 교도하는 책임을 수행해야 한다.

칭찬받는 덕스러운
당회원이 되라

어느 교회는 표어를 "상식이 통하는 교회"로 정했다. 우스운 일이다. 복음은 상식 이상이다. 복음으로 사는 삶은 초월적인 삶을 가져온다. 그러나 상식이 통하는 교회라니? 이 말은 교회에 의외로 상식이 통하지 않는 일이 많다는 간접증거다.

어느 목사님은 "도대체 상식이 통해야 대화를 하지"라는 말을 자주 한다. 누구를 가리키는 말일까? 교회 안에 영광스러운 직분으로 세워진 장로를 향하는 말이다. 전도하다 보면 많이 듣는 이야기가 있다. "장로라는 양반이 어떻게 그렇게 할 수 있어?" 사기를 치는 장로, 돈을 떼먹는 장로, 아무렇지도 않게 불법을 저지르는 장로가 많다는 말이다.

영광스러운 장로의 직분을 받는 자는 가정이나 교회나 사회에서 덕 있는 장로가 되어야 한다. "이로써 그리스도를 섬기는 자는 하나님을 기쁘시게 하며 사람에게도 칭찬을 받느니라"(롬 14:18). 사람들에게 칭찬받기 위해 아부를 떨거나 타협할 필요는 없으나 선을 행함으로써 사람들에게 칭찬받기 위해서 스스로 힘써야 한다.

총신대학교 신학대학원을 들어가면 교정에 세워진 비석에 이런 말이 적혀 있다. "신자가 되라. 학자가 되라. 성자가 되라. 전도자가 되라. 목회자가 되라." 총신대학교는 목회자가 되고 학자가 되기 위해 찾아오는 곳이다. 그런데 가장 먼저 "신자가 되라"고 요청하고 있다. 다른 말로 표현하면 목회자나 학자가 되기 전에 먼저 사람다운 사람, 성도다운 성도가 되라는 뜻이다. 인간성이 좋지 않은 장로야말로 교회나 사회에 덕을 끼치지 못함으로써 하나님의 영광을 가리게 된다.

교회에 덕을 끼치는 장로가 되라

어떤 이는 말한다. "직분의 호칭이 바뀌는 재미라도 있어야 교회에 나오지!" 교회의 현실을 여실히 드러내 보여주는 말이라 생각된다. 남자는 장로가 되는 것이, 여자는 권사가 되는 것이 소원이란다. 거룩한 열망이다! 그러나 소원을 성취하고 나서는 어떤가? 목에 힘이 들어가기 시작하고, 그때부터는 섬김에서 물러나지 않는가!

장로를 세워서 하나님이나 교회에 해가 된다면 그것은 문제가 된다. 그런데 현실적으로 그런 일이 비일비재하다. 신학교 교수를 하다가 담임목사를 하던 분이 있었다. 하지만 지금은 목회 현장에서 완전히 물러나셨다. 왜일까? 그 목사님은 아픈 가슴을 달래며 이렇게 말씀하신다.

"내가 세운 장로 때문에 교회를 물러나야 하는 아픔이 가장 힘들었어."

그 후로는 목회를 하고 싶은 마음이 사라진 것이다. 장로를 세울 때 그 목적은 그가 충성스럽게 섬김으로 하나님의 명예가 드러나고 하나님의 교회가 유익을 얻기 위함이다.

그렇다면 어떻게 덕을 끼치는 장로가 될 수 있는가?

하나님은 우리를 왕 같은 제사장으로 불러주셨다. 왕이란 존재도 귀하고 제사장이라는 존재도 귀하다. 그런데 우리는 왕 같은 제사장이니, 이 얼마나 귀한 존재인가? 그렇다면 하나님이 왜 우리를 왕 같은 제사장으로 불러주셨는가? "이는 너희를 어두운 데서 불러내어 그의 기이한 빛에 들어가게 하신 이의 아름다운 덕을 선포하게 하려 하심이라"(벧전 2:9). 하나님은 우리를 하나님의 홍보대사로 불러주셨다. 하나님이 행하시는 아름다운 일들을 사람들에게 드러내고 선포해야 한다. 하나님의 아름다운 성품을, 하나님이 주신 복음의 풍성함을 알려주어야 한다.

고린도교회는 어느 교회보다 은사가 풍성한 교회였다. 하나님이 주신 축복이었다. 그런데 은사를 행한다고 덕이 있는 것은 아니다. 그래서 바울은 고린도교회를 향해서 이렇게 책망한다. "모든 것이 가하나 모든 것이 유익한 것은 아니요 모든 것이 가하나 모든 것이 덕을 세우는 것은 아니니 누구든지 자기의 유익을 구하지 말고 남의 유익을 구하라"(고전 10:23-24). 덕을 끼치는 장로가 되려면 자신의 유익을 내려놓아야 한다. 자기의 유익을 따라 일을 하게 되면 다른 사람에게 해를 주게 된다. 장로는 모름지기 다른 교인들의 유익을 추구할 줄 알아야 한다. 교회의 덕을 위해서라면 자신은 손해를 보더라도 자존심마저 내려놓아야 한다.

한때 한국교회에도 성령의 역사가 많이 나타났다. 그런데 신유와 예언사역을 한다는 자들이 덕을 끼치지 못함으로써 교회에 물의를 일으키고, 세상으로부터 비웃음거리가 되었다. 그래서 성장 주도적인 한국교회가 성숙 지향적인 교회로 방향을 전환하게 되었다.

바울은 성도야말로 우승을 바라보고 달리는 육상선수와 같다고 말했다. 육상선수는 승리의 월계관을 받기 위해 자신을 절제한다. 영적 달음질도 마찬가지다. 믿음의 경주자이자 복음의 경주자인 바울도 고생하며 달린 후에 버림당할까봐 자신을 절제하고 또 절제했다. "내가 내 몸을 쳐 복종하게 함은 내가 남에게 전파한 후에 자신이 도리어 버림을 당할까 두려워함이로다"(고전 9:27).

장로 직분을 맡은 자도 마찬가지다. 장로의 직분을 수행하고서 마지막에 주님으로부터 버림당한다면 어떻게 할까? 장로로 세움을 받았지만 교인들로부터 버림받는다면 어떻게 하겠는가? 버림당하는 수치스러운 장로가 되지 않기 위해서는 남을 판단하는 왜곡된 눈을 가질 것이 아니라 늘 자신을 돌아보고 살피는 자아 성찰의 눈을 가져야 한다.

바울은 고린도교회를 향해 책망한다. "너희의 모임이 유익이 못되고 도리어 해로움이라"(고전 11:17). 고린도교회는 분쟁이 있던 교회였다. 서로 파당을 지어 시기하고 싸웠다. 그러다 보니 주님의 영광이 드러날 리 만무했다. 더구나 고린도교회는 그리스도의 십자가 죽음을 기념하는 성찬식을 행하면서도 오히려 덕이 되지 못했다. 부자들은 집안일을 종들에게 시켜두고 일찍 올 수 있었다. 이들은 종들이 올 때까지 기다리지 않고 자기들끼리 음식을 먹고 마셨다. 나중에는 배부르고 취할 정도였다. 그런데 집안일을 다 마치고 와야 하는 종들은 늦게 와서 먹을 게 없어 수치를 당했다. 그러니 어찌 이것이 온당한 성찬식이라 할 수 있겠는가? 이러한 모임은 유익이라기보다는 오히려 해로운 모임으로 전락하고 만다. 교회가 이렇게 되어서는 안 된다. 만약 장로 된 사람이 교회나 성도에게 유익은 되지 못할망정 해로운 존재가 된다면 과연 어떻게 되겠는가?

사도 바울은 고린도교회가 방언을 하고 예언을 하면서도 무질서하게 덕을 끼치지 못하는 것에 대해서 지적한다. "그런즉 형제들아 어찌 할까. 너희가 모일 때에 각각 찬송시도 있으며 가르치는 말씀도 있으며 계시도 있으며 방언도 있으며 통역함도 있나니 모든 것을 덕을 세우기 위하여 하라"(고전 14:26). 영적인 은사를 가지고 화려한 예배를 드리는 것도 좋다. 그러나 그것이 덕을 세우지 못한다면 그것은 인간의 즐거움을 채우는 그 이상은 아닐 것이다. 그래서 바울은 은사를 사모하되 교회에 덕을 세우라고 강조한다. "그러므로 너희도 영적인 것을 사모하는 자인즉 교회의 덕을 세우기 위하여 그것이 풍성하기를 구하라"(고전 14:12).

장로는 품위를 갖춰야 한다. 장로는 영적으로 교회의 어른이다. 모든 교인이 볼 때 부끄러운 행동을 해서는 안 된다. 그래서 바울은 고린도 교인들에게 "모든 것을 품위 있게 하고 질서 있게 하라"(고전 14:40)고 권면한다. 좋은 일을 하는 것도 중요하지만 품위를 잃지 말아야 한다.

덕스러운 장로가 되려면 지혜로워야 한다. 혼자 즐겁고 기분 좋다고 다 되는 것은 아니다. 하나님의 일은 자신뿐만 아니라 지체들의 행복과 공익을 추구해야 한다. 지혜롭게 일을 처리할 줄 알아야 한다. "형제들아 지혜에는 아이가 되지 말고 악에는 어린아이가 되라. 지혜에는 장성한 사람이 되라"(고전 14:20). 장로는 악한 일에는 어린아이와 같아야 하지만 지혜에는 장성한 사람과 같아야 한다.

덕 있는 장로가 되려면 예수 그리스도의 마음을 가져야 한다. 사도 바울은 고린도 교인들에게 질문한다. "누가 주의 마음을 알아서 주를 가르치겠느냐. 그러나 우리가 그리스도의 마음을 가졌느니라"(고전 2:16). 바울은 그리스도를 닮은 사람이다. 그는 고린도 교인이나 빌립보 교인들에게 그리스도의 마음을 가지라고 촉구한다. 그리스도의 마음을 가질 때 덕을 끼치면서 봉사할 수 있기 때문이다.

장로는 교회에서 덕을 끼침에 있어 모범을 보여주어야 한다. 장로는 예배드리는 데서부터 덕을 끼쳐야 한다. 어느 교회 장로님은 예배시간이 되면 늘 앞자리에 앉아서 기쁨과 감사함으로 예배를 드린다. 설교시간에는 항상 입을 크게 열고 "아멘"으로 화답한다.

어느 날, 목사님이 그 장로님께 이렇게 말했다.

"장로님, 예배시간에 아멘 하시는 것은 좋으나 입을 크게 벌려서 하는 것이 외관상이나 위생적으로 안 좋은 것 같습니다."

그러자 장로님은 웃으면서 이렇게 대답했다.

"목사님, 모든 악은 모양이라도 버리라고 말씀하셨는데, 은혜는 어떤 모양이나 방법을 통해서든 받아야 하지 않겠습니까?"

그 장로님의 아멘 화답에 다른 장로들도 전염이 되었고, 온 교인에게 확산되어 갔다.

장로는 말하는 일에 있어서, 복장이나 태도에 있어서, 봉사에 있어서, 지체들과의 관계에서뿐만 아니라 가정생활과 직장생활, 사회생활에서도 덕을 끼쳐야 한다.

질서 있게 당회를 섬기라

하나님은 질서의 하나님이시다. "하나님은 무질서의 하나님이 아니시요 오직 화평의 하나님이시니라"(고전 14:33). 하나님이 천지만물을 창조하실 때 질서를 따라 창조하셨다. 만약 아무것도 없는 상태에서 인간만 창조해 놓으셨다면 어떻게 되었을까? 그러나 하나님은 인간이 살 수 있는 모든 환경을 조성해 놓으시고 인간을 창조하셨다. 하나님은 무질서를 원치 않으신다. 화평을 원하지 불협화음을 원치 않으신다. 그렇기에 교회는 복음 안에서 아름다운 하모니를 만들어야 한다.

장로는 하나님의 일을 할 때 마땅히 정해진 질서에 따라 섬겨야 한다. 당회는 당회장이 있다. 모든 당회원은 당회장을 존중하고 그가 이끄는 회의에 잘 협조해야 한다. 어느 교회에는 당회장의 통제를 받지 않는 장로가 있다. 당회장이 통제하면 "목사님은 가만히 계세요"라고 하면서 자기 말만 한다. 누가 당회장이고 누가 당회원인지 모르는 처사이다. 당회원이 당회장의 통제를 받지 않고 자기주장만 한다면 당회는 시장바닥처럼 무질서해질 것이다. 모든 당회원은 당회장의 통제 속에서 토론하고 자기 의견을 개진해야 한다.

그뿐만 아니라 당회원은 다른 사람의 인격과 의사를 존중해주어야 한다. "형제를 사랑하여 서로 우애하고 존경하기를 서로 먼저 하며"(롬 12:10). 어느 장로는 회의 석상에서 다른 장로를 인격적으로 모독하는 말이나 행동을 함부로 한다. 그러나 다른 사람을 귀하게 여기지 않으면 독불장군이 되고, 결국 나중에는 외톨이가 될 것이다. 다른 사람을 나보다 낮게 여기는 마음으로 회의에 임해야 은혜로운 당회가 된다. 장로는 결코 권세를 휘두르는 직분이 아니다. 명예를 얻기 위한 직분도 아니다. 고함을 치고 자기주장을 관철하기 위해 장로가 된 것도 아니다. 장로는 당회를 할 때 하나님 앞에서나 교인들 앞에서 부끄럽지 않게 덕을 보여야 한다.

최근에는 당회에서 역기능의 부작용이 많이 발생하자 열린 당회라는 것이 생겨났다. 당회실에 모니터를 설치하여 당회하는 광경을 모든 교인에게 공개하는 것이다. 어느 교회는 당회할 때 평신도들이 방청할 수 있도록 하기도 한다. 이처럼 당회를 공개하는 것도, 평신도의 방청을 허용하는 것도 나쁠 게 없다. 그러나 '당회를 불신해서' 그렇게 해야 한다면 슬픈 일이 아닐 수 없다. 그러다 보니 당회가 목회자에게는 너무 부담스러운 모임이 되었다.

어느 목사님이 쓴 글을 읽은 적이 있다. 목사님이 성도들과 함께 횟집에 들어갔다. 메뉴판을 보니 거기에는 광어회, 농어회, 전어회 등 생각만 해도 먹음직스러운 메뉴들이 선택을 기다리고 있었다. 그때 한 성도가 정중하게 물었다.

"목사님은 어떤 회를 좋아하세요?"

목사님은 메뉴판을 내려놓으며 빙그레 웃으면서 대답했다.

"당회 빼고는 다 좋아합니다."

뼈 있는 농담이 아닐 수 없다.

당회를 할 때 어려운 문제가 있다. 중요한 안건에 대해서 장로들끼리 미리 소당회를 하고 의견을 모아 당회에 들어오는 경우이다. 수적으로 목사는 한 명이다. 물론 헌법에는 모든 장로가 뜻을 모아도 의장인 목사가 가결하지 않을 권한이 주어져 있다. 그런데도 미리 장로들이 뜻을 모아서 당회에 들어오면 목사와 대결구도가 되고, 그렇게 될 때 당회는 늘 불협화음이 생기기 마련이다. 그렇기에 장로는 숫자로서 목사의 비전을 막으려 해서는 안 된다.

당회를 할 때 또 다른 어려움이 있다. 어떻게 해서라도 자기주장을 관철하려고 하는 안하무인형 장로 때문이다. 자기주장은 무조건 관철되어야 하고, 다른 사람의 주장은 생각해볼 가치도 없다고 밀어부친다. 심지어 자기주장에 동조하지 않으면 적으로 간주한다. 바울은 이런 사람에게 "제 고집대로 하지 말아야 한다"라고 권면한다(딛 1:7). 당회에서 내 편, 네 편이 어디 있는가? 때로는 생각이 같을 수도 있고 때로는 다를 수도 있지 않은가? 그런데 내 주장을 따르지 않으면 무조건 다른 편이라고 생각한다.

선진국형 회의문화는 회의장에서 때로는 심하게 자기주장을 펼칠지라도 회의장을 나올 때는 모두가 웃으면서 나온다고 한다. 그런데 한국형 회의문화는 회의할 때 의견충돌이 난 것이 회의장 밖에서도 적군이 되어버린다. 내 생각과 주장이 소중하고 일리가 있다고 생각하면 다른 사람의 생각과 주장도 일리가 있다고 여겨야 한다. 자기주장만 옳다고 생각하면 억지를 부리게 되고 자기주장이 관철되지 않았을 때 섭섭한 마음이 들게 된다.

당회를 하다 보면 감정 조절이 되지 않는 경우를 본다. 회의는 늘 서로의 의견이 충돌을 일으키기 마련이다. 그러다 보면 언성이 좀 높아지기도 한다. 서로의 주장이 강하게 나타나기도 한다. 그러나 그것도 정도껏 해야 한다. 분한 감정을 참지 못해 인신공격하고 불쾌한 언사를 일삼는다면 그것을 당회라고 할 수는 없을 것이다. 그래서 어느 목사님은 당회장에게 언성을 높이거나 당회 분위기가 좀 험악해진다 싶으면 아예 당회를 종료하고 일어난다고 한다. 서글픈 일이 아닐 수 없다. 거룩하고 아름다운 직분을 맡은 사람들이 함께하는 회의에서 상상하기 힘든 일이다.

우리가 감정을 조절하지 못하고 성을 내서 얻을 것은 없다. 그래서 야고보는 "사람이 성내는 것이 하나님의 의를 이루지 못함이라"(약 1:20)고 경고한다. 감정과 분노를 조절할 줄 아는 사람은 성을 빼앗는 장수보다 더 위대하다. 성숙한 사람은 자기 안에서 일어나는 감정을 조절한다. 부정적인 감정이 일어난다고 다 화를 내고 싸운다면 세상은 싸움판이 되고 말 것이다. 하나님의 영광은 다 가려질 것이다. 부정적인 감정은 성령 안에서 소화하고 말씀으로 잘 다스려야 한다. 주님이 주시는 온유하고 겸손한 마음을 품으면 결코 기분에 따라 행동하지 않을 것이다.

그렇지만 아주 덕스럽고 지혜로운 장로도 있다. 듣기는 잘하고 말하기는 더디 하는 사람이다. "내 사랑하는 형제들아 너희가 알지니 사람마다 듣기는 속히 하고 말하기는 더디 하며 성내기도 더디 하라"(약 1:19). 사람들은 말하기를 좋아한다. 그러나 말을 많이 하면 실수가 잦은 법이다. 그렇기에 지혜자는 자기 말은 줄이고 다른 사람의 말을 잘 들어준다. 덕스러운 장로는 항상 듣는 귀를 열어 둔다. 만약 다른 사람의 말에 귀를 닫는다면 그들 역시 귀를 닫아 버리고 결국 대화의 문이 닫힐 것이다. 지혜로운 장로는 다른 사람의 말을 들으면서 적절하게 공감해주고 적극적으로 경청한다.

당회에서 자신의 의사를 표시할 때 제 생각과 감정을 정당한 방법으로 표현해야 한다. 당회는 건전한 커뮤니케이션을 전제로 한다. 자기의 생각이나 의사를 마음껏 표현할 수 있어야 한다. 이때 상대방이 알아들을 수 있도록 쉽고 정확하고 조리 있게 설명해야 한다. 당회를 하다 보면 서로 커뮤니케이션이 되지 않는 경우가 있다. 자기주장을 펼치기 마련이다. 그러나 상대방의 감정을 자극하지 않도록 조심해야 한다. 지나치게 흑백논리를 가지고 접근하면 대화가 되지 않기에 장로는 편협하고 자기중심적인 사고를 버려야 한다.

장로는 여론에 항시 귀를 열어 두어야 한다. 주변 교인들의 말에 귀를 닫으면 독선적인 사람으로 전락하고 만다. 그러나 여론에 휘말리지는 말아야 한다. 교회가 여론을 무시하지 않아야 하지만 여론 중심으로 치달아서도 안 된다. 하나님의 뜻이 무엇인지 분별해야지 사람들의 이야기를 쫓아가서는 안 된다. 교회에는 늘 여론몰이를 하는 사람들이 있기 마련이다. 좋은 여론이 아니라 교회적으로 덕이 되지 않는 부정적인 여론을 형성해서 교회를 어지럽히는 교인들이 있다. 이런 교인들은 장로를 자신의 여론몰이에 개입시킨다. 그때 장로는 교회의 덕을 위해 여론을 만드는 사람들을 단호하게 잠재워야 한다.

어느 교회에서는 당회의 권위주의를 탈피하기 위해 교회 건축을 하면서 당회실과 당회석 구조를 아예 바꾸기도 했다. 아예 당회실을 없애고 회의실로 만들었다. 당회가 열릴 때만 당회실이지, 그 외에는 어떤 부서라도 회의실로 활용하도록 만들었다. 그뿐만 아니라 당회실 책상과 의자도 마찬가지다. 대부분 교회를 보면 당회의 권위를 대변이라도 하듯이 당회실 책상과 의자가 국회의 책상과 의자식으로 되어 있다. 그런데 그 교회는 일반 사무실에서 흔히 볼 수 있는 업무용 책상과 의자로 바꾸었다.

아름다운 생활로 덕을 보이라

요셉은 하나님과 함께하는 사람이었다. 하나님의 임재 속에 사는 그의 삶은 일상생활에서 그대로 나타났다. 그의 성품에서 하나님의 성품을 읽을 수 있었고, 그의 말에서 하나님의 음성을 느낄 수 있었으며, 그가 취하는 태도나 행동에서 하나님이 어떤 분인지 알 수 있었다.

경건은 숨길 수 없다. "누구든지 스스로 경건하다 생각하며 자기 혀를 재갈 물리지 아니하고 자기 마음을 속이면 이 사람의 경건은 헛것이라. 하나님 아버지 앞에서 정결하고 더러움이 없는 경건은 곧 고아와 과부를 그 환난 중에 돌보고 또 자기를 지켜 세속에 물들지 아니하는 그것이니라"(약 1:26-27). 참된 경건은 생활 속에서 그대로 나타난다. 의지할 곳 없는 사회 약자들을 돌볼 줄 알아야 한다. 세상의 흐름을 따라 세속화의 급물살에 휘말리지 말아야 한다. 자신의 마음과 생각을 거룩히 지킬 줄 알아야 한다. 덕이 있는 장로는 자신의 경건을 생활 속에서 사람들에게 나타내야 한다. 왜냐하면 말하는 것을 보고 생각하는 것을 들으면 그 사람의 경건을 어느 정도 가늠할 수 있기 때문이다.

나는 교회 중직자들에게 늘 강조하는 것이 있다. "중직자는 교회의 롤 모델과도 같다." 기업이나 국가의 모델은 아무나 내세우지 않는다. 교회 역시 마찬가지다. 장로는 교회의 얼굴이자 모델이다. 장로를 보면 그 교회 수준이나 분위기를 가늠할 수 있다. 그렇기에 스스로 교회의 이미지를 실추시키지 않도록 조심해야 한다. 자주 듣는 이야기가 있지 않은가! "난 장로에게 상처를 받아서 절대 교회에 나가지 않을 것이다!" 회사나 가정이나 이웃 관계에서 덕을 끼치지 못할 때 교회 부흥의 길은 막히게 된다.

장로의 입에서 세상 사람들도 사용하기를 꺼리는 상스러운 말이 툭툭 튀어나온다면 그는 장로의 자격이 없다. 말은 인격이자 영적 수준을 대변한다. 장로쯤 되면 말이 달라야 한다. 장로의 입에서 육두문자가 나오거나 저속한 말이 나온다면 자신의 경건을 돌아봐야 한다. 장로는 적어도 '해야 할 말'과 '하지 말아야 할 말' 쯤은 분별할 줄 알아야 한다. 어느 교회의 장로는 가는 곳마다 교역자를 비난하고 험담하는 말을 일삼는다. 노회에 가면 노회원들을 붙잡고 자기 교회 담임목사를 비난한다. 교회에서는 교인들이 있는 곳에서 공공연하게 교역자들을 헐뜯는다. 과연 그 말을 듣는 사람들이 그 장로의 자격을 의심하지 않겠는가? 나쁜 것을 보고도 좋게 말하는 장로가 있는가 하면, 좋은 것을 보고도 나쁘게 말하는 장로가 있다. 그러나 그들이 교회나 교인들에게 미치는 영향력은 판이하다. 덕이 있는 장로는 비난과 험담과는 이별해야 한다.

덕이 있는 장로는 보는 것이 달라야 한다. 같은 눈을 가졌어도 '좋은 것'을 보는 사람이 있는가 하면 '나쁜 것'만 골라서 보는 사람도 있다. 이스라엘 열두 정탐꾼이 가나안 땅을 돌아다니면서 많은 것을 듣고 보았다. 그러나 그들이 하는 보고는 정반대였다. 덕스러운 장로는 가능하면 좋은 면만 본다. 나쁜 면은 보더라도 이해하고 덮어버린다. 그러나 덕스럽지 못한 장로는 좋은 것은 보지 않고 나쁜 면만 바라본다. 좋은 것을 보아도 나쁘게 해석한다. 왜 그럴까? 영적인 눈이 병들었기 때문이다. 왜 영적인 눈이 병드는가? 마음과 영혼이 병들었기 때문이다. 덕이 있는 장로가 되려면 마음과 영혼이 병들지 않도록 자신의 영성을 잘 관리할 줄 알아야 한다. 장로는 나쁜 것을 보더라도 혼자 소화할 수 있는 능력을 갖춰야 한다.

덕이 있는 장로는 돈 쓰는 것이 다르다. 장로는 돈을 쓸 줄 알아야 한다. 그래야 함께 일하는 교인들을 신나게 봉사하도록 만들 수 있다. 앞장선 장로가 자기 지갑을 열지 않으면 교인들도 인색해진다. 어떤 이들은 "교회 돈은 눈먼 돈이다"라고 말한다. 그럴 수 있다. 그런 사람들은 교회 돈을 자기 마음대로 쓰려고 한다. 교회 돈을 쓰면서 자기가 생색을 낸다. 자기 지갑에서 나가는 돈은 아깝고 교회 돈은 아까운 줄 모른다.

그렇다고 교회 돈을 제대로 쓸 줄 모르는 장로가 되어서도 안 된다. 사실 교회 재정을 너무 아끼는 짠돌이 장로는 믿음이 없는 것이다. 교회 재정은 쓰면 쓸수록 샘솟듯이 나온다. 사실 재정이 없으면 할 것도 하지 못한다. 그렇기에 교회 재정을 다루는 장로는 명분이 있다면 아낌없이 쓸 줄도 알아야 한다. 어느 교회에는 교역자 재정을 지나치게 깎는 깍쟁이 장로가 있다. 교역자에게 돈이 들어가는 것은 눈 뜨고 보지 못한다. "교인들이 어떻게 드린 헌금인데…"라고 하면서 사사건건 시비를 건다. 그러나 교역자가 신나게 사역하게 하려면 교역자에 대해 합당한 예우를 해야 한다.

"곡식 떠는 소에게 망을 씌우지 말지니라"(신 25:4). 소를 부려 먹으려면 배불리 먹여야 한다. 대우를 제대로 받지 못하는 교역자는 사역을 즐겁게 하지 못한다. 그것을 구태여 속되다고 표현할 필요는 없다. 본인이 회사에서 대우받는 것을 생각해보면 같은 원리가 아니겠는가? 자신을 대우해주지 않는 회사를 위해 밤을 새워가며 충성하고 싶은가? 영적인 세계에서도 마찬가지다. 경제적인 문제로 인해 신경 쓰지 않고 기쁘게 사역할 수 있도록 교역자의 복지를 살펴주어야 한다. 사명감 하나만으로 견디기에는 사회가 그리 녹록지 않지 않은가!

덕이 있는 장로는 스스로 법과 질서를 잘 지킨다. 교회는 하나님의 법으로 다스려지고 질서 속에 운영되어야 한다. 세상의 법뿐만 아니라 하나님 말씀의 법 안에서 살아야 하고 성령의 법 안에서 행해야 한다. 때로는 세상의 법에 저촉되지 않더라도 더 엄격한 하나님의 법을 따라 살아가야 한다. 장로가 되어서 스스로 법을 지키지 않고 질서를 지키지 않는다면 교인들에게 덕이 되지 않을 뿐만 아니라 치리자로서 바른 치리를 할 수 없다. 나도 지키지 않는 법과 질서를 누구에게 지키라고 가르칠 수 있겠는가? 그렇기에 장로는 교인들보다 법과 질서를 더욱 엄격히 지켜야 한다.

덕 있는 장로는 목회자를 디딤돌로 섬기지, 걸림돌이 되지 않는다.

"유대인에게나 헬라인에게나 하나님의 교회에나 거치는 자가 되지 말고"(고전 10:32). 하나님의 사람들은 남에게 해를 끼치고 다른 사람들을 넘어지게 만들어서는 안 된다. 장로는 목회자의 디딤돌 역할을 해야 한다. 목회를 잘할 수 있도록 환경을 조성해주고 걸림돌을 제거해주어야 한다. 목회자의 어려움이 무엇인지 살피고 필요를 채워주어야 한다. 그렇지 않고 매사에 사사건건 간섭하고 문제를 제기하면서 목회의 걸림돌이 된다면 장로라는 직분을 성실히 수행하지 못하는 것이다. 장로는 목회의 동역자이자 협력자이지 감독자나 훼방꾼이 아니다. 교인들은 장로들이 목회자의 디딤돌이 되는지 걸림돌이 되는지 다 알고 있다. 그렇다면 교인들은 어떤 장로를 존경하겠는가?

덕을 세우는 장로가 되려면 매사에 사랑으로 행해야 한다. "지식은 교만하게 하며 사랑은 덕을 세우나니"(고전 8:1). 인간이 축적하는 지식은 사람을 교만하게 만들 가능성이 크다. 교만한 사람은 자기 자랑을 하고 잘난 체를 잘한다. 그들은 덕을 끼치기보다는 아픔과 상처를 만든다. 그러나 사랑은 덕을 세운다. 사랑은 다른 사람의 허물을 덮어주는 감동을 만든다. 사랑은 분위기를 아름답고 평화롭게 만든다. 장로는 모든 일에 사랑으로 화평을 도모하고 덕을 세우기 위해 힘써야 한다. "그러므로 우리가 화평의 일과 서로 덕을 세우는 일을 힘쓰나니"(롬 14:19).

장로는 순종으로 교회에 본을 보여야 한다. 우리가 잘 알고 있는 이야기가 있다. 민족 지도자 조만식 장로는 주기철 목사가 담임하는 교회의 시무장로였다. 조만식 장로가 오산학교에서 교장으로 있을 때 주기철 목사는 오산학교의 학생이었다. 그러니 주기철 목사는 조만식 장로의 제자인 셈이다.

어느 주일이었다. 조만식 장로님이 예배시간이 지나도록 손님과 이야기를 나누다가 교회에 늦게 들어왔다. 조심스럽게 기어들어 오다시피 하는 조만식 장로님을 본 목사님은 설교하다가 멈추면서 말했다.

"조 장로님, 오늘은 의자에 앉지 마시고 서서 예배를 드리세요!"

결국 장로님은 그대로 서서 예배를 드렸다. 설교를 마친 목사님은 이렇게 말했다.

"서 계시는 조 장로님, 기도해주세요."

그러자 조만식 장로님은 이렇게 기도했다.

"하나님, 저의 죄를 용서해 주옵소서. 거룩한 주일에 하나님을 만나는 것보다 사람을 만나는 일을 더 중요시한 죄를 용서하옵소서."

자존심과 인격이 짓밟힌 조 장로님은 얼마나 울화통이 터졌겠는가? 그러나 그분은 얼굴을 붉히지도, 화를 내면서 목사에게 대들지도 않았다. 뒤돌아서서 목사를 비난하지도 않았다. 그의 겸손과 순종의 모범은 오가는 한국교회에 아름다운 장로의 모델로 전해지고 있다.

03

직분 이해

비전을 공유하는
목회 동역자가 되라

서울에 한 대형교회가 있다. 그 교회는 6년 전에 담임목사의 스캔들로 한 차례 큰 어려움을 겪었었다. 후임을 청빙하면서 교회는 민주적인 방식으로 운영하기 위한 교회 정관을 만들었다. 거기에는 "6년 후에 담임목사 재신임투표를 한다"라고 규정해 놓았다. 담임목사를 청빙한 후 6년이 지났다. 담임목사 청빙을 둘러싸고 교회가 다시 어지럽게 되었다. 담임목사를 지지하는 쪽에서는 "장로들도 재신임 여부를 물어야 한다"고 주장하기 시작했다.

결국 담임목사의 재신임을 묻는 투표를 했다. 그런데 그 과정에서 합법에 대한 시비가 엇갈렸다. 담임목사를 지지하는 교인들은 장로들을 질책했고, 장로들은 문제를 다 매듭짓고 나면 백의종군할 의향이 있다고 교인들에게 호소했다. 결국 교회 안에서 해법을 찾지 못한 채 사회

법정에 서게 되었다. 지금까지 그 교회는 목사직무 집행정지 가처분신청을 해놓고 분쟁을 하고 있다.

장로는 목회 동역자인가, 암적 요소인가? 장로는 목사와 한 팀인가, 적인가? 대답은 자명하다. 목회 동역자이자 한 팀이다. 대한예수교장로회 헌법 정치 〈제5장 1조〉에 장로직의 기원에 대해 이렇게 설명한다. "율법시대에 교회를 관리하는 장로가 있음과 같이 복음시대에도 목사와 협력하여 교회를 치리하는 자를 세웠으니, 곧 치리장로이다." 4조에서도 장로의 직무에 대해서 이렇게 설명하고 있다. "치리장로는 교인의 택함을 받고 교인의 대표자로 목사와 협동하여 행정과 권징을 관리하며, 지교회 혹은 전국 교회의 신령적 관계를 총찰한다." 목사와 장로는 협력하는 관계이다. 그렇기에 장로는 목사와 잘 협력해야 한다.

건강한 교회는 목사와 장로 간에 팀워크가 잘 이뤄진다. 그러나 건강하지 못한 교회는 목사는 장로를 휘어잡으려 하고, 장로는 목사를 견제하고 감독하려고 한다. 그래서 사사건건 목회에 간섭하고 거부권을 일삼는다. 결국 교회는 가야 할 방향을 잡지 못한 채 표류하게 된다. 이렇게 될 때 장로는 교회 부흥과 목회에 암적인 존재로 전락한다. 그렇다면 어떻게 장로가 아름다운 목회 협력자이자 동역자가 될 수 있는가?

담임목사의 비전을 공유하라

사도 바울은 분열을 일삼고 있는 고린도 교인들에게 신신당부한다. "형제들아 내가 우리 주 예수 그리스도의 이름으로 너희를 권하노니 모두가 같은 말을 하고 너희 가운데 분쟁이 없이 같은 마음과 같은 뜻으로 온전히 합하라"(고전 1:10).

바울은 예수 그리스도의 이름을 걸고 아주 진지하고 엄숙하게 간청하고 호소한다. 고린도 교인들이 "온전히 합하라"고 부탁한다. "온전히 합하라"는 말은 어떤 것을 올바른 상태로 회복시키는 것, 그물을 수선하는 것, 신앙의 부족함을 채우는 것을 의미한다. 교회가 찢어지고 갈라져서는 안 된다. 한 형제 된 자들이 분열을 일삼아서는 안 된다. 틈이 생겨야 하겠는가? 옷이 찢어져서야 쓰겠는가? 의견이 갈려서야 되겠는가? 몸이 조화를 이루지 못해서는 안 된다. 바울은 교회가 분쟁이 없기를 간청했다.

분쟁 없이 온전한 연합을 이루기 위해서는 같은 말을 하고, 같은 마음을 가져야 하며, 뜻을 같이해야 한다. 뜻을 같이한다는 말은 같은 비전을 품는 것을 말한다. 하나의 비전을 품을 때 연합을 이룰 수 있다. 장로와 목사가 같은 비전을 품을 때 교회는 연합의 기쁨을 누릴 수 있다. 일반적으로 교회를 개척하면 목회자의 비전에 따라 교회가 움직인다. 그러나 오래된 교회에 후임 목회자가 청빙되면 그 교회에서는 기존에 갖고 있던 전통과 틀을 고수하려고 한다. 그러다 보니 청빙된 목회자가 품고 있는 비전과 충돌하며 교회가 분열되고 다툼이 일어나는 것이다.

전통교회에 속한 많은 장로는 "우리 교회에 부임했으면 우리 교회에 맞추라"고 요구한다. 물론 교회의 유익한 전통과 문화는 발전시켜 나가야 한다. 그러나 만약 목사가 교회의 틀에 매여서 목회를 한다면 그 목사의 존재 자체가 무엇이란 말인가? 하나님은 그리스도의 몸인 교회를 세우기 위해 한 사람의 목회자를 보내주셨다. 그리스도의 몸 된 교회를 그 목회자에게 위임했을 때는 하나님의 계획이 분명히 있기 마련이다.

하나님은 모세를 이스라엘을 이끌 지도자로 세우기 위해 오랜 세월을 준비하셨다. 애굽의 궁정에서 공주 아들의 신분으로 40년 동안 최고의 교육을 받게 하셨다. 당시 애굽은 고대 문명 발생지로 세계적인 전통과 문화를 가진 민족이었다. 그런 궁중에서 모세는 왕자로서 교육을 받은 것이다. 그것도 부족하여 하나님은 모세를 미디안 광야로 내보내 목자로서 양을 돌보고 지키는 훈련을 40년 동안 추가로 받게 하셨다. 그렇게 준비된 모세를 하나님은 부르시고, 모세의 남은 40년을 이스라엘의 지도자로 세우셨다.

마찬가지로 하나님은 한 사람의 목사를 훈련하여 준비시키신다. 그리고 한 교회를 그에게 위임시켜 그를 통해서 그 교회를 움직일 계획을 세우신다. 그의 경험과 학식과 재능과 은사를 총동원해서 하나님이 다스리는 교회를 위임받아 섬기도록 하신 것이다. 그렇기에 목회자가 가진 성향과 비전은 매우 중요하다. 그것을 통해서 하나님이 맡기신 교회를 이끌어 갈 것이기 때문이다.

담임목사는 지휘자와 같다. 지휘자는 단원들이 가진 재능과 능력을 끌어내 아름다운 하모니를 창출한다. 마찬가지로 목사는 교인들이 가진 하나하나의 은사들을 하나로 묶어 아름다운 향기를 풍기는 교회가 될 수 있도록 새로운 하모니를 창출할 것이다. 거기에는 목회자의 비전이 작용한다. 목회자의 비전은 교회가 나아갈 방향을 제시한다. 그리고 당회와 온 교인이 협력하여 그 방향을 향해 힘차게 전진할 수 있도록 구심점을 제공한다.

그런데 목사가 자신의 목회 비전도 없이 교회에 주어진 틀을 따라 목회를 해야 한다면, 목회자 본인에게도 불행한 일이자 교회로 볼 때도 안타까운 일이다. 현대 목회는 목회 컬러(color)가 요청된다. 목회자마다 나름대로 자신의 목회 철학에 근거한 목회적 소신이 있다. 제자훈련, 가정사역, 상담사역, 중보기도사역, 알파코스, 셀중심사역, 문화사역, 복지사역, 스포츠사역 등. 물론 그것은 성경적이어야 하고 성경에 근거한 바른 목회 철학에서 나와야 한다. 교회는 목회자의 소신과 목회 컬러를 존중해주어야 한다. 그리고 교회의 모든 역량을 거기에 집중해야 한다.

교회마다 목사에게 '소신 있는 목회'를 하기 원한다. 만약 목사가 교인들을 기쁘게 하려고 교인들의 비위를 맞추는 목회를 한다면 어떻게 되겠는가? 그래서 바울은 갈라디아 교인들에게 이렇게 말했다. "이제 내가 사람들에게 좋게 하랴. 하나님께 좋게 하랴. 사람들에게 기쁨을 구하랴. 내가 지금까지 사람들의 기쁨을 구하였다면 그리스도의 종이 아니니라"(갈 1:10). 목사는 모름지기 하나님의 종으로 살아야 한다. 하나님의 종으로서 목사는 성경에 입각한 소신으로 목회를 해야 한다.

그런데 교회의 틀에 맞추라니? 교회의 전통을 따라야 한다니? 그렇다면 어떻게 소신 있는 목회를 할 수 있겠는가? 개혁교회는 끊임없이 개혁되어야 한다. 교회는 변화가 필요하다. 교인들도 변화를 원한다. 그런데 정작 당회는 변화를 두려워한다. 제도권으로 들어오면 기득권을 포기하기가 쉽지 않다. 변하지 않는 물은 썩듯이 변화를 추구하지 않는 교회도 경화증에 걸린다. 예수님이 하시는 말씀을 들어보라. "새 포도주를 낡은 가죽 부대에 넣지 아니하나니 그렇게 하면 부대가 터져 포도주도 쏟아지고 부대도 버리게 됨이라. 새 포도주는 새 부대에 넣어야 둘이 다 보전되느니라"(마 9:17). 새 포도주는 새로운 가죽 부대에 담아야 하듯이 새로운 목회자가 부임하면 교회는 변화를 가져올 준비를 해야 한다. 그런데 그 변화를 수용하는 것이 쉬운 일은 아니다.

더구나 소신 있는 목회자가 되기를 원하면서도 정작 "나에게는 비위를 맞추라"고 강요하는 장로들도 있다. 다른 사람들에게는 소신을 발휘하더라도 자신에게는 비위를 좀 맞춰달라는 것이다. 만약 담임목사가 어떤 사람의 비위를 맞추는 목회를 한다면 교회가 나아가야 할 방향을 상실하고 만다. 과연 어느 장로에게, 어느 교인에게 맞추어 목회해야 하는가? 교회의 전통도 중요하고 문화도 중요하고 내규도 중요하다. 그러나 교회는 성경에 근거한 목회자의 목회 철학과 비전을 존중해야 한다.

장로는 목사와 함께 꿈을 꾸어야 한다. 목사가 하나님 앞에서 품은 꿈을 이루기 위해 장로는 적극적인 협력자가 되어야 한다. 장로는 목사의 비전을 대항하는 적이 아니다. 함께 꿈을 꾸고 함께 비전을 이뤄야 할 동역자이다. 하나님은 목사에게 꿈을 꾸게 하신다. 장로는 그 꿈을 함께 꾸는 동역자이며 협력해서 성취하는 협력자이다.

전통 목회 방식이 있는가 하면 현대적인 목회 방식도 있다. 대그룹 중심에서 소그룹 중심의 사역으로 전환하고, 정적인 목회에서 동적인 목회로 나아가고 있다. 교회 중심의 목회에서 지역으로 나아가는 목회를 지향한다. 복음은 바뀌지 않지만 복음을 담는 문화의 그릇은 항상 시대에 따라 변해야 한다.

현대사회에서 교회는 심방목회에서 훈련목회로 전환하고 있다. 물론 심방이 불필요하다는 것은 아니다. 심방도 목회에 있어서 아주 소중한 영역이다. 그러나 현대사회는 심방을 하는 데 많은 한계를 갖고 있다. 심방을 해서 싸매고 뒤치다꺼리에만 집중하는 것보다 양육과 훈련을 통해 예수 그리스도의 강한 군사로 세우는 일이 더 중요하다. 그래서 현대교회가 젖병목회에서 훈련목회로 전환하고 있는 것이다.

그런데 많은 교회에서 제자훈련을 하지만 정작 제자훈련을 성공적으로 정착시키는 교회는 그리 많지 않다. 제자훈련을 정착시키지 못하는 이유 가운데 하나는 장로가 제자훈련 목회에 협력하지 않기 때문이다. 장로가 되면 제자훈련을 받는 것에 대해서 "이 나이에 제자훈련이라니…" 하면서 거부감을 드러낸다. 어느 장로는 "자존심 상한다"고 말하면서 배우고 훈련받는 것에 대해 강하게 반대하기도 한다.

목회 동역자로서의 장로는 목사가 제시하는 목회 비전을 자랑스럽게 여긴다. 그리고 모든 사역을 목사의 목회 비전을 이루는 데 초점을 두고 협력한다. 그러나 목회를 견제하고 감독하려는 사고를 지닌 장로는 본인이 섬기는 부서 모임에서나 주변 사람들에게 목회 비전에 대해 부정적인 말을 함으로써 교회의 일치됨을 방해하고, 목회 비전에 몰입하는 힘을 빼앗아간다. 그렇기에 장로는 각 부서에서 목사의 목회 철학을 알고 그 비전을 따라 부서를 섬길 수 있도록 앞장서야 할 것이다.

담임목사와 코드를 맞추라

모세에게는 여호수아와 같은 훌륭한 조력자가 있었다. 모세가 어디를 가든지 여호수아는 동행했다. 시내 반도 르비딤 골짜기에

서 아말렉이 이스라엘을 침공했을 때 모세는 하나님의 지팡이를 들고 산으로 올라가서 기도했다. 그때 아론과 훌이 모세의 지친 팔이 내려오지 않도록 힘껏 도와주었다. 아론과 훌의 협력은 매우 효과적이었다. 만약 여호수아와 아론과 훌이 모세와 코드를 맞추지 못하고 자기 색깔을 내기 위해 서로 다퉜다면 모세는 승리를 만들어내지 못했을 것이다.

그런데 여호수아가 자신은 전쟁터에 나가 직접 목숨을 건 사투를 벌이는데, 모세는 안전한 곳에서 사역한다고 불평을 늘어놓았다면 어떻게 되었을까? 그리고 전쟁터에 나가지 않았다면 어떻게 되었을까? 아마 이스라엘은 전쟁에서 패했을 것이다. 결국 이들은 같은 목표를 이루기 위해 협력한 협동작전으로 아말렉을 물리칠 수 있었다. 또한 여호수아에게는 갈렙과 같은 훌륭한 동역자가 있었다. 갈렙은 여호수아와 동역하면서 어려운 일이나 죽을 수도 있는 힘든 길에서 솔선수범하는 미덕을 보였다. 항상 여호수아를 격려하고 위로해 줌으로써 여호수아가 큰 사역을 할 수 있도록 만들었다.

바울에게는 바나바와 같은 훌륭한 협력자가 있었다. 바나바는 바울과 비교하면 대선배였으며 바울이 예루살렘 지도자들과 교제를 나눌 수 있도록 주선해준 사람이다. 바나바는 바울이 다소에 숨어 있을 때 다소로 찾아가서 바울을 데리고 와 안디옥교회에서 함께 사역했다. 그리고 안디옥교회의 부흥을 일궈냈다. 알고 보면 바울이 바울 되게 만든 사람이 바로 바나바였다. 그러나 그는 2인자의 영광을 거부하지 않았다. 바나바는 바울과 코드를 맞추기 위해 노력했으며 항상 그림자처럼 자신을 드러내지 않았다.

목사가 좋은 목사가 되려면 이렇게 좋은 협력자인 장로가 있어야 한다. 어느 목사님은 자기 교회 장로님 한 분은 당회나 모임이 있을 때마다 항상 이렇게 말씀하면서 목회에 힘을 보태준다고 말한다.

"목사님은 목회 전문가입니다. 그리고 우리와 문제를 상의할 때도 항상 기도로 준비하시니 우리는 마땅히 '아멘' 하고 협력하여 주의 일을 열심히 하는 것이 좋습니다."

그러니 다른 사람들이 무엇이라고 하겠는가? 장로님은 늘 "주의 일은 '아멘' 하고 실천에 옮기면 무슨 일이든지 된다"고 하면서 긍정적이고 적극적인 방향으로 이끌어가신다. 그래서 어떤 교인들은 이렇게 비난하기도 한다.

"장로님은 목사님의 의견에 너무 맹종하는 것이 아닙니까?"

그럴 때마다 장로님은 교인들을 설득하신다.

"장로는 목사님을 도와 주의 일을 잘하게 하는 것이 사명입니다."

이 정도 되면 목사가 자랑할 만한 장로가 아니겠는가!

목사와 장로를 부부관계에 비유한다. 목사와 장로가 함께 있으면 화기애애하게 웃고 즐거워야 한다. 그런데 서로 서먹서먹한 관계나 잡아먹지 못해서 으르렁거리는 관계가 된다면 불행한 부부가 아닐 수 없다. 부부관계가 좋아야 가정이 화평하고 즐거운 분위기가 될 수 있다. 만약 부부가 늘 싸우고 긴장관계에 있으면 아이들은 밖으로 나돌게 될 것이고, 집안에는 싸늘한 공기가 감돌 것이다. 잔소리만 늘어놓는 아내가 된다면 곤란하지 않겠는가? 남편은 매사에 아내를 무시해서는 안 된다. 이들은 서로 존중해주고 세워주며 격려하고 협력하는 관계이다. 이들은 함께 있을 때 걸작을 만들 수 있다.

"도둑질을 하려고 해도 손발이 맞아야 한다"라고 말하지 않는가? 더구나 거룩한 일을 하는 목사와 장로야말로 서로 마음이 맞아야 한다. 목사는 목사대로, 장로는 장로대로 각기 자기 길을 고집한다면 교회는 어디로 가겠는가? 서로 다를지라도 목사와 장로는 코드를 맞춰야 한다. 그런데 문제는 '누가 그 코드를 맞출 것인가?' 하는 것이다. 목사가 장로에게 코드를 맞추기보다는 장로가 목사에게 코드를 맞추는 것이 좋다. 그렇지 않으면 목사는 여러 장로의 비위를 맞추기 위해 동분서주해야 할 것이다.

장로에게 찾아오는 유혹이 있다. '이 교회는 내 교회이다. 내가 지켜야지!' 하는 생각이다. 교회를 사랑하는 마음이야말로 소중하고 아름답다. 그러나 그 이면에는 검은 유혹의 손길이 숨어 있음을 알아야 한다. '내 교회'라는 생각이 교회를 휘두르는 주인 자리를 기웃거려 오히려 목회를 어렵게 할 수도 있다. 주인이라는 생각으로 목회에 지나치게 간섭하고 목회자를 마치 감독이나 하려고 해서 목회자가 소신 있게 비전을 펼쳐나갈 수 없게 만든다. '내 교회'라는 주인의식이 목사와의 코드를 맞추는 일을 방해한다면 이미 위험 수위를 넘어선 것이다.

교회의 행정과 모든 직분은 '목회 지향적'이어야 한다. 교회의 행정은 목회를 지원하기 위해 존립해야 한다. 그렇지 않고 목회에 걸림돌이 된다면 교회 행정이나 직분은 역기능으로 가고 있다. 어느 교회에서는 교회의 사무장을 장로나 영향력 있는 안수집사를 세워서 어려움을 겪기도 한다. 사무장이 가진 힘 때문에 목회에 지나친 간섭을 받고 교회 안에서 파벌을 형성하게 만드는 빌미를 제공하기도 한다.

더욱이 목사가 새로 부임했을 때 행정을 담당하는 사무실의 파워에 목사가 사무장의 눈치를 보는 경우가 많다. 그것을 방지하기 위해 많은 교회가 아예 외부에서 전문적인 기능을 갖춘 사무장을 공개채용하기도 한다. 어느 교회에서는 행정팀을 분야별로 세분해서 젊은 전문가 그룹이 목사의 손발이 되어 행정을 돕도록 만들기도 한다. 그러나 현실적으로 쉬운 일은 아니다.

목사가 목회를 위해 어떤 안을 내놓을 때는 많은 기도와 깊은 묵상 속에 교회의 미래를 바라보면서 제시한다. 그렇다면 장로는 그것을 이루기 위해 협력하고 구체적인 방법을 찾아야 한다. 좋은 장로는 "목사님, 저희가 도와야 할 것이 무엇입니까?"라고 하면서 앞장서서 견인차 구실을 한다. 그런데 많은 경우 당회에서 목사가 제시한 목회 비전을 감독자의 자세로 검토하고, 결국 이런저런 이유로 그 계획을 거부한다. 물론 이런 때에 목사는 좀 더 시간을 두고 당회원을 설득해 나갈 것이다. 그러나 그것이 여러 번 반복될 때 목사는 목회에 대한 활력을 상실하고 말 것이다.

목회자의 필요를 살피고 섬기라

브리스길라와 아굴라는 바울에게는 잊을 수 없는 직분자들이다. 남편인 아굴라는 본도 태생의 유대인이고 아내인 브리스길라는 로마 태생으로 명문 가문 출신이다. 이들 부부는 복음을 위해 헌신적이고 환상적인 부부였다. AD 52년 크레스투스(Chrestus)의 교사(敎唆)에 의해 유대인들의 소요가 일어나자 글라우디오 황제는 유대인 추방령을 내린다. 이에 이들은 로마에서 고린도로 이주하게 되었다(행 18:2).

이들 부부의 직업은 천막을 만드는 것이었다(행 18:3). 이들 부부는 바울과 같은 직업을 가지고 있었지만 경쟁자가 아니라 함께 거하면서 동업을 했다(행 18:1-3). 사도 바울이 낯선 고린도에 복음을 전하기 위해 갔을 때 이들 부부가 바울을 친절히 영접하여 2년 동안 거처와 일자리를 제공해주었다. 이들은 바울과 더불어 복음을 전했고, 바울이 복음을 전하는 사역을 효율적으로 감당할 수 있도록 모든 필요를 친절하게 채워주면서 헌신적으로 시중을 들어주었다. 바울을 위해서는 자기의 생명을 조금도 아끼지 않는 헌신적인 부부였다. 그뿐만 아니라 성도들이 모일 수 있도록 집을 제공해주었고 믿는 사람들을 집으로 초대해서 그리스도의 사랑을 베풀고 돌아보는 모범적인 일꾼이었다. 그래서 바울은 편지를 쓰면 자주 이들의 이름을 거명하면서 감사한 마음을 전하였다.

내가 섬기고 있는 교회에도 덕스러운 장로님이 계신다. 예전에 직장을 다니다가 정년퇴직을 하고 쉬고 계셨다. 그러던 어느 날, 장로님이 택시 운전을 하겠다고 말씀하셨다.

"장로님 몸으로는 너무 어렵지 않겠어요?"

사실 장로님은 몸이 온전치 못하시다. 거동도 불편한 몸으로 어떻게 운전하신단 말인가? 그래서 만류했지만, 장로님은 "꼭 해야 할 일이 있다"라고 하시면서 택시 운전면허를 따고 택시운전을 시작했다.

그러던 어느 날, 목양실로 찾아오셔서 봉투 두 개를 내미셨다.

"목사님, 부족하지만 제가 번 돈인데 목사님이 목양하시면서 필요한데 사용해주세요."

선교비와 구제비였다. 그래서 "장로님, 교회로 내셔야지요"라고 만류했다. 그랬더니 장로님은 "목사님이 사역하시다 보면 꼭 필요하신 데가 있잖아요"라고 하시면서 한사코 되돌려받기를 거부하셨다. 그래서 늘 그분을 생각하면 감사하고 어디서든 자랑하고 싶어진다.

좋은 장로는 목사에게 필요한 것이 무엇인지 늘 관심을 두고 살핀다. 가정에 어려운 문제는 없는지 돌아보고 사역하는 데 도와야 할 일은 없는지 살핀다. 어느 교회 장로님은 담임목사의 아들을 본인이 주선해서 캐나다로 유학 보내기도 했다. 물론 거기에 드는 경비는 모두 자신이 부담하고 말이다.

모름지기 장로는 목회자가 목양해 나가는 데 어떤 애로사항이 없는지 늘 살펴서 힘이 되어야 한다. 교인들 때문에 사역에 장애가 있으면 교인들을 찾아가 설득하기도 해야 하며, 어떤 사역을 할 때 재정적으로 부족할 것 같으면 교인들이 모르게 조용히 재정적인 도움을 주어야 한다. 목사는 바로 이런 양념 같은 장로 때문에 목회에 힘을 얻는다.

이미 15년의 세월이 흐른 과거의 일이다. 대구에서 어느 교회를 섬길 때 그 교회에는 보육원을 운영하는 장로님과 권사님이 계셨다. 말없이 묵묵하게 목회자에게 힘을 불어넣고 교회를 든든히 지키는 부부였다. 늘 인자한 웃음을 잃지 않으셨던 분들이다. 이들 부부는 일 년에 한두 차례 교역자와 교회 직원들을 청해서 음식을 대접했다. 나는 그때 처음으로 샤브샤브를 먹어보았다. 어떻게 먹는지 몰라서 곁눈질하며 먹었던 기억이 난다. 어린 소자에게 냉수 한 그릇을 대접해도 기억하고 보상하시는 하나님께서 이것도 기억하실 것이다.

그러나 "목회자를 대접하면 축복받는다"라는 기복주의를 강조하려는 것이 아니다. 사실 교역자를 위한 음식 대접 자체가 그렇게 중요한 것은 아니다. 더구나 요즘 시대에는 더욱 그렇다. 그러나 그 마음이 너무나 아름답다. 교역자는 그 마음을 받는다. 그 음식을 대접받으면서 그 가정을 알게 되고 사랑하게 되며 생각하면서 한 번 더 기도하게 된다. 그 사랑의 애찬이 교역자에게 얼마나 큰 힘을 주는지 모른다. 그래서 바울은 갈라디아 교인들에게 "가르침을 받는 자는 말씀을 가르치는 자와 모든 좋은 것을 함께 하라"(갈 6:6)고 권면하는가 보다.

어느 교회에서 새로운 교역자를 청빙했다. 사실 목사를 모셔야 할 상황인데 전도사를 청하게 되었다. 처음부터 전도사 신분을 밝혔다. 그런데 교회는 그 전도사를 목사라고 불렀다. 그리고 목사가 받는 사례로 예우해주었다. 심지어 그 지역에서 최고의 수준으로 생활비와 목회 활동비를 제공해주었다.

전도사가 미안해하자 장로님이 이렇게 말씀하셨다. "전에 계시던 분이 목사님이었기에 현재 오신 분이 비록 전도사님이지만 목사님으로 불러야 성도들에게 은혜가 될 것이고, 전도사님께 전에 계셨던 목사님과 같게 예우해 드림으로써 이웃 교회와 지방의 다른 교회에도 모범이 될 수 있습니다."

사실 교회마다 목사의 사례비를 깎기에 급급하지 않은가? 얼마 안 되는 사례비를 가지고 목사의 자존심을 상하게 만든다. 사실 목사의 사례비를 가지고 이러쿵저러쿵 운운하는 교회치고 부흥하는 교회를 보기 힘들다. 부흥하는 교회를 보면 '우리 노회나 이웃 교회에서 우리 교회가 목사님 예우를 제일 잘해 주겠다' 라는 생각을 하고 있다. 그런

마음이 목사에게도 느껴지기에 목사는 더 신이 나서 사역을 하는 것이 아닐까?

그런데 목회자의 '진을 빼는 장로'도 많다. 매사에 문제 제기부터 하고, 하는 일마다 사사건건 비판적으로 말한다. 모든 일에는 긍정적인 면이 있는가 하면 부정적인 면도 있기 마련이다. 그런데 목회자의 진을 빼는 장로는 나쁜 면만 본다. 좋은 면도 나쁘게 해석한다. 그래서 여기저기서 목회자를 비판하고 문제를 제기한다.

담임목사는 한 교회를 다 섬길 수 없기에 부교역자나 장로에게 부서를 위임해서 함께 사역한다. 부서를 맡은 장로는 목회자의 마음과 정신을 가지고 섬겨야 한다. 즉 담임목사의 협력자, 조력자가 되어야 한다. 그렇기에 장로는 목사의 목회 철학을 바로 이해하고 매사를 목회에 도움이 되도록 사역해야 한다. 장로가 부서에서 사역에 잘 동역해줄 때 교회는 동력이 생기고 부흥이 된다. 그런데 섬기는 부서에서 장로가 목사의 목회를 비판하고 교인들에게 부정적인 영향을 미칠 수 있는 말을 한다면 목사는 장로에게 부서를 위임할 이유가 없을 것이다.

좋은 장로는 늘 목사의 의견을 존중해준다. 비록 자기 생각과 방법에 맞지 않을지라도 목사의 의견을 존중해준다. 교회 문제를 목사만큼 깊이 생각하고 많이 기도하는 사람이 있겠는가! 목사는 자나 깨나 교회 생각으로 가득 차 있다. 교회의 미래를 바라보고, 그러면서도 성경에서 말하는 방법인지 고민하면서 일을 처리해 나간다. 그런데 어느 장로는 한 시간도 기도해보지 않고서 너무 쉽게 목사가 제시하는 안건을 "안 된다"고 잘라 말한다.

물론 이론적으로나 합리성에 있어서 '안 된다'라는 생각이 들 수도 있다. 그러나 하나님의 일은 특수한 면이 있다. 도저히 안 될 것 같은데도 믿음으로 순종하면 오병이어의 역사가 일어난다. 예수님이 "항아리에 물을 채우라"고 하셨을 때 잔치의 흥을 돋울 수 있는 포도주가 채워질 것이라고 누가 생각이나 했겠는가? 그러나 말씀대로 순종했을 때 기적이 일어났다. 여리고성을 돌 때 전쟁을 하는 광경으로는 도저히 불가능한 일이었다. 그러나 하나님이 명령하시는 대로 "예"라고 응답하고 순종했더니 여리고성이 와르르 무너지는 기적이 일어나지 않았던가! 홍해와 요단강이 앞을 가로막고 있을 때 묵묵한 순종이 바다에 도로를 내는 기적을 만들지 않았던가!

목사가 내놓은 안건에 섣불리 "안 된다"라고 말하지 말라. 목사가 시도하는 비전에 함부로 "어렵다"라고 말하지 말라. 부정적인 생각과 태도가 일을 가로막는다. 목사는 그 비전을 위해 많은 생각을 하고 기도를 했다. 그리고 교회의 먼 미래를 바라보면서 고민 끝에 추진하려고 하는 것이다. 그렇다면 설령 어렵다는 생각이 들지라도 장로는 "한번 해 봅시다"라고 한 후에 그 비전을 이루기 위해 협력할 방법을 마련해야 한다. 그것이 바로 아름다운 목회 동역자가 가질 태도이다.

어느 목사님이 쓴 '나쁜 목사, 좋은 교인'이라는 칼럼을 보고 공감한 적이 있었다. 거기에는 이런 내용이 있었다.

"'좋은 목사는 교인들이 만든다'라는 말이 있다. 훌륭한 목사가 좋은 교회를 만드는 것은 이상할 게 없다. 아니, 당연하다. 그런데 목사가 좀 부족해도 성도들이 훌륭하면 얼마든지 좋은 교회를 만들 수 있다. 좋은 교인들은 무엇보다 목사의 약한 면을 보고 참고 견디어준다. 그리고 목사를 위해 끝까지 기도해준다."

그리고 그 칼럼의 끝자락에서 목사님은 부족한 자신을 좋은 목사가 되게 한 교인들에게 감사하는 마음을 전했다.

좋은 장로가 좋은 목사를 만든다. 마찬가지로 나쁜 장로는 나쁜 목사를 만든다. 처음부터 좋은 목사, 나쁜 목사도 있겠지만 장로가 좋은 목사, 나쁜 목사를 만들 수도 있음을 깊이 생각해볼 일이다. 비록 부족하고 보잘것없는 목사이지만 좋은 장로는 좋은 목사가 되게 한다.

장로는 _____ 교회의 리더이자 교인을 섬기는 행복 전도사다

장로는 교인을 섬기는 행복 전도사가 되어야 한다

갈등을 넘어 하모니를 창조하라

유능한 생각 조율사가 되라

권위를 잃지 말되 권위주의자는 되지 말라

04

행복 전도사

>>> PART_2

갈등을 넘어
하모니를 창조하라

얼마 전, 교회문화연구소 소장이자 국민대 겸임교수인 이의용 장로가 쓴 '목사와 장로, 갈등 줄이기' 란 글을 읽은 적이 있다. 내용을 정리해보면 다음과 같다.

장로들 모임에 가보면 소속 교회 담임목사 흉을 보고, 목사들 모임에 가보면 장로들 흉을 보는 수가 많다. 그만큼 목사와 장로 간의 갈등은 오래된 병이다. 이들의 갈등은 교회로서는 크나큰 손실이다. 교회 발전에 쏟아야 할 힘을 상대방의 눈치를 살피고 상대방을 견제하는 데 소모하게 된다.

담임목사가 장로에게서 느끼는 불편한 점은 무엇인가?

- 궂은일은 하지 않고 어른 대접만 받으려 한다.
- 담임목사가 의욕을 갖고 추진하려는 일에 대안도 없이 발목만 잡는다.
- 사소한 일에 토라지고 섭섭해한다.
- 지나치게 자기 의견만 내세우며 소신을 굽히지 않는다.
- 당회에서 거론된 내용을 여과 없이 교인들에게 전해 문제를 일으킨다.
- 장로들끼리 사전에 결정하고 당회에서 우세한 수로 밀어붙인다.
- 급변하는 목회 환경을 이해하지 못하고 옛날 방식만 고집한다.
- 교회 재정을 자기 돈으로 오해하고 인심을 쓰려고 한다.
- 부교역자나 교우들 앞에서 담임목사의 리더십을 세워주지 않는다.
- 담임목사를 통하지 않고 부교역자에게 직접 일을 지시하거나 꾸중한다.
- 일정한 직업 없이 평일에도 교회로 출근하여 목회 전반에 대해 간섭한다.
- 교회에서 자기실현을 성취하려고 한다.

그렇다면 장로들이 담임목사에게서 느끼는 불편한 점은 무엇인가?
- 중요한 문제를 혼자 결정한다. 장로들은 주보의 광고를 보고서야 알게 된다.
- 교회 일을 부교역자들과 상의해서 처리한다.
- 장로들에게 재량권을 주지 않는다. 장로가 처리한 일을 담임목사가 자주 뒤집는다.

- 교우들 앞에서 장로의 리더십을 세워주지 않는다.
- 권위주의에 빠져 장로나 교인들에게 높임말을 쓰지 않는다.
- 어떤 문제에 대해 일관성이 없다.
- 교회 재정 지출 절차와 원칙을 무시하고 재정 사용에 지나치게 영향력을 행사한다.
- 교회 재정 사용에서 공사를 구분하지 않는다.
- 고급 승용차를 타고 고급 음식점과 골프장을 출입한다.
- 다른 교회에 자주 설교하러 간다. 외부강사를 너무 자주 초청한다.
- 선교란 이름으로 해외여행을 자주 한다.
- 노골적으로 사례비 인상을 요구하고 변칙적인 비용 지출을 요구한다.
- 장로들에게 시무 경쟁을 시키고 그 실적으로 교회 내 입지를 보상해준다.
- 노회나 총회 정치에 많은 시간과 돈과 관심을 쏟는다.
- 일반 교인 심방은 소홀히 하면서 유력한 특정 교인과는 자주 접촉한다.
- 장년목회는 소홀히 하면서 청소년과 청년목회에만 관심을 쏟는다.
- 설교 내용과 방식에 발전이 없고 목회 방식이 구태의연하다.
- 담임목사 측근이나 재력가를 장로로 뽑게 영향력을 행사한다.
- 교회 규모가 커짐에도 장로를 더 세우지 않는다.

이의용 장로의 글을 읽으면서 몇 가지 의문이 생겼다. "목사와 장로가 왜 이런 관계가 되었는가? 서로를 불신과 증오의 눈으로 바라보아야 하는가? 갈등을 넘어 하모니를 이루고, 신뢰와 사랑의 눈으로 바라보면서 하나님 왕국을 섬기는 동역자로 설 수 없는가?" 이 장에서는 갈등을 넘어 하모니를 창출하는 방법을 모색해보자.

갈등을 조장하는 장본인이 되지 말라

고린도교회는 영적인 은사가 풍요로웠던 교회였다. 그러나 한편으로는 많은 문제를 안고 있던 교회였다. 성찬의 문제, 은사와 관련된 문제, 결혼과 음행에 대한 문제, 바울의 사도직에 대한 의구심, 우상에게 바친 제물에 대한 문제, 법정 소송과 관계된 문제 등. 그 가운데 가장 심각한 문제는 아마 교회 내의 분쟁일 것이다.

고린도교회 안에는 바울파, 아볼로파, 게바파, 그리스도파와 같은 분쟁이 있었다. 그 소식을 들은 바울은 가슴이 아팠다. 그래서 고린도 교인들에게 "모두가 같은 말을 하고 너희 가운데 분쟁이 없이 같은 마음과 같은 뜻으로 온전히 합하라"(고전 1:10)고 권면한다.

교회 개척자인 바울을 추종하는 무리, 탁월한 설교가로 교회에 영향을 끼친 아볼로, 예루살렘교회의 수장인 베드로, 소위 그리스도를 따른다는 사람들의 무리 등. 이들은 같은 교회 내에서 서로 얼굴을 붉히고 자기주장만 하면서 갈등하고 있었다. 바울이 고린도교회를 바라볼 때 세월은 흘렀으되 영적 성장이 없는 영적 어린아이와 같은 느낌이었다. 그들은 육신에 속한 자로서 시기와 분쟁에 휘말려 있었다. 그래서 바울은 분쟁이 합당치 못함을 이렇게 강조한다.

"너희는 아직도 육신에 속한 자로다. 너희 가운데 시기와 분쟁이 있으니 어찌 육신에 속하여 사람을 따라 행함이 아니리요. 어떤 이는 말하되 나는 바울에게라 하고 다른 이는 나는 아볼로에게라 하니 너희가 육의 사람이 아니리요. 그런즉 아볼로는 무엇이며 바울은 무엇이냐. 그들은 주께서 각각 주신 대로 너희로 하여금 믿게 한 사역자들이니라. 나는 심었고 아볼로는 물을 주었으되 오직 하나님께서 자라나게 하셨나니 그런즉 심는 이나 물 주는 이는 아무것도 아니로되 오직 자라게 하시는 이는 하나님뿐이니라"(고전 3:3-7).

한 아버지를 섬기는 자들이 서로 형제자매라고 하면서 다투고 있으니 얼마나 가슴 아픈 일이 아니겠는가! 하나님이 원하시는 것이 무엇인가? "형제가 연합하여 동거함이 어찌 그리 선하고 아름다운고"(시 133:1). 하나님은 언약 백성인 이스라엘 열두 지파가 서로 하나로 뭉치길 원하신다. 우리 주님은 한 몸을 만들기 위해 자신의 몸을 십자가에 찢어놓으셨다. 교회가 하나 되는 것이야말로 주님의 비전이다.

그런데 현대교회는 과연 어떤가? 교회마다 갈등과 분쟁으로 그리스도의 몸이 심각한 상처를 입고 있다. 어느 교회에서는 담임목사를 지지하는 교인들과 시무장로들을 지지하는 교인들 간에 대립으로 양쪽이 팽팽하게 갈라진 채 분쟁하고 있다. 어느 날 담임목사가 안식년을 마치고 주일설교를 하려고 교회 안으로 들어섰다. 그런데 장로 측 교인들이 완강하게 저지하여 들어가지 못하는 상황이 벌어졌다. 양측 간에 심한 몸싸움이 벌어졌고, 급기야 담임목사에게 오물을 던지는 일까지 벌어졌다.

오늘날 장로와 목사의 갈등은 이미 심각한 수준에 이르렀다. 만약 한국교회가 교회 안에 있는 갈등을 해소하지 못한다면 한국교회의 이미지는 계속해서 실추될 것이고, 더 이상의 부흥도 기대하기 어려울 것이다. 그렇기에 갈등의 언덕에 서 있는 목사와 장로는 한국교회를 위해 사명감으로 교회 내의 화평을 도모해야 한다.

물론 한 교회에서 오랫동안 시무한 목사와 장로 사이에서는 갈등이 쉽게 일어나지 않는다. 그들은 이미 피차 상대를 잘 알고 있기 때문이다. 담임목사가 시무 중에 자신이 장로로 장립이 된 경우에는 목사의 권위에 순종해야 한다는 생각이 은연중에 자리 잡고 있기 때문이다. 문제는 리더십의 교체 시기다. 일반적으로 목사와 장로의 갈등은 오랫동안 시무했던 목사가 은퇴하고 신임목사가 부임한 후 5년 이내에 주로 발생한다.

목사와 장로가 왜 갈등하는가? 장로는 '목사를 견제하지 않으면 독선과 전횡을 하려 한다' 라는 생각에 사로잡혀 있다. 더구나 경험이 부족한 젊은 목사일 경우 '경험도 없는 목사가 뭘 알아? 세월을 오래 산 우리한테 배워야지' 라는 생각을 하고 있다. 한편 목사는 '목회에 있어서는 목사가 전문가인데 장로들이 뭘 안다고?' 라는 우월한 마음을 품고 있다. 그러다 보니 목회를 가로막는 장로들의 행동이 횡포로 느껴진다.

어떤 칼럼에서 이런 내용의 글을 보았다. 장로들의 모임에서 가끔 듣는 말이 있단다.

"새로 온 목사 길 잘 들여야 해. 나중에 골탕 먹지 말고."

어느 장로는 자랑스레 무용담을 펼치기도 한다.

"지난주 당회에서 목사가 갑자기 안건을 제출하기에 사전 통보와 귀

띔도 없이 불쑥 그런 안건을 내밀면 어떻게 하느냐고 혼쭐을 내줬다."

한술 더 뜨는 말이 있다.

"요즘 젊은 목사들 상당히 건방지단 말이야. 지들이 뭘 안다고 자꾸 뜯어고치려고 하는지 모르겠어."

얼마나 가슴 아픈 이야기인지 모른다. 장로는 목회자를 존경하지 않고 목사를 품삯받고 일하는 자로 취급하고, 목사는 지나친 월권을 행사하여 장로의 기분을 상하게 하면서 서로 간에 갈등이 쌓인다. 목사와 장로는 시소게임의 주인공이 아니다. 만약 그렇게 하고 있다면 장로직을 오해하고 있는 것이다.

장로는 목사의 협력자이다. 어떤 방법으로라도 목회를 도와주어야 한다. 장로가 목사를 길들여야 하는가? 그런 생각으로 채워진 장로는 영적으로 풍성한 삶을 맛볼 수 없을 것이다. 그는 분명히 목사와 갈등을 일으킬 것이기 때문이다. 목사와 갈등을 일으키게 되면 설교를 들을 수가 없게 되고 교육을 받지 않게 될 것이다. 말씀으로 영향을 받지 않고서는 영혼이 살길이 없다. 그렇기에 장로는 목사를 길들이려고 노력하기 전에 목사로부터 신앙을 지도받고 양육받고 훈련받아서 좋은 장로가 되려는 열정을 품어야 한다.

또한 중세 사제들처럼 생각하는 목사들은 반성해야 한다. 장로들을 무시하고 독선주의를 고집한다면 포스트 코로나시대의 목회는 더 어려울 것이다. 요즘은 평신도 가운데 전문적인 지식을 가진 사람이 많다. 그들과 더불어 목회 동역자가 되려는 마음을 갖고 섬긴다면 하나님 나라는 더욱더 견실하게 세워지지 않겠는가! 경험이 부족하다면 겸손하게 배우려는 태도를 보여야 할 것이다.

그러나 장로가 하나님이 세워주신 목사의 권위를 존중하고 순종의 믿음을 배운다면 아무 탈이 없지 않을까? 비록 자기 자식이나 막냇동생같이 어린 나이일지라도 하나님이 세우신 권위를 인정해주면 존경받는 장로가 되지 않을까? 나이와 경험을 내세우면서 목사를 가르치려고 드는 장로를 교인들이 과연 존경하기는 할까? 반드시 나이가 성숙을 보장하지 않고 경험이 지혜를 보장해주는 것은 아니다. 나이가 어린 사람들 가운데도 사려 깊고 덕 있는 사람들이 많다. 더구나 목사는 하나님이 한 교회를 지도하기 위해 세운 리더가 아닌가!

내 마음에 맞지 않는다고 엎어버리는 유형의 장로가 있다. 자기 감정에 뒤틀리면 절대로 자기 고집을 꺾으려 하지 않는다. 그러나 주님의 몸 된 교회를 갈기갈기 찢어놓는 행위는 결코 용인될 수 없다. 정의와 진리를 내세우면서, 교회 개혁을 내세우면서, 혹은 교회의 민주화를 부르짖으면서 교회의 분열을 조장하여 사분오열된 교회를 만든다면 하나님의 마음을 모르기에 저지르는 어리석은 행동이다.

개인적인 상처 때문에 교회를 다툼의 수라장으로 만들지 말아야 한다. 주도권을 잡기 위해 당파를 조장하여 교인들의 마음을 갈라놓지 말아야 한다. 아무리 그럴듯한 명분을 둘러대서 교인들을 선동해서 자신의 목적을 이룰지라도 하나님의 불꽃 같은 눈동자는 피할 수 없다. 신앙 양심이 자신을 고발하기 때문에 자신이 왜 교회를 싸움의 장으로 몰아가는지 다 알고 있지 않은가! 결국 권력 다툼이자 자존심이며, 상처에 대한 보복이자 자기 이권이 개입되었기 때문 아닌가!

자신으로 말미암아 교회가 다투거나 분열로 치닫게 될 바에는 스스로 장로직을 포기하는 편이 하나님 앞에서 떳떳할 것이다. 내 유익을 위해 교회의 하나 됨을 깨뜨리는 것은 결코 용인될 수 없는 일이다. 어느 장로님은 교회 건축을 둘러싸고 담임목사와 생각이 일치하지 않아서 몇 차례 담임목사와 대화를 나누었다. 그러다 언성이 높아지기도 했다. 그러던 중에 그 장로님은 '내가 교회를 떠나므로 분쟁을 그쳐야겠다'는 결심을 하고 교회를 옮겼다. 자신으로 인해 교회가 분열되고 죄를 짓게 되는 것보다 그편이 옳다고 판단한 것이다.

의사이자 성공심리학자인 맥스웰 몰츠는 "성공적인 인생을 살기 위해서는 상처를 거부하라"고 말한다. 이에 덧붙여서 "현명한 사람은 자기 마음의 주인이 되고 미련한 자는 그 노예가 된다. 내가 나를 주장하는 것이야말로 성공의 지름길이다"라고 강조한다. 그러면서 이렇게 외쳐보라고 말한다. "내가 허락하지 않는 한 나는 상처받지 않는다. 상처를 다루는 주인이 되라. 상처를 허용하지 말라." 그러나 우리는 마음을 주님이 다스리도록 내드려야 한다. 감정의 주인도 하나님이 되셔야 한다. 하나님이 다스리는 마음과 감정의 세계 속으로 들어가야 한다.

때로는 나도 갈등의 언덕에 설 때가 있다. 그러나 그곳에 오래 머무르지는 않는다. 언젠가 갈등의 언덕은 나를 집어삼킬 것이기 때문이다. 이에 대해 C. S. 루이스는 「거대한 간극」이라는 책에서 이렇게 말하고 있다. "잘못된 길을 선택한 사람이라고 해서 다 멸망하는 건 아니라고 나는 생각한다. 그러나 그들이 구조되려면 올바른 길로 돌아와야 한다. 잘못된 것은 바로잡을 수 있다. 하지만 그러기 위해서는 잘못을 발견하고 그 지점에서부터 그것을 새롭게 할 때까지 되돌아가야 한다. 절대로 그 길을 계속 가서는 안 된다. 악은 파멸당할 수는 있지만 선으로 발전할 수는 없다. 시간이 해결해주는 문제가 아니다."

좋은 장로가 되려면 '진입 금지' 표지판을 잘 봐야 한다. 장로는 갈등을 일으키고 교회 다툼을 일으키는 자리로 나아가지 않아야 한다. 장로에게는 내가 서 있는 자리를 발견하는 지혜가 필요하다. 잘못된 길에 들어섰다면 거기에 익숙해지기 전에 빨리 그곳에서 빠져나와야 한다. 그렇지 않으면 영혼이 망가지고 관계가 깨지며 존경의 자리를 영원히 놓치고 말 것이다.

갈등에 지혜롭게 반응하라

바울은 유대인과 이방인들이 함께 공동체를 이루고 있는 에베소교회를 위해 교회론을 강조한다. 유대계 그리스도인과 이방계 그리스도인들이 갈등과 분열을 겪고 있기 때문일 것이다. 바울은 그리스도께서 십자가에 못 박혀 죽으심으로 한 몸이 되게 하셨다고 강조한다. 십자가는 멀리 있던 자와 가까이 있는 자들을 하나로 묶었다. 그래서 온 교회는 성령 안에서 하나 됨을 보존해야 한다. "평안의 매는 줄로 성령이 하나 되게 하신 것을 힘써 지키라. 몸이 하나요 성령도 한 분이시니 이와 같이 너희가 부르심의 한 소망 안에서 부르심을 받았느니라"(엡 4:3-4).

그러나 현실적으로는 어떤가? 갈등은 의견이나 목적의 차이로 인하여 개인의 목표나 욕구가 좌절되는 현상이다. 타락한 세상에서 갈등은 불가피한 것이고 이미 예견된 일이다. 사람이나 공동체마다 이해관계와 생각이 서로 다르기에 사람들 간에는 늘 갈등이 발생한다.

어느 교회 안에서 일어난 갈등의 현장을 한번 들여다보자. 어느 주일 오후예배가 끝난 후이다. 칼을 든 안수집사가 담임목사를 위협했다. 이를 보호하려던 한 집사가 칼에 찔려 중태에 빠졌다. 왜 이렇게 되었을까? 당회가 어느 장로의 권고사임을 결정했다. 몇몇 교인이 부당성을 제기하면서 서명운동을 했다. 그날 담임목사가 광고시간에 서명운동을 하는 교인들을 불법이라고 하자 격분하여 철물점에서 식칼을 사 담임목사를 살해하려 한 것이다. 처음에는 작은 갈등에서 출발했지만 그것을 제대로 다루지 못하고 점점 더 불거지면서 엄청난 비극으로 번진 것이다.

그러나 갈등이 꼭 불필요한 것만은 아니다. 오히려 갈등 덕분에 각각의 존재는 존재의 의미를 찾을 수 있으며, 상호 갈등에서 발생하는 긴장을 통해 양쪽 모두 타락과 안일에 빠지지 않고 자기 본연의 모습을 유지하고 발전시킬 수 있기 때문이다.

성경은 모든 갈등이 나쁘다고 가르치지 않는다. 하나님은 우리 각자를 독특한 개성을 가진 인간으로 창조하셨기 때문에 종종 가치관, 목표, 은사, 소명, 우선순위, 기대, 관심, 의견 등이 다르기 마련이다. 이러한 차이의 많은 부분은 본질에서 옳거나 그른 것이 아니라 단지 하나님이 부여하신 다양성과 개인적인 취향의 결과이다.

그렇기에 우리는 갈등을 회피하거나 다른 사람들이 항상 우리에게 동의하기를 요구할 것이 아니라 하나님 창조의 다양성을 기뻐하고, 우리와 다른 관점을 지닌 사람들을 인정하고 함께하는 법을 배워야 한다. 다만 적대적 갈등을 피하고 상생적 갈등을 일궈나가기만 하면 된다. 상생적 갈등과 적대적 갈등을 가르는 것은 '관용'의 여부에 달려 있다. 상대방을 인정하고 그 말에 귀 기울이는 관용의 정신이 있을 때 갈등은 '상생의 갈등'이 될 것이고, 반대로 관용의 정신이 없는 공동체는 '적대적 갈등'으로 인해 황폐해지고 퇴보하게 될 것이다.

갈등에 어떻게 대처하는가는 매우 중요하다. 「피스 메이커」의 저자 켄 산데는 갈등을 "미끄러운 경사면과 같다"라고 말한다. 그는 갈등에 대해서 사람들은 세 가지 반응을 보이는데, 이 반응을 언덕 모양의 경사면으로 그릴 수 있다는 것이다. 즉 언덕의 왼쪽 경사면에는 갈등에 대한 회피적인 반응이 있고, 오른쪽 경사면에는 공격적인 반응이 있으며, 경사면 중앙에는 화해하는 반응이 있다는 것이다.

성숙한 그리스도인들은 갈등에 부딪혔을 때 '회피' 또는 '공격'이라는 본능적인 기질을 억제하는 법을 배우거나, 갈등에 적합한 화해 반응을 사용하는 능력을 계발한다. 회피 반응에 의존하면 일반적으로 '나'에게 초점이 맞춰지고, 공격 반응을 선택할 때는 일반적으로 '상대방'에게 초점이 맞춰진다. 그러나 화해 반응을 취할 때는 초점이 '우리'에게 맞춰진다. 화해 반응을 하게 될 때 갈등에 관련된 모든 사람은 하나님의 관점을 의식하고 문제를 해결하면서 상호 책임을 지는 방향으로 나아가게 된다.

회피 반응을 취하는 사람들은 열심히 평화를 가장하거나 실제로는 그렇지 않더라도 아무런 문제가 없는 것처럼 보이려고 노력한다. 공격 반응을 취하는 사람들은 평화를 파괴하는 성향으로 기운다. 그러나 화해 반응을 선택하는 사람들은 화평하게 하려고 헌신하고 진정한 정의와 다른 사람들과의 진실한 화목을 만들기 위해 끊임없이 노력한다.

갈등에 대하여 정직하게 화해 반응을 추구할 때는 결국 화목을 이루게 될 가능성이 더 커지지만, 갈등에 대한 회피나 공격 반응은 거의 예외 없이 관계 단절로 끝난다. 갈등 자체를 두려워하기보다 갈등을 지혜롭게 해결하는 지혜를 배워야 한다. 하나님의 사람들은 갈등을 경험할지라도 하나님의 말씀을 붙잡고 있는 한, 성령의 음성에 귀를 기울이는 한 갈등을 믿음으로 풀어나갈 수 있다.

인간관계에 있어 갈등이 생겼는가? 지금 당장 종이와 펜을 준비해보라. 그 종이에 '상대방이 개선할 점, 상대방이 잘못한 점, 상대방에 대한 불만 사항'을 적어보라. 아마 문제 해결은 점점 멀어지고 섭섭함과 실망감은 증폭될 것이다. 그러나 '내가 개선할 점, 내가 잘못한 점'을 한번 써보라. 자신의 부족함이 깨달아지고 상대방에 대한 사랑하는 마음이 생겨날 것이다. 지금 누구와 갈등이 있는가? 그렇다면 종이와 펜을 준비하고 종이 위에 남을 평가하는 글보다 나를 성찰하는 글을 한번 적어보라. 그때 갈등은 오히려 감동으로 변하게 될 것이다.

갈등과 분열, 그리고 다툼의 소용돌이에 빠져 있는가? 그렇다면 이제 한번 스스로 질문해보라. "과연 누구를 위해, 무엇을 위해 싸우고 있는가?" 하나님을 위해 싸우고 있다고 생각하는가? 그리스도의 몸인 교회를 위해서 다투고 있는가? 그렇지 않다면 나를 위해 갈등하고 있는가? 어떤 명분일지라도 당신이 갈등과 다툼을 통해 얻을 수 있는 것은 별로 없다.

목사와 장로 간에 갈등으로 분쟁하는 교회를 보라. 진리와 정의를 위해 싸우는가? 사실은 누가 교회의 주도권을 장악하느냐를 두고 싸우지 않는가? 물론 외양적으론 진리와 정의를 위한 싸움처럼 가장한다. 그러나 정직한 신앙인이라면 사소한 감정과 자존심 때문에 싸우고 자기 아성을 쌓기 위한 것임을 인정하지 않을 수 없다.

한국교회가 분열되는 원인이 무엇인가? 다양한 원인이 있겠지만 "목사와 장로 직제에 의한 갈등에서 비롯됐다"는 지적은 피할 수 없을 것이다. 안동교회 원로목사이신 유경재 목사님은 목사와 장로 간의 갈등 원인으로 '교권정치'를 꼽았다. 그는 "목사와 장로 간 갈등의 원인은 무엇보다도 교회를 교권정치의 기반으로 생각하는 데 있다"라며 "교회를 하나님 나라를 이루는 위임공동체로 생각하지 않고, 생활 기반이나 정치적 욕구를 충족시키는 집단으로 생각하는 데서 문제가 일어난다"라고 밝혔다. 직분의 초점을 바로 잡지 못한 데서 다툼이 일어난다.

더구나 세상 사람들은 피 터지라 싸워도 술 한 잔 마시고 나면 끝이 난다. 그리고 집으로 돌아올 때는 어깨를 나란히 하고 고래고래 노래를 부르면서 화해의 기쁨을 나눈다. 그런데 안타까운 것은 목사와 장로의 갈등으로 인하여 불거진 싸움은 화합이나 용서가 없다. '끝장을 본다'는 생각으로 극단으로 치닫는다. 결국 교회가 분열되고 교인들은 상처투성이로 만신창이가 된다. 원수가 된 이들은 세상 법정에서 교회 문제를 판단받게 된다. 하나님의 이름을 더럽히고 마는 것이다.

갈등을 넘어 하모니를 창조하라

바나바와 바울은 예루살렘교회를 구제하기 위해 헌금을 가지고 갔다가 일을 다 마치고 돌아오는 길에 마가라 하는 요한을 데리고 왔다(행 12:25). 그 후 마가 요한은 안디옥교회에서 파송받아 바나바와 바울과 더불어 선교활동을 떠났다.

세월이 흘러 제2차 전도여행을 떠나려고 할 때 바나바와 바울이 서로 심히 다투게 되었다. 그렇게 환상적인 콤비로 동역을 하던 바나바와 바울이 왜 그렇게 심한 싸움을 하게 되었을까? "마가 요한을 데리고 떠나느냐, 두고 떠나느냐?" 하는 문제 때문이었다. 바나바는 마가 요한을 데려가자는 쪽이었고, 바울은 절대로 그럴 수 없다는 태도였다(행 15:36-41).

결국 두 사람은 이견을 좁히지 못하고 결별하게 되었다. 그러나 세월이 흘러 바울이 로마 감옥에서 편지를 쓸 때 디모데에게 무엇이라고 부탁하는가? "네가 올 때에 마가를 데리고 오라. 그가 나의 일에 유익하니라"(딤후 4:11). 세월이 흐른 후에 바울과 마가 요한은 갈등을 넘어서 화해의 모드로 나아가 좋은 관계 속에서 복음을 위해 협력하게 되었다.

미국의 가정사역자 데이비드 알프와 클라우디아 알프 부부는 사람들이 갈등에 임하는 태도나 해결방식을 동물에 비유하곤 했다. 이들은 인간의 부부 갈등 해결방식을 거북이, 스컹크, 카멜레온, 고릴라, 부엉이 유형으로 분석했다.

거북이형은 '은둔형'으로 갈등에 부딪히면 뒤로 물러난다. 머리를 움츠려 껍질 안으로 숨어서 폭풍이 지나갈 때를 기다리는 거북이처럼 문제를 회피한다.

스컹크형은 '공격형'으로 배우자가 기대에 못 미치거나 위협을 느끼면 말로 공격을 시작한다. 말재주로 상대방을 나쁜 사람으로 만들고 자신의 단점은 미화시켜버린다. 대부분 조소와 경멸의 명수들이 이 유형에 속한다.

카멜레온형은 '순응형'으로 주위의 색깔과 동화함으로 갈등을 피한다. 이 유형은 타인의 의견에 항상 동의한다. 조용한 사람들 앞에서는 입을 다물고 말이 많은 사람들 속에서는 수다쟁이로 변한다. 주위 사람들과 같은 부류로 받아들여지고 싶은 욕구가 강해서 자신의 마음은 뒷전이다.

고릴라형은 '승리형'이다. 이 유형은 무슨 수를 써서라도 반드시 이겨야 직성이 풀린다. 가장 잘 쓰는 방법은 회유와 위협이다. 그러나 강인한 겉모습과 달리 좋은 사람으로 보이고 싶어 안달복달하는 나약함도 갖고 있다. 부당한 대우와 상처받았던 일을 모두 기억하고 있다가 적절한 시점에서 상대를 공격한다. 고릴라형에 속한 사람은 상대의 무엇이 잘못되었고 자기가 왜 옳은지 조목조목 조리 있게 설명한다.

부엉이형은 '이성형'이다. 거북이처럼 갈등을 피하지만 전혀 다른 방법을 사용한다. 합리적인 이론과 논리에 의지한다. 이들의 좌우명은 "감정은 무슨 수를 써서라도 반드시 피한다"라는 것이다. 부엉이형은 갈등에 부딪히면 그 문제에 관해서 기꺼이 토론할 용의가 있다. 그러나 감정은 완전히 배제하고 사실만을 다루길 원한다.

목사와 장로가 갈등을 넘어 하모니로 나아가기 위해서는 상당한 기술이 필요하다. 그렇다면 갈등을 넘어 하모니를 이루는 데 필요한 기술은 무엇인가?

첫째, 감정을 잘 조절할 수 있어야 한다. 인간의 감정은 미묘하다. 조금만 상하면 그 상처로 인한 흔적이 깊고 오래간다. 갈등 상황이 전개 되면 대부분 사람이 감정에 충실하다. 그런데 감정은 불쾌한 말을 낳고 거친 행동을 유발한다. 결국 더 큰 화를 초래한다. 그렇기에 하모니로 나아가려면 감정을 누그러뜨리는 지혜가 필요하다. 대신 이성을 통한 합리적인 사고를 할 수 있어야 한다.

둘째, 자기중심적인 생각을 버리고 상대방의 생각을 수용해야 한다. 아집은 상대방의 생각이나 의견을 수용하는 것을 가로막는다. 상대방의 생각을 수용하려면 내 생각을 사로잡아 그리스도께 굴복하는 훈련을 해야 한다(고후 10:5). 내 생각이 다 옳은 것 같지만 자기 생각이 틀렸을 가능성도 얼마든지 염두에 두어야 한다.

셋째, 상대방과 대화하고자 하는 열린 마음을 가져야 한다. 갈등이 생기면 사람들은 대화의 문부터 빗장을 건다. 그러나 갈등이 생길 때 오히려 서로의 생각을 나누면서 대화의 세계로 나아가야 한다. 독선은 갈등의 불씨다. 서로가 두껍게 쌓고 있는 벽을 허물 준비를 해야 한다. 상대방의 입장에 서보면 별문제가 아닌데 사람들은 끝까지 자기 입장만 고집하면서 대화하기를 거부한다. 그러니 갈등은 극단을 치닫는 것이다.

넷째, 휴먼 네트워크를 형성하는 지혜를 가져야 한다. 갈등은 인간관계를 맺는 기술 부족에서 파생할 수 있다. 그렇다면 갈등을 넘어 하모니를 이루기 위해서는 인간관계를 잘 맺어야 한다. "자기보다 남을 낫게 여기고"(빌 2:3). 다른 사람들로부터 무시를 당할 때 관계는 쉽게 깨질 것이다. 교만한 사람은 다른 사람을 우습게 본다. 그러나 겸손한 사람은 다른 사람을 자기보다 더 낮게 여긴다. "이와 같은 자들을 존귀히 여기라"(빌 2:29). 나를 존귀한 존재로 여기는 사람에게 상처를 입지는 않는다.

다섯째, 다른 사람을 축복하는 마음을 가져야 한다. 세례 요한은 "그는 흥하여야 하겠고 나는 쇠하여야 하리라"(요 3:30)고 말한다. 물론 예수님에 대한 세례 요한의 태도이지만 인간관계에도 얼마든지 적용될 수 있다. "누가 크냐?"는 싸움하던 제자들을 생각해보라. 왜 그랬을까? 다른 사람들보다 내가 더 잘되고 싶은 마음 때문이었다. 다른 사람을 흥하게 하려고 해보라. 갈등은 일어나지 않으며 설령 갈등이 생겼을지라도 쉽게 해결될 것이다. 그런데 대부분 사람은 "나는 흥하고 너는 쇠하여야 하리라!"고 말한다. 누가 쇠하는 길로 가길 원하겠는가? 그러다 보니 서로 다투고 싸울 수밖에 없는 것이다.

여섯째, 다른 사람들에게 비난의 손가락질을 하기 전에 먼저 자신을 돌아봐야 한다. 교만하게 고개를 뻣뻣하게 쳐들지 말고 겸손하고 낮은 자리로 나아가자. 남에게 상처를 주고 싸워야 한다면 차라리 조용히 물러나서 그리스도의 몸이 더럽혀지고 하나님의 명예가 오염되는 것을 막아야 한다.

일곱째, 사람을 공격하지 말고 문제 자체를 보는 열린 시야가 필요하다. 감정이 상하다 보면 자주 인신공격함으로써 상대방의 자존심을 건드리는 경우가 많다. 사람을 공격하면 더 큰 갈등으로 치달을 뿐이다. 문제를 공략해야 해결점이 보인다.

여덟째, 상대방의 성격적, 신체적 결함이나 과거의 실수, 혹은 믿고 털어놓았던 개인적인 약점을 공격해서도 안 된다. 욕설은 물론 남과 비교하는 것도 금물이다. 게임에서 이기기 위해서는 타협하고 항복하고 공존하는 것을 연습해야 한다.

아홉째, 상대방의 말에 귀를 기울여야 한다. 가장 답답한 사람을 상대방의 말은 전혀 들으려 하지 않고 자기 말만 하는 사람이다. 자기 말은 줄이고 상대방이 아파하는 것을 들을 준비하라. 상대가 주장하는 것에 대해 지나치게 방어만 하지 말고 자신의 잘못인지도 모른다는 태도를 보여야 한다.

열 번째, 이기는 용기보다는 양보하고 지는 용기가 필요하다. 우리는 기를 쓰고 이기려고만 한다. 그러나 지는 자가 진정한 승리자임을 잊지 말자. 잠시 이기고 영원히 지는 길을 선택하지 말고, 잠시 지고 영원히 이기는 길을 선택하자. 갈등이 빚어질 때 느낌을 솔직하게 표현하는 것이 좋다. "당신이 어떻다"고 말하는 대신 "내가 어떻다"고 말해야 한다. 갈등이 심해질수록 절대로 얼굴을 붉히며 고함치지 말고, 극단적인 용어도 사용하지 말아야 한다. 도리어 웃으라. 손을 내밀어 악수하라. 말을 하더라도 부드럽게 표현하라.

앞에서 제시한 열 가지 기술을 마음에 새겨두자. 그러면 당신은 교회에서 트러블 메이커가 아니라 피스 메이커로, 하모니를 창조하는 존경받는 장로가 될 것이다.

05
행복 전도사

유능한
생각 조율사가 되라

인생은 생각하기 나름이다. 고대 철학자 아리스토텔레스는 "어떤 일을 해야 한다고 계속 상상한다면 온몸의 세포가 그쪽으로 정렬한다"라고 말했다. 어떻게 생각하느냐에 따라 인생이나 주어진 환경을 받아들이는 것이 달라진다. 어떻게 생각하느냐에 따라 일어나는 사건을 받아들이는 태도가 달라진다.

그렇다면 "어떤 일이 벌어지느냐?"가 중요한 것이 아니라 "어떻게 생각하느냐?"가 중요하다. 미운 행동을 해서 꼴 보기가 싫은 게 아니라 밉다고 생각하기에 하는 일마다 싫어 보이는 것이다. 꼴 보기 싫은 것도 생각만 달리하면 예쁘게 보일 수 있다.

생각은 운명을 결정한다. 열 명의 정탐꾼은 불신앙으로 말미암아 광야에서 매장되었다. 그러나 여호수아와 갈렙은 믿음으로 가나안 땅에 들어갔다. 축복을 받으려면 축복받을 생각의 씨를 심어야 한다. 성공하고 행복해지려면 성공할 수 있고 행복해질 수 있다는 생각을 마음의 정원에 심어야 한다. 그렇지 않으면 실패가 찾아오고 불행이 찾아온다.

생각은 관계를 결정한다. 좋은 관계를 맺으려면 좋은 생각을 심어야 한다. 상대방에 대한 좋은 생각은 좋은 말을 가져오고 좋은 태도로 대하게 된다. 그러면 좋은 관계가 형성된다. 그러나 부정적이고 나쁜 생각을 가지게 되면 관계는 끝없이 나빠진다.

생각은 태도를 결정한다. 생각만 잘하면 감사가 넘친다. 그러나 잘못된 생각을 하게 되면 불평불만만 가득하게 된다. 세상에 감사하지 못할 일은 없다. 단지 생각을 잘못하기 때문에 감사가 사라지는 것이다. 병든 생각이 문제이다.

생각은 감정을 통제하고 행동을 결정한다. 기분 나쁜 일을 당했을 때도 생각만 잘하면 전혀 감정이 상하지 않는다. 문제는 기분 나쁜 일이 생긴 것이 아니다. 내 생각을 잘못 조정해서 감정이 상하게 되는 것이다. 같은 상황에서도 어떤 사람은 기분이 좋지만 어떤 사람은 불쾌해한다. 그것은 생각이 감정과 행동을 지배하기 때문이다. 그러므로 생각을 잘 통제하는 사람은 매사에 좋은 감정으로 살아가며 선한 행동으로 다른 사람들에게 본을 보이게 된다.

장로는 생각을 조절할 수 있는 능력을 갖춰야 한다. 장로가 어떤 생각을 하느냐에 따라 자신의 운명뿐만 아니라 공동체의 운명을 결정할 수 있다. 그렇기에 장로는 최악의 상황이 있는 것이 아니라 최악의 생각만 있을 것이라는 사실을 명심해야 한다.

도태되지 않으려면 고정관념을 버리라

사람들은 육체적으로 지은 성적인 죄를 간음이라고 말한다. 그러나 예수님은 마음으로 음욕을 품은 것도 이미 간음한 것이라고 해석하셨다. 사람들은 육체적으로 사람을 죽인 것만 살인한 것으로 간주한다. 그러나 예수님은 마음으로 미워하는 것도 이미 살인한 것이라고 말씀하셨다. 예수님의 음행과 살인에 대한 프레임은 우리와 너무나 달랐다.

어느 날, 하나님은 기도하는 베드로에게 환상을 보여주셨다. 하늘이 열리고 한 그릇이 내려왔다. 네 귀를 매어 땅에 내려오는 큰 보자기 안에는 각종 네 발 가진 짐승과 기는 것과 공중에 나는 것들이 있었다. 하나님은 베드로에게 말씀하셨다. "베드로야 일어나 잡아먹어라"(행 10:13). 그런데 문제가 생겼다. 그 그릇 안에 있는 음식들을 유대인이 지키는 음식법에 의하면 부정한 음식들이어서 먹을 수가 없었다. 그래서 베드로는 하나님 앞에 대답한다. "주여 그럴 수 없나이다. 속되고 깨끗하지 아니한 것을 내가 결코 먹지 아니하였나이다"(행 10:14). 하나님은 세 번이나 베드로를 설득했고, 그 후에야 베드로는 하나님의 뜻을 받아들였다.

복음은 이미 성속의 개념을 바꾸어 놓았다. 그러나 베드로는 아직 복음 안에서 음식을 재해석하지 못했다. 하나님은 이방인인 고넬료를 깨끗하다고 보셨다. 그러나 베드로는 아직 이방인인 고넬료가 깨끗하지 못한 존재이기 때문에 교제를 나눌 수 없다고 생각했다. 그래서 하나님은 베드로의 고정관념을 깨뜨리고 계셨다.

맥스웰 몰츠는 성공적인 삶을 사는 비결 중 하나로 "사고의 전환이 필요하다"라고 강조한다. 사람들의 고개는 좌우로 180도밖에 돌지 않는다. 그러나 인간의 사고는 360도 한 바퀴를 돌릴 수 있다. 이렇듯 사고를 바꾸면 세상이 달리 보인다.

어느 전통 있는 교회에 젊은 목사가 새로 부임했다. 그 교회에는 피아노가 강단 바로 밑에 있었고, 반주자가 앞자리에 앉아 있어 설교하기가 불편했다. 그래서 피아노를 옆으로 옮겨 놓았다. 다음 주였다. "당회 허락도 없이 임의로 피아노를 옮겨 놓았다"고 해서 사직 압력을 받았다. 결국 그 목사는 아무것도 아닌 일로 인해서 교회를 떠나야만 했다.

다시 새로운 담임목사가 부임했다. 신임목사 역시 피아노 때문에 설교하기가 불편했다. 하지만 이미 피아노를 옮겼다가 목사가 쫓겨났다는 소식을 들었다. 고민했다. 그러다가 방법을 찾아냈다. 아무도 모르게 한 주에 조금씩 옮기기 시작했다. 어느덧 1년이 지나 연말이 되었다. 아무도 눈치채지 못한 사이에 피아노는 저 옆으로 옮겨져 있었다. 아무것도 아닌 문제를 가지고 이렇게 힘들게 목회해야 하는가? 고정관념만 떨쳐버리면 과감하게 바꿀 수도 있는 일 아닌가?

성공학의 대가 존 맥스웰은 '100% 실패하는 사람들의 여섯 가지 습관'을 다음과 같이 소개한다. "첫 번째, 패배의식이다. 두 번째, 멈추어버린 성장이다. 세 번째, 계획 없는 인생이다. 네 번째, 무변화이다. 다섯 번째, 다른 사람과의 관계 실패이다. 여섯 번째, 성공을 위한 대가를 무시하는 태도이다." 누구나 변화를 원한다. 그러면서도 변화를 두려워한다. 그러나 변화를 꺼리는 것은 실패하는 인생을 낳는다.

변화를 원하지 않는 교회는 숨 막힐 정도의 전통과 권위로 가득 찼다. 싸울 것을 가지고 싸워야 한다. 얼마나 많은 사람이 진리가 아닌 전통을 가지고 싸우면서 에너지를 소진하고 있는지 모른다. 비본질적인 것을 본질로 착각하고 갈등하고 싸운다. 이렇게 해도 괜찮고 저렇게 해도 괜찮은 것은 고정관념을 버리고 수용하면 된다.

강단에 서는 목사가 성의를 착용해야만 하는가? 요즘은 권위적이고 개방적인 세대에게는 답답함을 준다고 해서 성의를 입지 않는 교회가 많다. 목사가 주일에 흰색 와이셔츠만 입어야 하는가? 다른 색 와이셔츠를 입으면 복음에서 벗어나는가? 왜 복음의 진리와 아무 상관 없는 것을 가지고 얼굴을 붉히고 비난하는지 이해가 되지 않는다. 강단에 슬리퍼가 아닌 신발을 신고 올라가면 불경건한가? 예전에는 상상도 하지 못했지만, 최근에는 구두를 신고 그대로 올라가지 않는가?

장로는 경직된 생각, 고정되고 획일적인 생각을 탈피해야 한다. 문제가 될 것을 가지고 문제를 제기해야지, 문제가 될 일도 아닌 것을 고정관념과 전통에 사로잡혀 "잘못됐다"라고 반대해서는 안 된다. 문화나 사고는 나이나 성별, 지역 등에 따라 각기 다르다. "이것이 아니면 안 된다"고 하는 것은 억측에 불과하다.

어느 교회에 담임목사가 새로 부임했다. 부임한 지 채 한 달도 되기 전에 장로 몇 분이 담임목사를 찾아와 이렇게 말했다. "주일 예배 때 찬양대가 찬양하는 동안 목사님이 찬양대를 보고 서 계시는 것이 그리 좋게 보이지 않네요. 왜냐하면 혹 교인 중에는 찬양대의 찬송을 목사님이 받으시는 것처럼 오해하는 분도 있는 것 같기 때문입니다. 찬양은 오직 하나님만 받으시는 것이 마땅하기에 건의합니다. 찬양대가 찬송하는 동안에는 사회 보시는 목사님이 강단 의자에 앉으시는 것이 좋을

듯합니다.”

어떻게 생각하는가? '꼭 이래야만 한다'고 생각하는가? 문제는 이렇게 하느냐, 저렇게 하느냐가 아니다. 경직된 사고 자체가 문제인 것이다. 복음과 진리는 바뀌지 않는다. 그러나 복음을 담는 문화라는 그릇은 얼마든지 바뀔 수 있다. 장로는 우물 안 개구리식 사고를 하지 말아야 한다. 장로쯤 되면 내가 배운 것, 내가 아는 것, 내가 경험한 것이 전부인 양 고집을 부려서는 안 된다. 폭넓은 사고를 위해 다양한 교회를 경험해보는 것도 좋다. 독서를 통해 사고의 폭을 넓히는 것도 좋다.

때때로 교회에서 어떤 방법이나 취향의 문제로 의견의 일치를 보지 못하여 분열되는 일도 있다. 욕심이나 자존심이 작용하여 서로를 이해하고 양해함으로써 한마음을 이루는 일에 실패했기 때문이다. 성숙한 그리스도인은 받으려고 하지 않고 먼저 주려고 한다. 자기의 주장을 관철하려고 하지 않고 양보할 줄 안다. 그러나 어린아이 같은 신앙인은 자기중심적인 고집에서 벗어나지 못한다.

조용한 멜로디가 깔리다 후렴 부분쯤 드럼, 기타, 건반 등이 동시에 강렬한 곡을 연주하면 회중이 두 손을 들고 큰소리로 찬양하고, 찬양인도자의 멘트에 따라 통성으로 기도한다. 설교자는 평상복으로 말씀을 전하고, 예배 끝부분에는 옆자리에 앉은 교인들과 서로 화답하며 축복송을 부른다. 어떻게 생각하는가? 익숙하지 않은 분위기가 아닌가? 최근 젊은이 예배가 대부분 이런 추세로 가고 있다. "저건 자기 감정 도취일 뿐이지 예배가 아니야"라고 말할 것인가? 이런 생각을 하면 젊은 세대와 소통하기란 어렵다. 젊은 세대를 끌어안을 교회는 경직된 사고의 틀을 깨고 열린 사고를 가져야 한다. 그렇지 않으면 세대 차를 극복할 수가 없다.

새로 부임한 목사는 대개 의욕이 넘치고 변화를 추구한다. 그러나 그런 신임목사를 보는 장로들의 시각은 전혀 다르다. 특히 나이 든 장로들은 생리적으로 변화를 싫어한다. '전에는 이랬었는데…' 하는 전통적 가치관에 사로잡혀 새로운 변화에 너무 인색하다. 그래서 새로 부임한 젊은 목사가 이것저것 새로운 변화를 모색하는 것을 보면 왠지 불안해하고 못마땅해한다.

더구나 신임목사가 충분한 시간을 두고 당회에서 장로들과 폭넓은 토론이나 의사를 물어 공감대가 형성된 후에 시행하면 다행인데, 그렇지 못한 경우에는 오래된 장로들의 감정은 극도로 예민해질 수밖에 없다. 굴러 들어온 돌이 어느 날 갑자기 기둥을 갈아세우겠다고 주춧돌을 빼려 한다고 생각하는 것이다.

무조건 새로운 것만을 추구하는 것도 옳지 않지만 그렇다고 무작정 오래된 전통만을 고집하는 것도 바람직하지 못하다. 시대와 문화가 변함에 따라 스스로 고정관념을 버리고 생각의 틀을 바꾸지 않는다면 장로들은 더는 교인들에게 영향력을 끼치지 못할 것이며, 교회에서 도태되고 말 것이다.

유능한 생각 코디네이터가 되라

베데스다 연못가에 수많은 환자가 즐비하게 앉아 있었다. 이들은 "물이 동할 때 천사가 내려오는데 그때 가장 빨리 연못에 뛰어

드는 사람은 어떤 질병이든지 고침을 받는다"는 전설을 믿었기 때문이다. 그 자리에 38년 동안 한 번도 걸어본 적이 없는 앉은뱅이가 있었다. 그는 늘 절망만을 느낄 수밖에 없었다. 왜냐하면 자기가 허둥지둥 기어가려고 하면 다른 사람들이 잽싸게 달려갔기 때문이다. 그래서 그는 원망과 불만으로 가득 차 있었다. 하지만 그는 몸을 고치기 전에 먼저 마음의 병을 고쳐야 했다.

모세는 약속의 땅 가나안을 들어가기 전에 가데스 바네아에서 먼저 열두 명의 정탐꾼을 파견했다. 가나안 땅과 그 상황을 정탐하기 위함이었다. 이들은 40일 동안 정탐을 끝내고 돌아왔다. 그리고 모세에게 보고했다. 열 명의 정탐꾼은 가나안 땅을 악평했다. 그들은 가나안 땅에 사는 네피림 후손인 아낙 자손의 거인들을 보고 이렇게 보고했다. "우리는 스스로 보기에도 메뚜기 같으니 그들이 보기에도 그와 같았을 것이니라"(민 13:33). 그 말을 들은 백성들은 밤새 통곡하며 울었다. 그리고 과거 애굽생활을 그리워하면서 모세를 향해 원망했다. "우리가 한 지휘관을 세우고 애굽으로 돌아가자!"

그러나 여호수아와 갈렙은 그 열 명과 같은 상황을 보고 듣고 느꼈음에도 다른 생각을 하고 있었다. "여호와께서 우리를 기뻐하시면 우리를 그 땅으로 인도하여 들이시고 그 땅을 우리에게 주시리라. 이는 과연 젖과 꿀이 흐르는 땅이니라. 다만 여호와를 거역하지는 말라. 또 그 땅 백성을 두려워하지 말라. 그들은 우리의 먹이라"(민 14:8-9).

열 명은 부정적인 사고를 했다. 그들의 생각에는 비교와 원망, 불평으로 가득 차 있었다. 그러나 여호수아와 갈렙은 긍정적이고 적극적인 사고를 했다. 같은 것을 보고 들었는데도 왜 이들의 생각은 이처럼 달랐을까? 그것은 믿음의 문제이다. 여호수아와 갈렙은 하나님을 향한 믿음으로 그 상황을 보고 생각하고 판단하고 말한 것이었다. 믿음의 사고 속에서는 불가능도 가능하게 보인다. 그렇기에 좋은 생각을 조율하는 코디네이터가 되려면 먼저 자신의 믿음을 점검해야 한다.

큰 믿음의 소유자는 늘 생각이 긍정적이고 건전하다. 로마의 백부장을 보라. 큰 믿음을 가졌기에 그는 예수님께 이렇게 부탁한다. "주여 내 집에 들어오심을 나는 감당하지 못하겠사오니 다만 말씀으로만 하옵소서. 그러면 내 하인이 낫겠사옵나이다"(마 8:8). 그는 당시 로마 군대를 지휘하는 높은 계급에 있는 사람이었다. 그러나 그는 겸손한 마음을 가졌다. 그의 생각은 긍정적이고 매우 적극적이었다. 시공간을 초월해서 일하시는 예수님의 능력을 믿었다.

"오만가지 잡생각"이란 말이 있다. 우리의 사고체계는 복잡하다. 미국의 쉐드 햄스터드라는 심리학자는 "인간이 하루에 몇 가지 생각을 하며 살아가는가?"를 조사했다. 그 결과 인간은 하루에 4~6만 가지 생각을 하며, 그중 75%는 부정적인 생각이고, 10%는 잡생각이며, 15%만이 긍정적이고 희망적인 생각을 한다고 말한다.

성공적인 인생을 살려면 부정적인 생각을 줄여야 한다. 대신 긍정적이고 희망적인 생각으로 살아가야 한다. 비관적이고 비판적인 생각을 줄이고 아름다운 생각을 길들여야 한다. 생각의 시소게임을 잘해야 한다. 절망과 희망의 시소게임, 긍정적인 생각과 부정적인 생각의 시소게임에서 저울추가 어디로 기울고 있는가?

때때로 하나님과 원수가 되는 '육신의 생각'을 품는 사람들이 있다. 그 결과가 무엇인지 아는가? 파멸이다. "육신을 따르는 자는 육신의 일을, 영을 따르는 자는 영의 일을 생각하나니 육신의 생각은 사망이요 영의 생각은 생명과 평안이니라. 육신의 생각은 하나님과 원수가 되나니 이는 하나님의 법에 굴복하지 아니할 뿐 아니라 할 수도 없음이라"(롬 8:5-7). 장로는 영의 생각을 해야 한다. 하나님이 기뻐하시는 생각을 품어야 한다. 악한 영은 우리가 육신을 위한 생각에 잠기도록 유혹하기 때문이다.

사모가 교회에서 활동하는 것이 좋은가, 하지 않는 것이 좋은가? 성경에서 말하는 해답은 주어져 있지 않다. 다만 그 사모의 성향에 따라 달라질 문제이다.

교회를 개척해서 지금은 500여 명의 중형교회로 성장시킨 목사님이 계신다. 교회를 개척할 당시에는 일꾼과 자금이 부족했다. 그래서 사모가 기독교 용품사업을 하면서 교회 재정을 충당하였고, 목사님과 사역도 같이했다.

이미 성장한 교회가 되었지만 지금도 이 사모는 수요 찬양을 인도하고, 새가족부를 맡아서 사역에 동참하고 있다. 목사님이 부흥 집회를 하면 함께 가서 찬양을 인도한다. 그뿐만 아니라 교회 안에서 안수집사 부인들을 교육하기도 한다. 사모가 가진 은사와 능력을 교회 부흥을 위해 십분 활용하고 있는 것이다.

한편 이런 교회도 있다. 어느 날, 장로 몇 분이 담임목사에게 찾아왔다. 그리고 사모에 대해서 여러 가지를 주문했다.

"사모님이 교회 일에 간섭하지 않았으면 좋겠습니다. 사모님이 교역자실에 들어오는 것을 심리적으로 부담을 느낀다고 하네요. 그리고 사모님이 교인들과 어울려 이런저런 이야기를 나누는 게 보기가 좋지 않습니다."

그렇다면 그 교회에서 사모가 교회 사역이나 교역자의 활동에 관여해서 그런 요구를 하는 것인가? 그렇지는 않다. 그 사모는 부부가 함께하는 사역 외에는 교회 안에서 그 어떤 활동도 하지 않는다. 심지어 대심방 때도 동행하지 않는다. 단지 오래된 교회의 전통이 사모의 역할을 목사인 남편의 아내 역할만을 강요할 뿐이다.

그러나 교회가 사모를 마네킹으로 세워 둘 필요는 없다. 하나님이 사모에게 주신 은사와 재능이 있다. 그리고 사모들 가운데는 일반 평신도 리더들보다 훨씬 유능한 경우도 많다. 그것을 구태여 사장해버릴 필요가 있는가? 물론 사모가 사역해서 나타나는 부정적인 면도 없지는 않다. 그러나 장점도 많지 않은가? 사실 교회 부흥이나 교인들에 대한 애착이 부교역자보다 더 크면 크지 결코 적다고 할 수는 없다. 그렇다면 소그룹이나 새가족부를 맡는다고 해도 무리가 없지 않을까!

친구 목사의 사모는 커피 내리는 법을 배워서 교회에서 운영하는 북카페에서 바리스타로 매일 봉사하고 있다. 사모가 교회 사역에 동역할 수도 있고 그렇지 않을 수도 있다. 교회의 상황이나 교회의 전통, 규모에 따라서 달라질 수 있다. 어느 것이 정답이라고 고집해서는 안 된다. 이럴 수도 있고 저럴 수도 있다. 그런데 구태여 부정적인 시선으로 바라볼 필요가 있겠는가! 긍정적인 관점에서 보면 오히려 더 좋을 수도 있다.

하나님은 우리의 생각을 순결한 생각으로 바꾸라고 말씀하신다.

"형제들아 무엇에든지 참되며 무엇에든지 경건하며 무엇에든지 옳으며 무엇에든지 정결하며 무엇에든지 사랑받을 만하며 무엇에든지 칭찬받을 만하며 무슨 덕이 있든지 무슨 기림이 있든지 이것들을 생각하라"(빌 4:8).

이에 대해서 네비게이토선교회의 창시자인 도슨 트로트맨은 이렇게 말한다. "만일 우리에게 비판적인 생각, 악한 생각, 용서치 않으려는 생각, 정욕적인 생각, 불신앙적 사고가 들어올 때 이에 대해 미워하는 마음이 즉각적으로 일어나지 않는다면 우리 마음 한구석에는 아직도 그 죄를 사랑하는 마음이 있는 것이다. 그렇다면 우리는 이 부분에 대한 숙제가 남아 있음을 알고, 죄를 사랑하는 마음을 하나님 경외하는 마음으로 바꿔주시도록 기도해야 한다."

장로는 자기 안에 일어나는 생각의 방향을 바로 설정해야 한다. 방향을 잘못 조정하게 되면 자신의 명예를 더럽힐 뿐만 아니라 목회 사역과 교회 공동체에 큰 해악을 가져올 수 있다. 그렇다면 생각의 방향을 어떻게 설정해야 하는가?

첫째, 작은 생각에 갇히지 말고 큰 생각을 가져야 한다. 둘째, 비관적이고 부정적인 생각을 버리고 낙관적이고 긍정적인 생각을 가져야 한다. 셋째, 소극적인 생각을 버리고 적극적으로 생각해야 한다. 넷째, 자기중심적인 생각을 버리고 타인 지향적인 생각과 객관적인 생각을 가져야 한다. 자기는 다 옳고 남은 다 틀렸다는 식의 사고방식을 버려야 한다. 다섯째, 닫힌 사고를 버리고 열린 사고를 가져야 한다. 모든 일을 흑백논리로 해석해서는 안 된다. 여섯째, 떨쳐버려야 할 생각을 너무 깊이 묵상하고 집착하지 말아야 한다. 우리가 품는 생각 속에는 보탬이 안 되는 생각도 있다.

어떤 광고에 "생각하는 대로 해. 그게 답이야!"라는 카피가 나온다. 그러나 생각은 통제되어야 한다. 통제되지 않는 생각은 잘못된 결과를 낳을 수 있다. 장로는 생각을 통제하는 지혜를 가져야 한다. 통제된 생각대로 하는 것이 답이다. 아무렇게나 생각하면 안 된다. 장로는 성경적으로 생각하는 지혜를 가져야 한다.

통제된 생각을 가지려면 그리스도를 주인으로 삼아야 한다. 장로는 자기 생각을 사로잡아 그리스도께 굴복시켜야 한다. "이는 우리가 다 반드시 그리스도의 심판대 앞에 나타나게 되어 각각 선악 간에 그 몸으로 행한 것을 따라 받으려 함이라"(고후 5:10). 그리스도께 굴복되지 않은 생각은 악하지만 그리스도께 굴복된 생각은 선하다. 그리스도께 굴복된 삶을 산다면 어떻게 거짓되고 악한 생각을 품겠는가? 그리스도께서 통제하는 대로 생각하라. 내 마음대로, 내 감정대로 생각하도록 내버려두는 것은 매우 위험하다. 장로는 그리스도께 통제되는 성경적인 사고를 할 수 있어야 한다.

통제된 생각을 하려면 한층 더 성장한 생각을 가져야 한다. 성장하지 않은 장로는 마치 어린아이처럼 생각한다. 어른이 되었으면 어린아이와 같은 생각을 버리고 성숙한 어른의 생각을 가져야 한다. "내가 어렸을 때에는 말하는 것이 어린아이와 같고 깨닫는 것이 어린아이와 같고 생각하는 것이 어린아이와 같다가 장성한 사람이 되어서는 어린아이의 일을 버렸노라"(고전 13:11). 장로가 되었으면 모름지기 어른처럼 생각하는 습관을 지녀야 한다.

마음의 정원을 아름답게 가꾸라

생각이 사람을 만든다. "대저 그 마음의 생각이 어떠하면 그 위인도 그러한즉 그가 네게 먹고 마시라 할지라도 그의 마음은 너와 함께하지 아니함이라"(잠 23:7). 이에 대해 도슨 트로트맨은 "모든 죄는 마음속의 생각에서 비롯된다. 따라서 우리의 생각이 거룩한 만큼 거룩한 사람이 된다"라고 말한다.

생각은 '마음의 밭'에서 나온다. "입에서 나오는 것들은 마음에서 나오나니 이것이야말로 사람을 더럽게 하느니라. 마음에서 나오는 것은 악한 생각과 살인과 간음과 음란과 도둑질과 거짓 증언과 비방이니"(마 15:18-19). 아름다운 생각을 위해서는 아름다운 마음 밭을 꾸며야 한다. 아름다운 마음은 아름다운 생각을 낳고, 아름다운 생각은 아름다운 인생을 경작한다. 축복은 아름다운 생각에서 시작된다.

예수님은 바리새인들에게 이렇게 말씀하셨다. "독사의 자식들아 너희는 악하니 어떻게 선한 말을 할 수 있느냐. 이는 마음에 가득한 것을 입으로 말함이라. 선한 사람은 그 쌓은 선에서 선한 것을 내고 악한 사람은 그 쌓은 악에서 악한 것을 내느니라"(마 12:34-35). 마음에 가득한 악한 것은 입으로 내뱉어지게 된다. 마음이 말의 저수지다. 말이 거칠고 거짓된 사람은 그 마음이 부패하기 때문이다.

예레미야는 "만물보다 거짓되고 심히 부패한 것은 마음"(렘 17:9)이라고 지적한다. 부패한 마음에서 나올 수 있는 생각이 어떤 것이겠는가? 이에 대해서 도슨 트로트맨은 "우리의 말과 행위에 대해서만 회개하는 것은 충분하지 않다. 우리의 악한 생각까지도 회개해야 한다"라고 강조한다(사 55:7, 시 19:14). 부패한 마음을 예수님의 마음으로 깨끗하고 지혜롭게 바꾸어야 한다. 하나님의 은혜로 구속받은 마음은 아름다워질 수 있다. 성령의 통치 아래 있는 마음이야말로 아름다운 생각을 낳을 수 있다.

우리 주 예수님은 씨 뿌리는 자의 비유를 말씀하시면서 이스라엘 백성들처럼 '완악한 마음'을 품지 말라고 지적하신다. "이 백성들의 마음이 완악하여져서 그 귀는 듣기에 둔하고 눈은 감았으니 이는 눈으로 보고 귀로 듣고 마음으로 깨달아 돌이켜 내게 고침을 받을까 두려워함이라"(마 13:15). 농부는 같은 씨를 뿌린다. 그런데 결과는 너무나 다르다. 좋은 땅에서는 백 배, 육십 배, 삼십 배의 열매를 맺었다. 그러나 길가나 흙이 얕은 돌밭, 가시떨기 밭에 뿌려진 씨는 아무런 열매를 맺을 수 없었다. 씨가 문제인가, 농부가 문제인가? 그렇지 않다. 단지 밭의 문제일 뿐이다.

누군가 "컵이 되는 것을 멈추고 호수가 되라"고 조언한다. 컵과 같은 마음에는 자그마한 것이 들어가면 넘쳐나게 된다. 컵과 같이 좁디좁은 마음에는 하찮은 일에도 상처받고 부정적인 감정으로 불타오른다. 그러나 호수는 아무리 채워도 표시가 나지 않는다. 넓은 마음에는 웬만한 아픔도 상처가 되지 않는다. 마음과 생각의 크기를 키우면 인생이 달라진다.

어느 젊은 목사가 담임목사로 부임해서 경험한 안타까운 고백을 들어보자.

"교인들은 목사가 너무 젊으면 경험이 부족하다고 하고, 머리가 희면 너무 늙어서 희망이 없다고 한다. 자녀가 많으면 무절제하다고 하며, 자녀가 없으면 하나님의 무슨 저주를 받은 것처럼 생각한다. 사모가 교회 일을 조금이라도 간섭하면 너무 설친다고 하고, 전혀 간섭하지 않으면 실천이 없고 교회 일에 사랑과 관심이 없다고 한다.

원고를 보면서 설교하면 무미건조하다고 하고, 원고 없이 설교하면 즉흥적으로 설교하는 목사라고 한다. 예화를 들어 설교하면 성경 말씀이 없는 설교라고 하며, 예화 없이 설교하면 너무 딱딱하고 재미없는 설교를 한다고 한다. 부잣집 심방을 가면 가난한 교인들은 무시하는 돈만 아는 목사라고 하고, 가난한 교인 집에 심방을 가면 돈 없는 교인들에게 인기를 얻으려 한다고 한다.

목사가 과감하고 단호하게 교회 일을 처리하면 독재자라고 하며, 조심스럽게 당회원과 제직들의 의견을 존중하여 처리하면 무능자라고 한다. 교인들의 잘못을 책망하면 사랑이 없는 냉정한 목사라고 하며, 교인들의 잘못을 지적하지 않고 오래 참으면 타협적이고 정의감이 없는 우유부단한 목사라고 한다.

설교가 좀 길면 내용 없는 장광설이라고 하고, 짧으면 설교 준비도 제대로 하지 않는 게으른 목사라고 한다. 십일조 설교를 하면 돈만 내라고 하는 목사라고 하고, 헌금 설교를 전혀 하지 않으면 교인들의 신앙생활을 지도하지 않는 목사라고 한다. 목사가 잘살면 어려운 교인들을 이해하지 못하는 목사라고 하고, 너무 못살면 하나님의 축복을 받지 못하는 목사라고 한다."

얼마나 괴로운 일인가? 목사의 썩어들어가는 속을 누가 알아주겠는가? 이렇게 해도 비난, 저렇게 해도 비난을 하니 어느 장단에 춤을 추어야 하는가? 문제는 무엇일까? 목사가 이렇게 하느냐, 저렇게 하느냐가 아니다. 바라보는 사람이 좋은 마음으로 바라보면 된다. 긍정적인 생각을 가지면 된다. 목사가 많은 장로나 교인의 입맛을 다 맞출 수는 없다. 이 교인 저 교인의 입맛을 맞추려다 보면 자칫 '소신 없는 목사'라고 비난받을 뿐이다. 차라리 아름다운 마음을 가지고 긍정적인 생각으로 목사를 바라보는 장로가 필요하다.

마음의 눈이 중요하다. 아름다운 눈으로 보면 세상이 다 아름답다. 목사가 하는 일도 아름답게 보인다. 사모가 하는 행동도 예쁘고 귀엽게 느껴진다. 교인들을 보면 늘 즐겁고 행복하다. 마음의 안경 색깔이 중요하다. 검은색 안경알이냐, 빨간색 안경알이냐? 사람들은 환경의 문제로 생각하려 하지만 사실은 마음의 안경 색깔의 문제이다.

브라이언 카바로프가 쓴 「씨 뿌리는 사람의 씨앗주머니」란 책이 있다. 이 책은 우리의 마음을 정원에다 비유해서 알기 쉽게 설명해주고 있다. 정원을 가꾸다 보면 심지도 않은 잡초가 너무나 잘 자란다. 그런데 키우려고 하는 화초는 조금만 관심을 게을리해도 시들어버린다. 우리의 마음도 이와 같다. 나쁜 생각, 음탕한 생각, 죄에 관한 생각은 공부하지 않아도 내 마음속에서 너무나 잘 자란다. 그러나 좋은 생각, 사랑과 신앙에 대해, 게으름에 대해, 화를 내는 것에 대한 좋은 절제의 생각을 키우기 위해서는 상당히 노력해도 어렵다. 좋은 장로가 되려면 마음의 정원을 아름답게 잘 가꾸어야 한다.

도슨 트로트맨은 우리의 생각에 하나님을 경외하는 마음을 부어야 한다고 강조한다. "우리의 생각이 순결한 만큼 우리도 순결한 것이다. 우리의 생각이 깨끗한 만큼 우리는 능력 있는 사역을 할 수 있다. 악한 영들은 우리의 연약하고 상처받기 쉬운 취약점을 골라서 공격한다. 우리가 하는 말을 듣고, 하는 행동을 보면서 우리의 약점을 캐낸다(마 12:34 참조). 그러므로 모든 죄의 출발점인 우리의 생각에 하나님을 경외하는 마음이 부어지는 것이 무엇보다 필요하다."

하나님의 경외하는 마음, 하나님을 사랑하는 마음, 하나님을 두려워하는 마음에서 아름답고 덕스러운 생각이 나온다. 은혜로운 생각은 하나님을 경외하는 마음에서 나온다.

06

행복 전도사

권위를 잃지 말되
권위주의자는 되지 말라

교회 공동체 안에서 자주 듣는 말이 있다. "장로가 되더니 목에 깁스하고 다녀요. 예전에는 안 그렇더니 장로가 된 뒤에는 왜 그렇게 목을 꼿꼿하게 치켜세우는지 모르겠어요." 이 말은 권위주의에 사로잡혀 덕을 세우지 못하는 직분자들을 비꼬는 말이다.

가끔 이런 오해를 하는 장로들이 있다. "장로교는 장로가 정치하는 곳이야. 만약 목사가 정치를 한다면 목사교라고 하지 않았겠어! 그러니까 장로들이 정신 차려야 해!" 일리가 있는 말처럼 들리지만 장로교의 역사도 모르고 성경적인 원리도 모르는 어리석은 말이다. 더구나 그렇게 말하는 생각의 밑바닥에는 권위주의가 꽉 들어차 있다. 왜냐하면 '장로가 목사를 견제하고, 심지어 교회 실정에 맞게 길들이고 잡아야 한다' 는 생각이 반영된 말이기 때문이다.

장로가 무엇인지도 모른 채 큰 벼슬이나 하는 것처럼 착각하는 이들이 있다. "요즘 교회가 어디로 가고 있는지 몰라. 성도들이 장로의 말을 우습게 여기잖아." 성도가 장로를 우습게 여겨서는 안 된다. 그런데 진정한 권위를 상실한 채 장로의 권위만 내세우는 어리석음은 버려야 한다.

장로교는 대의정치다. 장로는 교인들의 손을 통해 세움을 받았다. 교인들 위에서 군림하는 것이 아니라 교인들을 섬겨야 할 존재이다. 교인들의 목소리를 들을 수 있어야 하고, 교인들의 필요를 느낄 수 있어야 한다. 교인들을 두려워해야 한다. 교인들을 두려워하지 않는 장로가 되는 것을 우려하여 대한예수교장로회 헌법에서는 7년마다 신임투표를 할 수 있도록 제동장치를 마련해두었다.

앞으로 목회는 더 어려워질 것이다. 교회가 포스트모더니즘으로 점점 채색되고 있기 때문이다. 포스트모더니즘은 권위와 전통을 이탈하는 정신 사조를 낳았다. 그래서 사람들은 기존의 틀과 질서에 도전하고 저항한다. 그들에게는 권위보다는 자유와 해방에 더 익숙하다. 성경의 권위를 인정하지 않고 상대주의로 흘러간다. 목회자의 권위도 무너지고 불순종이 자연스럽게 젖어 들고 있다.

그러나 인간은 결코 권위를 떠나서는 살 수 없다. 가정에도, 교회에도, 직장에도, 학교에도 그 나름대로 권위가 존재한다. 성경은 이러한 모든 권위가 하나님으로부터 나온다고 강조한다. 그렇기에 장로는 권위에 대한 성경에서 말하는 관점을 바로 이해하고, 권위 속에 숨어 있는 하나님의 뜻을 발견해야 한다. 더구나 주어진 권위를 올바로 행사함으로 교회의 덕을 도모해야 한다. 그뿐만 아니라 인간에게 주어진 모든 권위의 출처를 기억하면서 위에 있는 권위에 올바로 복종할 줄 알아야 한다. 그것이 하나님 나라의 원리에 따른 질서 있는 삶이다.

영적 노블레스 오블리주 정신을 가지라

3년간의 공생애 사역을 마무리 짓는 결정적인 순간이 예수님께 다가왔다. 예수님은 십자가에서 대속의 죽음을 감당함으로써 인류를 구원하기 위한 궁극적인 비전을 성취하시기 위해 예루살렘으로 올라가고 계셨다.

그때 상황에 어울리지 않는 광경들이 일어난다. 사도 마태는 야고보와 요한의 어머니가 예수님 앞으로 나아와 절하면서 인사청탁을 하는 장면을 그려준다. "나의 이 두 아들을 주의 나라에서 하나는 주의 우편에, 하나는 주의 좌편에 앉게 명하소서"(마 20:21). 아들을 영의정과 좌의정에 앉히고 싶은 어머니의 마음을 묘사해준다. 그러나 사도 마가는 야고보와 요한이 예수님께 나아와서 묻는 장면으로 묘사한다. "주의 영광중에서 우리를 하나는 주의 우편에, 하나는 좌편에 앉게 하여주옵소서"(막 10:37). 제자 중에 핵심인물로 간주되던 이들 형제로서는 꿈꾸어 볼 만한 일이 아닌가!

그 이야기를 듣고 있던 제자들은 발끈해서 화를 낸다. "열 제자가 듣고 그 두 형제에 대하여 분히 여기거늘"(마 20:24, 참조 막 10:41) 다른 제자들이 분노하는 이유가 무엇인가? 자신들에게도 같은 마음이 있다는 증거이다. 예수님은 십자가에 죽기 위해 예루살렘으로 올라가지만,

제자들은 예루살렘에서 얻을 권세와 영광을 꿈꾸면서 올라가고 있었다. 그들은 정치적인 메시아를 기대하고 있었던 것이다.

인간에게는 '권력에 대한 욕구'가 감추어져 있다. 철학가 토머스 홉스는 "오직 죽음으로서만 멈춰질 수 있는 것이 권력에 대한 욕구이다"라고 말한다. 자신은 의식하지 못하거나, 혹은 부정하고 싶을지라도 인간의 가장 깊은 내면에는 권력과 힘에 대한 욕구가 존재한다. 정치를하는 사람들을 보라. 평생 힘과 권력을 얻기 위해 자신을 투자한다. 그권력을 가진 다음에는 그 권력을 행사하여 더 많은 권력을 쥐거나 많은재물을 가지려고 하거나 많은 사람을 모아 힘을 키우려고 한다.

인간의 심연을 깊이 파헤쳤던 임상심리학자 A. H. 매슬로우는 욕구5단계설을 주장한다. 첫째, 생리적 욕구. 둘째, 안전의 욕구. 셋째, 사랑의 욕구. 넷째, 존경의 욕구. 다섯째, 자아실현의 욕구. 그렇다면 존경의 욕구, 즉 남에게 인정받고 싶은 욕구란 무엇인가? 힘과 권력을 얻으려고 하는 욕구로 대변할 수 있다. 존경의 욕구는 내적으로는 자존,자율을 성취하려는 욕구이고, 외적으로는 타인으로부터 주의를 끌고인정을 받으며 집단 내에서 어떤 지위를 확보하려는 욕구이다.

비단 인간에게만 권력과 힘에 대한 욕구가 존재하는 것은 아니다. 무리의 우두머리인 수사자는 제 새끼가 아니면 제 권한 안에 들어 있는모든 암놈의 새끼를 물어 죽인다고 한다. 산양들은 암놈을 차지하기 위해서 뿔을 곤두세우고 서로 힘껏 박치기한다. 그때마다 두개골이 완전히 박살 날 정도로 싸움을 하고, 온몸이 상처투성이가 되어도 멈추려고하지 않는다.

우리 안에 잠복해 있는 권력과 탐욕의 한계가 어디까지인지 아무도 모른다. 욕망의 바다는 도저히 인간이 다 정복할 수 없을 만큼 드넓건 만 인간은 그것을 쟁취하기 위해 인생을 허비한다. 죽음과 파멸이라는 절벽에 다다르기까지 결코 깨닫지 못한 채 치닫는다. 헛된 것인 줄 익히 알면서도 권력에 대한 욕망의 맛을 보면 쉽게 멈출 수가 없다.

장로가 정치 맛을 알게 되면 무섭게 변한다. 성도가 아픔을 당해도 아랑곳하지 않고 권력 다툼을 멈추지 않는다. 교회가 상처투성이가 되고 분열되어도 기득권을 포기하지 않으려고 발버둥을 친다. 교회를 벼랑 아래로 내몰더라도 자신의 권력을 지키겠다는 생각이다.

어느 교회에서 장로를 치리하게 되었다. 교회 안에서 공공연하게 문제를 일으켰기 때문에 당회에서는 어려운 결정을 내린 것이다. 그 후에 그 장로는 담임목사를 협박하고 비난하기 시작했다. 이윽고 주일에는 교회 정문 앞에서 피켓을 들고 1인 시위를 하기 시작했다. 그런 장면이 몇 개월 동안 연출되었다. 생각해보라. 성도들이 예배드리기 위해 들어오는 정문에서 시위하고 있는 장로, 그 광경을 이웃 주민들이 보고 있지 않은가?

도대체 무엇을 위해 그렇게 한단 말인가? 장로라는 권력이 그렇게 대단해서 그 자리를 지키려고 한단 말인가? 그렇다면 자신을 돌아보고 회개함이 마땅하지 않은가? 본인이 받은 상처 때문에 온 교인을 그렇게 불편하게 만들고 목회를 어렵게 해서 얻을 수 있는 게 무엇이란 말인가? 자신의 권위가 중요하다면 교회의 권위는 더 중요하지 않은가?

그런데 이런 교회도 있다. 그 교회는 당회로 인해 교회 안에서 심각하게 다투었다. 결국 교회는 분리되었다. 후에 담임목사를 청빙할 즈음에 교회는 결의했다. "새로운 담임목사님이 부임하면 현재 있는 기존의 모든 장로는 사임하고 새로운 장로를 세워 교회를 이끌어나가도록 하자." 그 결의 후 담임목사를 모셨지만 한동안은 교회 내에서 결의한 사안에 대한 이런저런 논란도 있었다. 하지만 종국적으로 약속대로 기존의 장로들은 물러났다. 왜냐하면 기득권을 주장하는 것보다 교회를 든든히 세우는 게 더 중요하다고 생각했기 때문이다. 지금은 안정된 교회로 자리매김을 하고 있다.

영성신학자 리처드 포스터는 권력이 가진 위험성에 대해서 이렇게 말한다. "돈이 우리의 호주머니를 위협하고, 성이 침실을 위협하는 것이라면, 권력이란 우리의 관계를 위협하는 것이다. 권력은 우리의 대인관계와 사회적 관계, 그리고 하나님과의 관계를 근본적으로 위협하고 있다. 선악 간에 이보다도 더 우리에게 심각한 영향을 주는 것은 아무것도 있을 수 없다."

우리에게 주어진 권력을 잘 다루면 플러스 효과가 있다. 그러나 권력을 잘못 사용하게 되면 개인이나 공동체에 심각한 파급효과를 미친다. 장로 한 사람으로 인해 공동체 전체가 흔들릴 수도 있다.

중국이 낳은 세계적 신학자 워치만 니의 신학사상이 우리와 많은 부분에서 다르지만 그는 영적 권위에 대해서는 매우 성경적 견해를 보인다. 그는 "교회는 그리스도인에게 권위에 순종하도록 훈련하는 기관이다"라고 말한다. 그는 계속해서 권위에 대한 참된 활용에 대해서 이렇게 지적한다. "권위를 만난 사람은 권위 되기를 싫어하고, 권위 될 뜻이 없고, 그런 취미조차도 없다. 그리고 의견을 내기를 싫어하고 남을 지배하기도 싫어한다. 조직 권위를 모르는 사람만이 권위 되기를 좋아한다."

권력을 가진 사람은 그 권위가 어디에서 왔는지 그 출처를 꼭 기억해야 한다. "각 사람은 위에 있는 권세들에게 복종하라. 권세는 하나님으로부터 나지 않음이 없나니 모든 권세는 다 하나님께서 정하신 바라"(롬 13:1). 모든 권위는 하나님으로부터 주어졌다. 그렇기에 인간의 모든 권위는 하나님의 권위 아래 주어진 것임을 명심해야 한다. 하나님이 정하신 권위에 순종해야 한다. "너희를 인도하는 자들에게 순종하고 복종하라. 그들은 너희 영혼을 위하여 경성하기를 자신들이 청산할 자인 것같이 하느니라. 그들로 하여금 즐거움으로 이것을 하게 하고 근심으로 하게 하지 말라. 그렇지 않으면 너희에게 유익이 없느니라"(히 13:17).

이 권위에는 아울러 책임과 의무가 뒤따른다. 더구나 영적인 권위는 그리스도의 몸을 세우기 위해 사용되어야 한다. 그리스도의 몸을 세우기 위해 주어진 의무와 책임을 잘 감당해야 한다. 자신이 감당해야 할 책임과 의무는 감당하지 못하고 특권만 주장한다면 잘못된 권위주의자에 불과하다.

사회 지도층의 도덕적 의무를 가리키는 '노블레스 오블리주'라는 말이 있다. 이것은 닭의 사명이 자기의 벼슬을 자랑함에 있지 않고 알을 낳는 데 있음을 말해주고 있다. 귀족으로 정당하게 대접을 받기 위해서는 '명예'만큼 '의무'를 다해야 한다. 사회로부터 정당한 대접을 받기 위해서는 자신이 누리는 명예(노블레스)만큼 의무(오블리주)를 다해야 한다. 로마 귀족의 절제된 행동과 납세의 의무를 다하는 모범적 생활은 평민들에게 본보기가 되어 국가가 천년을 지탱하는 데 초석이 되었다. 그들은 전쟁이 일어나자 국가에 사재를 헌납하고 솔선수범하여 전장에

나가 피를 흘리며 싸우는 것을 영광으로 생각했다.

장로에게도 바로 이런 정신이 필요하다. 교회에서 장로라는 신분으로 대접을 받으려고 하면서 십자가를 지지 않는 사람들이 있다. 교회 돈을 가지고 생색을 내면서 정작 헌금을 드리는 데는 뒤로 빠지고, 예배나 각종 모임, 봉사에 본을 보이지 않는 장로가 있다. 영적 노블레스 오블리주 정신을 회복해야 한다.

절대 부패하는 절대 권력에 집중하지 말라

우리는 예수님이 제자들에게 가르치신 말씀을 똑똑히 들어야 한다. "이방인의 집권자들이 그들을 임의로 주관하고 그 고관들이 그들에게 권세를 부리는 줄을 너희가 알거니와 너희 중에는 그렇지 않아야 하나니 너희 중에 누구든지 크고자 하는 자는 너희를 섬기는 자가 되고 너희 중에 누구든지 으뜸이 되고자 하는 자는 너희의 종이 되어야 하리라. 인자가 온 것은 섬김을 받으려 함이 아니라 도리어 섬기려 하고 자기 목숨을 많은 사람의 대속물로 주려 함이니라"(마 20:25-28).

예수님은 "너희는 그렇지 않음이니"라고 말씀하신다. 무슨 말인가? 하나님 나라의 지도자들은 이방인 집권자들이 권력을 휘둘러 권세를 부리는 것처럼 해서는 안 된다는 뜻이다.

하나님 나라의 지도자가 걸어가야 할 길이 있다. 하나님 나라의 지도자는 권위를 섬김으로 드러내야 한다. 섬김의 종으로 권위의 영향력을 나타내야 한다. 예수님은 자신의 몸을 대속 제물로 섬김으로써 자신의 권위를 드러내지 않았는가? 그렇다면 장로도 교회와 교인들을 잘 섬김으로 자신의 권위를 드러내야 한다.

하나님의 자녀는 이 불법과 혼란과 무질서 속에서 세상의 자녀와 아무런 구별 없이 살아가서는 안 된다. 혼돈으로 가득한 세상 가운데서 아름답게 빛을 발해야 한다. 그러자면 위에 있는 권위를 발견하고 그 권위를 누리며, 또한 그 권위에 복종하면서 하나님 나라의 원리에 따라 짜임새 있는 질서의 삶을 살아야 한다.

하나님의 자녀는 하나님의 권위를 중심으로 모여 이끌기도 하고 따르기도 하는 권위와 복종의 삶을 사는 데서 드러난다. 각양 권세를 위임받은 사람은 두려움과 떨림으로 하나님을 대신하는 겸허한 태도로 섬김의 권위를 발휘해야 한다. 반면 권위 아래 놓여 있는 사람은 하나님이 주신 권위를 인정하며 순복함으로써 하나님의 질서를 지켜야 한다. 하나님의 권위를 뒤집는 것은 곧 하나님을 뒤집는 일이다. 그러므로 성경은 거역하는 것은 사술의 죄와 같고 완고한 것은 우상에게 절하는 죄와 같다고 말한다(삼상 15:23). 하나님의 권위를 옳게 행사하고 옳게 복종할 때 이 땅에 하나님의 문화가 나타날 수 있다.

이와 관련해서 리처드 포스터는 권력의 이중성에 대해서 이렇게 말한다. "권력은 파괴를 가져올 수도 있고 창조를 일으킬 수도 있다. 파괴시키는 권력은 지배하고자 한다. 따라서 전적인 통치를 요구한다. 그것은 관계를 파괴하고, 신뢰를 파괴하며, 대화를 파괴하고, 통전성을 파괴한다. 그러나 창조하는 권력은 깨진 관계를 회복시켜주는 힘이다. 윌버포스는 대영제국 내에서 이루어졌던 노예매매 제도의 폐지를 위해 자신의 지위에 따른 권력을 사용했던 크리스천 정치가였다. 창조적인 권력은 사람들을 자유롭게 해준다. 마틴 루터 킹 목사가 미국의 인종차별 정책에 맞서 우뚝 섰을 때 수백만이 자유를 되찾았다."

하나님이 인간에게 권력을 주셨을 때 파괴는 디자인되지 않았다. 창조를 위한 권력을 주셨다. 그러나 인간의 범죄로 나타난 것이 바로 권력의 파괴성이다. 지배하고자 하는 파괴적인 권력이 교회에서도 횡횡하는 경우가 많다.

목사가 당회를 이끌어가는 정책은 다양할 수 있다. 어떤 목사는 당회 서기를 중심으로 당회를 이끌어가기도 하고, 어떤 목사는 선임장로를 중심으로 이끌어가기도 한다. 나는 '수석장로'라는 표현을 사용하는 것을 싫어한다. 왜냐하면 '수석'이라는 표현이 자칫 권위주의를 만들어 줄 수 있기 때문이다. 나는 당회 서기와 많은 대화를 나누지만 모든 장로와 함께 대화를 나누면서 당회를 이끌어가는 민주적 방식을 택한다.

어떤 방식으로 당회를 이끌어가느냐는 목사가 가진 목회 철학과 교회의 상황에 맞춰서 선택할 수밖에 없다. 그래서 "왜 목사님은 수석장로를 무시하느냐?" "왜 당회 서기를 무시하고 일방적으로 하느냐?"라고 반문해서는 안 된다. 그렇게 항변하는 데는 이미 권위주의가 자리 잡고 있다는 방증이기 때문이다. 장로는 목회자가 이끌어가는 당회의 방식을 따라 충성스럽게 섬기면 된다.

인간의 모든 권위는 하나님으로부터 왔다. 나에게 주어진 권위도 절대 권력이 될 수 없다. 그 권위를 사용하는 데 있어서 얼마든지 제한될 수 있음을 알아야 한다. 모든 권위는 다른 권위에 의해서 제한되어야 한다.

역사가이자 정치가인 액튼 경은 "절대 권력은 절대로 부패한다"라고 말한다. 권력의 집중화는 시한폭탄과도 같다. 그렇기에 적절하게 견제받지 않는 절대 권력은 절대 부패하게 된다. 장로교는 당회에 힘이 집중되어 있다. 당회가 정책을 결정하다 보니 모든 것을 장악하려 든다. 심지어 목회의 고유영역까지 당회가 견제해야 하는 것처럼 생각하여 침범한다. 이런 식으로 절대 권력을 장악하는 당회는 반드시 부패하게 되어 있다. 그렇기에 당회가 부패하지 않기 위해서는 당회의 권위와 힘을 분산시켜야 한다.

"모든 길은 로마로 통한다"라는 격언이 있다. 이것은 모든 것이 로마로 집중되고 모든 것이 로마에서 뻗어나간다는 말이다. 당시 로마는 세계의 중심부였다. 그래서 세계를 장악하던 로마인들의 위용을 보여주는 표현이다. 그러나 절대 권력을 휘두른 로마는 심각한 부패로 치닫고 말았다. 교회가 건강하게 나아가려면 당회의 분권화가 시급하게 이루어져야 한다. 그렇지 않으면 당회는 무슨 벼슬이라도 하는 것처럼 부패할 수밖에 없다.

당회는 정책을 결정하는 기관이다. 그러다 보니 '모든 일이 당회에서 다루어져야 한다'고 생각한다. '당회원은 교회의 모든 것을 다 알고 있어야 한다'고 생각하는 사람들이 있다. 그러나 당회는 큰 획을 그어주면 된다. 그다음에는 각 부서에 있는 실무자들이 구체적인 세부사항을 계획하고 실행하며 평가하면 된다. 당회가 각각의 부서에서 해야 할 일까지 간섭하게 된다면, 실무진들이 움직이는 동기부여를 빼앗아가게 되고 당회에 대한 불신은 점점 더 커질 것이다.

장로는 교회의 모든 행정을 간섭하는 임무보다는 목사와 협동하여 행정과 권징을 잘 관리해주면 된다. 이것을 오해해서 지나친 독점으로 치닫지 말아야 한다. 오히려 본연의 임무인 교인들을 방문하여 목사에게 보고함으로 교인들의 영적 생활을 섬기는 것이 더 절실하게 요청된다.

절대적인 권력을 움켜잡으려는 장로 가운데는 교회 안에서 여론을 형성하여 교인들을 충동질해서 어떤 목적을 성취하려는 장로가 있다. 여론을 형성하기 위해 중상모략을 하고, 거짓말을 유포하며, 상대방을 비난하고 모함하는 경우가 비일비재하다. 그래서 존 비비어는 "하나님 나라의 법은 중론이나 선거나 여론조사로 대치할 수 없다"라고 말한다. 그렇게 움켜잡은 권력을 가지고 무엇을 하는가? 교회를 좌지우지하려 한다.

권위주의에서 탈피하여 참된 권위를 회복하라

하나님은 영적 권위자들에 대하여 비방할 때 더 높은 차원에서 하나님의 심판이 임할 것이라고 명백히 밝히고 계신다. "이르시기를 나의 기름 부은 자를 손대지 말며 나의 선지자들을 해하지 말라 하셨도다"(시 105:15).

이 세상에서 권위주의는 사라져야 한다. 낮은 자존감을 가진 사람들 가운데 교회에서 직분을 통해 자존감을 높이려는 사람들이 있다. 세상에서 큰소리치지 못하는 것을 교회에서 큰소리치려고 한다. 그러다 보니 자연스레 권위주의에 빠지게 된다. 권위가 남용되면 불신관계가 형성되고 압제의 피 흘림이 찾아오게 된다. 남용된 권위는 공동체의 기반을 흔들고 많은 사람이 상처를 입게 만든다.

그러나 결코 권위가 추락하여서는 안 된다. 근래 우리 사회는 가정에서의 부모와 가장의 권위가 무너지는 추세이고, 대통령이나 리더들의 권위가 흔들리는 세태이다. 권위가 추락하게 되면 질서가 서지 않아 공동체의 와해현상을 보게 된다. 그렇기에 교회는 정당한 권위를 다시 회복해야 한다.

장로 가운데는 하나님께 기름 부음받은 목회자의 권위를 인정하지 않으려는 사람들이 있다. "목사가 기름 부음을 받았다면 나도 기름 부음을 받았다"는 것이다. 목사나 장로 모두가 기름 부음받은 것은 사실이다. 목사도 그것을 부인해서는 안 될 것이다.

그러나 목사에게는 평신도에게 없는 분명한 '사역상의 권위'가 있다. 하나님은 교역자를 통해서 평신도를 구비시켜서 그리스도의 몸인 교회를 세워나가도록 하셨다. 교역자가 평신도를 하나님의 말씀으로 훈련하여 평신도 한 사람 한 사람을 성숙시켜서 평신도 사역자로 세워야 한다. 그래야 그들이 그리스도의 몸을 온전하게 섬길 수 있다. 하나님은 목사에게 한 교회를 위임하셨다. 그리고 그 교회의 방향을 잡아나가도록 세워주셨다.

그래서 마틴 루터는 말한다. "목사와 다른 신자 사이에 어떤 차이, 특히 신분상의 차이는 존재하지 않는다고 할지라도 하나님의 특별한 명령으로 어떤 봉사가 하나의 직분으로 바뀔 수 있다는 점에서 목사의 직분은 다른 것과 확실히 구별된다."

칼빈 역시 교역자의 차별성을 강조한다. "따라서 우리가 지금 논하고 있는 이 질서와 이런 종류의 통치(성직제도)를 폐지하려고 애쓰거나 필요 없는 것으로 여기는 자는 누구나 교회의 분열, 내지는 파멸과 멸망을 바라는 자들일 것이다. 그러므로 현세의 삶을 지탱하고 더욱더 중요하게 하기 위해서는 태양과 빛과 열이나 먹을 것과 마실 것이 필요하듯이 지상의 교회를 보존하기 위해서는 사도직과 목사직이 반드시 필요한 것이다."

평신도 사역을 강조했던 옥한흠 목사 역시 이에 대해서 분명한 선을 긋고 있다. "목사는 하나님이 아니다. 목사만이 제사장이나 선지자, 사도의 계승자가 아니다. 그럼에도 불구하고 목사는 함부로 취급해서는 안 되는 신성한 권위이다."

목사의 권위를 견제하는 것이 장로의 직임이라고 착각하지 말아야 한다. 교역자와 평신도는 서로 반목하고 주도권 싸움을 해야 할 존재가 아니다. 하나님의 비전을 이루기 위해 함께 동역해야 할 동업자이다. 함께 힘을 모아서 사탄의 권세를 대적해야 한다.

성경에서는 권위를 무시한 사람들의 결말을 자주 보여준다. 여 선지자이며 지도자인 미리암은 자기 형제며 백성의 지도자인 모세를 비난하였을 때 하나님의 심판을 받아 문둥병자가 되었다(민 12:9-10). 고라와 다단과 아비람이 모세와 아론에게 대항하고 다른 지도자들을 부추겼을 때 하나님의 엄중한 심판을 받고 말았다. 하나님은 그들이 서 있는 주변 땅을 여셨다가 이들이 떨어져 죽은 후에 다시 그 땅을 닫아버리셨다(민 16장).

사울 왕의 딸이며 다윗의 아내였던 미갈은 하나님이 기름 부으신 다윗에 대해 대적하는 말을 함으로써 남은 생애 동안 아이를 낳지 못하는 비운을 맞았다. 선지자 엘리사가 길을 걷고 있을 때 그를 보고 조롱하던 42명의 아이도 곰에 물려 죽었다(왕하 2:23-24). 그래서 네비게이

토선교회의 창시자인 도슨 트로트맨은 "나는 주의 기름 부으신 자를 건드리는 사람에게 엄중하게 진노하시는 하나님의 심판을 여러 번 보아왔다"라고 말한다.

다윗은 그 사실을 잘 알고 있었다. 그래서 사울이 자신을 죽이려고 계속해서 추적하고 있었지만 하나님이 그의 직위를 박탈하지 않는 한 다윗은 하나님을 경외하는 마음으로 사울에게 아무런 해도 끼치지 않았다. 장로는 도슨 트로트맨이 하는 경고를 가슴에 새겨야 한다. "성령을 근심하게 하고 영혼을 황폐하게 만드는 지름길은 다른 영적 권위자에 대하여 비방하는 말을 하는 것이다."

다른 목회자나 영적 지도자들이 하는 말이 모두 다 자기와 맞지 않는다고 하더라도 사람들이 그들의 좋은 점마저도 받아들이지 못하도록 그들을 비방해서는 안 된다. 그들이 한 말이나 행동을 이해할 수 없다는 이유만으로 내가 모든 것을 다 알고 있다든가, 판단할 수 있는 능력이 나에게 있다고 단정 지을 수는 없다. 도리어 이해할 때까지 충분한 시간을 하나님 앞에서 갖지 않았기 때문에 이해가 되지 않는 경우일 수도 있다.

영적 지도자나 다른 사람들이 어떤 면에서 오류를 범하더라도 그들의 다른 모든 면은 올바르다는 사실에 대해 우리의 생각이 의구심을 일으키지 않도록 유의할 필요가 있다. 만일 어느 교역자의 생활과 사역에 고쳐야 할 점이 있어 부득이하게 언급해야 할 때는 하나님이 그 교역자에 대하여 보여주시는 만큼만 말해야 한다.

하나님도 우리를 생각하실 때 부정적인 것을 끄집어내기보다는 긍정적인 것을 더 많이 생각하신다. 이것은 하나님이 우리의 죄를 간과하시기 때문이 아니라 그분의 성품이 자비하고 인애하며 온유하시기 때문이다.

우리가 영적 권위자의 위치에서 다른 권위자가 잘못한 어떤 문제를 다루어야 할 경우에도 성경은 우리가 어떻게 행동해야 하는지 명확하게 제시하고 있다.

"네 형제가 죄를 범하거든 가서 너와 그 사람과만 상대하여 권고하라. 만일 들으면 네가 네 형제를 얻은 것이요 만일 듣지 않거든 한두 사람을 데리고 가서 두세 증인의 입으로 말마다 확증하게 하라. 만일 그들의 말도 듣지 않거든 교회에 말하고 교회의 말도 듣지 않거든 이방인과 세리와 같이 여기라"(마 18:15-17).
"형제들아 사람이 만일 무슨 범죄한 일이 드러나거든 신령한 너희는 온유한 심령으로 그러한 자를 바로잡고 너 자신을 살펴보아 너도 시험을 받을까 두려워하라"(갈 6:1).
"내가 이제 세 번째 너희에게 가리니 두세 증인의 입으로 말마다 확정하리라"(고후 13:1).

참된 권위는 감동에서 나온다. 다른 사람에게 감동을 만드는 사람이 권위를 얻게 된다.

어느 날, 링컨 대통령이 백악관에서 자신의 구두를 열심히 닦고 있었다. 이를 우연히 본 친구가 깜짝 놀라면서 말했다.

"아니, 대통령이 자기 신발을 닦다니 말이 됩니까?"

이 말을 들은 링컨 대통령은 되물었다.

"아니 그럼, 미국 대통령은 남의 신발도 닦아야 합니까?"

링컨은 상황을 유머로써 부드럽게 만드는 여유를 발휘했다.

진정한 권위란 무엇인가? 권위는 목에 깁스하는 것이나, 아랫사람들에게 으름장을 놓는 데 있지 않다. 권위는 강요해서 주어지는 것이 아니다. 하나님으로부터 받은 것이자, 또 사람들을 감동하게 함으로 저절로 주어지는 것이다. 권위는 스스로 종이 되어 다른 사람을 세우고 섬기는 데 있다. 그때 사람들은 감동하고, 감동될 때 사람들은 그를 추종하게 된다.

감동을 일으키는 자원이 무엇인가? 그 사람이 가진 성품과 인격이다. 현시대는 리더에게 재능이나 카리스마보다 민주적 자질과 품성을 더 요구한다. 리더의 능력이 아무리 뛰어나도 인격이 부족하면 사람들을 이끄는 데 한계가 있다. 그래서 현대 리더십의 요체는 인격의 힘이다.

그래서 「인격론」을 쓴 새뮤얼 스마일즈는 "천재성과 카리스마는 항상 감탄의 대상이 되지만 그것만으로 존경을 받을 수는 없다. 존경을 불러일으키는 것은 인격이다"라고 말한다. 그렇게 볼 때 장로는 자신의 성품과 인격으로 참된 권위를 회복해야 한다. 아름다운 인격은 섬김으로 드러난다. 장로는 섬길 때 가장 아름답다.

"이방인의 집권자들이 그들을 임의로 주관하고
그 고관들이 그들에게 권세를 부리는 줄을
너희가 알거니와 너희 중에는 그렇지 않아야 하나니
너희 중에 누구든지 크고자 하는 자는 너희를 섬기는 자가
되고 너희 중에 누구든지 으뜸이 되고자 하는 자는
너희의 종이 되어야 하리라. 인자가 온 것은
섬김을 받으려 함이 아니라 도리어 섬기려 하고
자기 목숨을 많은 사람의 대속물로 주려 함이니라"

(마 20:25-28).

장로는 _____ 교회의 리더이자 교인을 섬기는 행복 전도사다

장로는
교회를 웃게 하는
리더가
되어야 한다

영향력 있는 리더십을 계발하라

탁월한 영성 관리자가 되라

훌륭한 가정 사역자가 되라

장로의 금기사항을 가슴에 새기라

07

웃게 하는 리더

>>> PART_3

영향력 있는
리더십을 계발하라

　장로는 교회의 지도자이다. 지도자는 상당한 영향력을 가지고 있다. 그 영향력이 긍정적으로 나타나면 공동체에 크게 이바지하게 된다. 반면 영향력이 부정적으로 나타나면 공동체를 병들게 만들고 구성원들은 몸살을 앓게 된다.

　사도 바울은 "우리가 너희 믿음을 주관하려는 것이 아니요 오직 너희 기쁨을 돕는 자가 되려 함이니 이는 너희가 믿음에 섰음이라"(고후 1:24)고 말한다. 장로는 다른 사람을 도와 그들의 믿음을 세워주고 기쁨을 만들어주어야 한다. 그렇지 않고 다른 사람의 믿음을 무너뜨리고 그들이 누릴 기쁨을 빼앗아간다면 장로는 존재 가치를 상실하게 된다.

　바울은 자신이 하나님으로부터 부름받은 목적을 분명하게 인지하고 있었다. "그러므로 내가 떠나 있을 때에 이렇게 쓰는 것은 대면할 때에 주께서 너희를 넘어뜨리려 하지 않고 세우려 하여 내게 주신 그 권한을 따라 엄하지 않게 하려 함이라"(고후 13:10). 하나님이 바울을 부르신 목적은 성도와 교회를 넘어뜨리기 위해서가 아니라 오히려 세우기 위해서다. 그래서 바울은 자신이 누릴 권한을 포기하기도 했다.

예수님은 우리에게 "삼가 바리새인과 사두개인들의 누룩을 주의하라"(마 16:6)고 말씀하신다. 바울은 고린도 교인들에게 "적은 누룩이 온 덩어리에 퍼지는 것을 알지 못하느냐"(고전 5:6)고 책망한다. 갈라디아 교인들에게도 같은 경고를 한다. "적은 누룩이 온 덩이에 퍼지느니라"(갈 5:9).

누룩은 급속도로 크게 번지는 특성이 있다. 결코 작은 것이라고 얕잡아 보아서는 안 된다. 교회 안에 잘못된 죄와 습성도 교인들 사이에 쉽게 전염된다. 교회는 마땅히 거룩함을 지키기 위해 힘써야 한다. "너희는 누룩 없는 자인데 새 덩어리가 되기 위하여 묵은 누룩을 내버리라. 우리의 유월절 양 곧 그리스도께서 희생되셨느니라. 이러므로 우리가 명절을 지키되 묵은 누룩으로도 말고 악하고 악의에 찬 누룩으로도 말고 누룩이 없이 오직 순전함과 진실함의 떡으로 하자"(고전 5:7-8).

그런데 고린도교회에는 도저히 있을 수 없는 일들이 일어났다. 통탄할 일이다. 그 소식을 들은 바울은 고린도 교인들에게 모든 죄악을 벗어버리고 새사람으로 거듭난 생활을 살아갈 것을 촉구한다. 누룩은 모든 인간의 과거의 죄악 된 삶과 습성을 의미한다.

혹시 장로 가운데도 누룩과 같은 존재가 있는지 주의해야 한다. 누룩 같은 장로 한 사람이 교회 전체를 시퍼렇게 멍들게 만든다. 누룩 같은 장로 한 사람 때문에 교회가 분열되고 교인들이 떠난다면 그 장로의 직분이 무슨 소용이겠는가? 그러므로 장로는 긍정적인 영향력을 나타낼 수 있도록 리더십을 계발해야 한다.

리더의 자리를 바로 인식하라

선교학자 로버트 클린턴은 그의 저서 「영적 지도자 만들기」에서 "지도력이란 하나님의 선한 뜻을 이루기 위해 모인 한 집단에서 그분의 능력을 입은 인물들이 영향력을 행사하는 역동적인 과정이다"라고 기술하고 있다. 또한 신학자 밥 R. 에이지는 "리더십은 사람들의 태도, 분위기, 행동에 영향을 끼쳐 다른 사람이나 집단, 조직 내에 좋은 방향으로 변화를 주는 기술이자 학문이다"라고 정의한다.

그러므로 리더(leader)란 어떤 공통 목표를 설정해놓고 많은 사람을 그 목표를 향해 가도록 움직이는 사람이다. 그리고 리더십(leadership)이란 한 사람이 다른 사람들에게 영향을 주어서 그 사람들을 움직이게 할 수 있는 능력이다. 리더십을 말할 때 따라오는 개념이 사람들이고, 사람들이 이루어내야 할 일이나 업무이다. 그러므로 유능한 리더십은 사람들에게 동기를 부여하고 영향력을 끼쳐서 어떤 일을 이루어나가는 힘과 기술을 말한다.

명성훈 교수는 리더의 역할을 리더(LEADER)라는 단어에서 찾고 있다. "Leaner(배우는 자)나 Lover(사랑하는 자) 혹은 Listener(경청하는 자), Equipper(구비하는 자)나 Educator(가르치는 자) 혹은 Energizer(열정을 가진 자), Administrator(경영하는 자)나 Advisor(충고하는 자) 혹은 Achiever(성취하는 자), Doer(행동하는 자)나 Dreamer(꿈꾸는 자) 혹은 Director(감독하는 자), Encourager(격려하는 자)나 Endurer(인내하는 자) 혹은 Enabler(실력 있는 자), Reformer(개혁하는 자)나 Reviewer(반성하는 자) 혹은 Renewer(새롭게 하는 자)가 바로 그것이다."

그렇다면 리더로서 세움받은 장로는 자신에게 반문해봐야 한다.

"당신은 Leaner(배우는 자)인가?" 리더라고 "나는 이제 완벽하니까 더는 배울 필요가 없어"라고 말할 수 있는가? 리더는 끊임없이 배우는 자이다. 프랜시스 M. 코스그로브는 「제자의 삶」이란 책에서 "제자란, 예수님의 말씀과 사고방식을 배워 자신의 삶에 적용하기를 열망하는, 예수 그리스도를 따르는 사람이다"라고 정의한다. 마찬가지로 리더인 장로는 성장을 멈추지 않고 끊임없이 배우고자 하는 겸손한 마음을 가지고 있어야 한다. 배우기를 멈추는 리더는 리더이기를 포기하는 것이나 마찬가지다.

"당신은 Lover(사랑하는 자)인가?" 리더인 장로에게 가장 중요한 것이 있다면 사랑이다. 사랑하는 마음에서 다른 모든 기능이 파생된다. 사랑은 입으로만 하는 것이 아니다. 반드시 행동으로 표현되어야 한다. 위장된 사랑이 있을 수도 있다. 그러나 위장된 사랑은 사람을 변화시킬 수 없다. 진실한 사랑이 밤낮을 모르는 수고를 아끼지 않게 만들고 영혼 때문에 몸부림치는 것을 부끄럽지 않게 한다. 진실한 사랑에는 두려움이 없다.

"당신은 Listener(경청하는 자)인가?" 많은 장로가 다른 사람의 말을 듣는 데 익숙하지 않다. 권위주의에 쌓인 장로는 다른 사람들의 주장을 무시한다. 대립하는 의견을 내면 분노하고 그 사람을 찍어 내리려고 한다. 그러나 주님을 닮은 장로는 다른 사람들에게 마음과 귀를 활짝 열어두어야 한다. 비록 귀에 거슬리는 말일지라도, 나의 주장과 대립할지라도 말할 기회를 제공할 때 함께 목표를 향해 동역하는 데 어려움이 없다.

"당신은 Equipper(구비하는 자)인가?" 구비하는 자란 운동선수가 자질을 갖추도록 훈련하는 감독이나 코치의 역할을 감당하는 자를 말한다. 장로는 다른 사람들을 세워나가는 자이다. 자신이 준비된 리더임과 동시에 다른 사람들을 준비시켜 주어야 할 책임이 있다. 사람들을 구비시켜주지 못하는 장로는 사람들의 능력과 잠재력을 충분히 활용할 수 없다.

"당신은 Educator(가르치는 자)인가?" 장로는 사람들을 어떤 목표를 향해 이끌어가는 자이다. 그들은 충분히 준비되어 있지 않다. 당신이 그들을 적절하게 지도하고 가르쳐 줌으로써 그들은 자신들의 역량을 충분히 쏟아놓을 수 있다. 사람들에게 끊임없이 계발할 수 있게 하고, 새로운 정보와 일을 처리하는 능력을 가르쳐주어야 한다. 당신이 알아서 처리하라고 내버려둔다면 많은 사람이 우왕좌왕하거나 쓰러지고 말 것이다.

"당신은 Energizer(열정을 가진 자)인가?" 장로는 따라오는 사람들의 가슴에 불을 지필 수 있는 자여야 한다. 다른 사람들에게 불을 전염시키기 위해서는 자신 안에 불을 가지고 있어야 한다. 당신 안에 사람에 대한 불타오르는 마음이 있는가? 당신 안에 하나님이 기뻐하시는 일에 대해 안타까움이 있는가? 당신의 가슴이 불타오를 때 당신을 따르는 사람들은 불붙게 될 것이다.

"당신은 Administrator(경영하는 자)인가?" 장로는 일을 처리하고 성취하는 자인 동시에 일을 효율적으로 성취할 수 있도록 사람을 관리하는 자이다. 만약 관계 중심적인 리더십을 가졌기 때문에 목표 중심적인 리더십의 핵심인 행정과 경영적인 마인드를 무시한다면 그는 유능한 리더가 될 수 없다. 특히 그리스도인들 가운데는 믿음으로 사는 삶과 계획하고 경영하는 것이 충돌한다고 생각하여 경영하는 자로서의 리더의 역할을 간과할 수 있다. 그러나 균형을 이루지 못하는 리더는 위험하다.

"당신은 Advisor(충고하는 자)인가?" 장로는 다른 사람의 충고를 들을 줄 아는 자이다. 다른 사람의 충고를 들을 줄 모르는 완고한 자는 균형을 잃게 된다. 한편 장로는 다른 사람들에게 충고할 수 있는 자여야 한다. 충고란 다른 사람을 자극하고 수정하고 도전하는 역할을 한다. 충고하지 않으면 옳은 방향을 제시할 수 없다. 그러나 충고를 할 때 조심해야 한다. 충고는 겸손하고 온유해야 하며 자신을 먼저 돌아보는 태도가 필요하다. 충고하는 데도 때와 장소가 있다. 그리고 어떤 태도로 충고하는지가 중요하다. 아무렇게나 충고할 때 오히려 충고하지 않는 것보다 못할 수 있다.

"당신은 Achiever(성취하는 자)인가?" 장로는 비전을 품고, 그 비전을 이루기 위해 구체적인 목표들을 제시하며, 사람들을 자극하여 그 일을 이루어내는 자이다. 일을 성취하는 과정에서 불평하는 사람들을 억지로 끌어가면서 일을 성취할 수 있는가 하면, 사람들이 웃으면서 스스로 달려가게 만들 수도 있다.

"당신은 Doer(행동하는 자)인가?" 장로는 말로서 이끌어가는 자인 동시에 행동으로 이끌어가는 자이다. 리더가 결단해야 할 때 우유부단하여 선택을 놓치게 되면 엄청난 손해가 뒤따른다. 때로는 민첩하게 결단하고 때로는 결단을 한 박자 늦출 수 있어야 한다. 결단을 내렸으면 신속하게 행동으로 옮겨야 한다. 행동하되 다른 사람들에게 행동을 보여주고 따라오도록 만들어야 한다.

"당신은 Dreamer(꿈꾸는 자)인가?" 비전 없는 나라는 망하는 법이고, 비전 없는 사람은 성장할 수 없는 법이다. 비전은 우리를 움직이게 하는 원동력이자 쓰러졌다가도 다시 일어나도록 하는 힘이다. 리더는 비전을 꿈꿀 수 있고, 비전을 전할 수 있으며, 비전을 관리할 수 있고, 비전을 성취하기 위해 사람들을 움직일 줄 아는 자이다. 장로는 목회자가 꿈꿀 수 있도록 협력해야 한다. 목사가 꾸는 꿈을 함께 꾸어야 한다. 장로는 목사가 꾸는 꿈을 가로막지 말아야 한다. 그렇게 되면 교회에 희망이 없다. 목사가 자꾸 꿈을 꾸도록 분위기를 조성해주어야 한다.

"당신은 Director(감독하는 자)인가?" 감독이라고 하면 감시자라는 뉘앙스를 갖기 때문에 부정적인 개념을 가지고 있다. 그러나 감독자는 사람을 훈련하고 도전하고 움직이게 만드는 사람이다. 장로는 태만한 사람, 움직이기를 싫어하는 사람을 파악할 수 있고, 그러한 사람들을 움직일 수 있게 해야 한다. 장로는 조직과 사람들이 움직이고 있는 전체를 한눈에 파악하고 있어야 한다. 한쪽이라도 누수가 되지 않게 세심하게 관찰해야 한다.

"당신은 Encourager(격려하는 자)인가?" 장로는 사람들에게 동기를 부여하고 움직이도록 자극하는 자이다. 비전과 목표에 동의하고 열정을 가지고 시작했을지라도 일을 진행하다 보면 자연히 열정이 식는 법이다. 그때 사람들에게 다시 도전할 수 있게 만드는 자가 바로 장로이다. 장로는 사람들을 위로하고 격려하고 동기부여 하는 법을 끝없이 계발해야 한다.

"당신은 Endurer(인내하는 자)인가?" 일을 성취해가는 과정에서 틀림없이 여러 가지 걸림돌을 만나게 된다. 환경이 도저히 따라주지 않을 수 있고, 사람들이 비난하고 도전할 수도 있다. 그러나 장로는 인내할 수 있는 끈기를 가지고 있어야 한다. 장로가 인내하지 못함으로 일을 그르칠 수 있다. 인내하지 못하는 장로와 함께 일하는 사람들은 그의 실책의 몫까지 짊어져야 하는 불행한 자이다.

"당신은 Enabler(실력 있는 자)인가?" 장로는 일을 처리하는 능력에 있어서나 사람을 다루는 데 있어서 추종하는 사람들과는 다르다. 일을 계획하고 추진하며 문제를 처리하는 능력이 없는 장로를 두었을 때 따라가는 사람들은 오리무중에 헤맬 수밖에 없다. 사람들을 곤란스럽게 만들고, 일을 지연시키지 않기 위해서는 앞에서 앞장선 장로가 제대로 이끌어주어야 한다. 당신을 따라오는 사람들이 무엇을, 어떻게 해야 할지 몰라서 곤란해하고 있다면 그것은 리더인 당신의 책임이다. 장로는 실력을 갖추기 위해서 끊임없이 연구하고 정보를 수집하며 자기를 관리해야 한다.

"당신은 Reformer(개혁하는 자), Renewer(새롭게 하는 자)인가?" 당신은 매너리즘에 빠져 있지는 않은가? 장로에게도 현실에 안주하고자 하는 욕구가 일어난다. 만약 거기에 굴복하는 장로라면 더는 아무것도 기대할 수 없다. 장로는 끊임없이 자기를 돌아보고 일을 평가하며 다른 사람을 살펴 더 좋은 방향으로 나아가도록 해야 한다. 미래를 창조해 나갈 수 있는 장로는 새로운 패러다임을 갖는 것을 두려워하지 않는다. 새로운 것을 두려워하고 구태의연하게 현상 유지에 만족하는 장로는 조직과 사람들을 경직되게 만든다.

"당신은 Reviewer(반성하는 자)인가?" 사람들은 문제가 있으면 다른 사람과 환경을 탓하는 버릇이 있다. 장로는 남을 탓하고 원망하기보다 먼저 자기반성을 할 줄 알아야 한다. 그래야 성장하는 장로가 될 수 있다. 장로가 성장할 때 조직과 사람들은 변하게 된다.

세우는 섬김의 리더십을 계발하라

한 사람이 3년 동안 열두 명을 훈련했다. 그 열두 명은 학벌도 없는 무식하고 형편없는 배경을 가졌다. 게다가 성깔도 있고 때로는 비겁하기까지 했다. 하지만 조금씩 변화되었다. 결국 그들은 세상으로 나가서 사람들에게 엄청난 영향력을 끼쳤다. 그들을 훈련한 리더가 바로 예수 그리스도이시다.

예루살렘성에서 이루어진 해프닝이 있었다. 가룟 유다가 예수님을 배반하고 이 땅에서 제자들과 마지막 유월절 만찬을 드실 때였다. 상황은 급박하게 돌아가고 있었다. 얼마 있지 않으면 예수님은 군사들에게 잡혀 심문을 받고 십자가에 달리실 것이다.

그때 예수님 제자들의 모습을 보라. "또 그들 사이에 그 중 누가 크냐 하는 다툼이 난지라"(눅 22:24). 그러자 예수님은 제자들에게 질문하셨다. "앉아서 먹는 자가 크냐. 섬기는 자가 크냐"(눅 22:27). 누가 큰 자인가? 앉아서 먹는 자는 주인이다. 힘을 가진 자이다. 그러나 섬기는 자는 종이다. 힘과 권력이 없는 자이다. 그런데 예수님은 무엇이라고 말씀하시는가? "앉아서 먹는 자가 아니냐. 그러나 나는 섬기는 자로 너희 중에 있노라"(눅 22:27).

예수님 당시에는 이방인 권력자들이 임의로 주관하고 높은 위치에 있는 사람들은 백성들에게 권력을 마음대로 휘두르고 있었다. 원칙 없이 자기의 이기적인 마음대로 백성을 억압했다. 이러한 시대에 예수님은 제자들에게 "섬기는 자가 되라. 너희는 모든 사람의 종이 되라"고 하셨다.

예수님은 목자로서 양을 위해 목숨을 버리는 희생과 섬김의 본을 친히 보여주셨다. 예수님은 하늘과 땅의 모든 권세를 가진 주인이셨지만 스스로 인간의 종이 되어 섬기셨다. 스승이신 예수님이 제자들 앞에서 무릎 꿇고 종이 하는 일을 하시는 것을 보라. 더구나 십자가 위에서 자신을 희생함으로 섬김의 리더십을 증명하셨다.

그렇기에 리더십을 말할 때 "한 시대를 풍미하며 세계적으로 훌륭한 리더십을 보여준 수많은 지도자가 존재했지만 단언컨대 예수 그리스도보다 위대한 리더는 없었다"라고 말한다. 지도자는 권력을 휘두르는 지배자가 아니라 종처럼 섬기는 자가 되어야 한다. 예수님은 스스로 섬김의 모델이 되셨다. 제자들의 발을 씻기셨고, 우리의 구원을 위해 자신을 십자가에 아낌없이 내주셨다. "너희 중에 큰 자는 너희를 섬기는 자가 되어야 하리라. 누구든지 자기를 높이는 자는 낮아지고 누구든지 자기를 낮추는 자는 높아지리라"(마 23:11-12). 주인으로서 종이 되신 예수님의 섬김 리더십은 그때나 지금이나 리더십의 최고봉이다.

가장 낮은 자리에서 세상을 바꾼 예수님의 섬김 리더십은 이제 21세기 경영계의 화두가 되었다. 시각 장애를 가졌지만 전 미국 백악관 국가장애위원회 정책차관보를 지낸 강영우 박사는 이렇게 말한다. "오늘날 긍휼히 여기는 마음은 섬김의 리더십으로 글로벌시대에 필요한 것입니다. 예수님은 섬기러 왔다는 말씀으로 섬김의 리더의 효시가 되셨습니다. 이것이 없는 사람은 앞으로 국회의원이 될 수 없을 것입니다."

강영우 박사는 미국의 인재선발 조건을 3C로 요약했는데, 그것은 바로 Competence(실력), Character(인격), Commitment(헌신의 자세)이다. 그는 "이러한 3C 조건은 섬김의 지도자의 조건이다"라고 말한다. 그리고 "한국에서도 인격과 실력 섬김의 자세가 필요하다"라고 강조한다. 그렇다면 리더는 이끌어야(lead) 한다는 기존 관념을 뛰어넘어 먼저 섬겨야(Serve first) 한다.

영적인 원리를 경영에 적극적으로 도입할 것을 주장한 유명한 경영 컨설턴트 로리 베스 존스는 그의 저서 「예수를 만났는가」에서 이렇게 말한다. "진정한 리더와 명예욕뿐인 리더를 구별하는 기준은 섬김의 원칙이다. 예수님은 리더로서 그의 사람들을 섬기셨다. 무엇보다 '네 마음을 다하고 목숨을 다하고 뜻을 다하여 주 너희 하나님을 사랑하라' 고 하면서 하나님을 경외하는 리더였다. 성공한 리더로 인정받기 위해 꼭 필요한 자질 중의 하나는 '섬김' 이다. 다른 사람을 최우선으로 하는 행동을 통해 진정한 리더로 거듭날 수 있으며, 나아가 공동체의 비전까지 달성할 수 있다."

1999년, 세계 최대 청소업체인 서비스마스터에 윌리엄 폴라드 전 회장이 부사장으로 부임했다. 그가 부임하자마자 한 일이 무엇인지 아는가? 고객사인 한 병원의 계단과 화장실을 청소한 것이었다. 리더십의 고정관념을 바꿔놓는 일이었다. 미국 저가 항공사인 사우스웨스트 항공은 직장 상사도 가족처럼 편하게 여길 수 있고 일하는 재미와 유머가 넘치는 직장을 꿈꿨다. 이런 분위기를 가진 회사라면 고객에게도 최고의 서비스를 할 수 있다는 발상으로 채용이란 말을 쓰기보다는 가족으로 입양한다는 표현을 사용하면서 직원들을 배려했다.

밥 R. 에이지는 "섬기는 리더는 가장 위대한 리더인 예수님의 정신, 태도, 성향을 구현하려고 노력하며 자신의 삶 속에 성령의 열매를 나타내는 리더이다"라고 말한다. 그러나 섬김의 리더십은 말처럼 쉽지 않다. 그래서 섬김의 리더는 자기 성찰을 하면서 진행 중인 자신을 잊지 않는다. 군림하려는 욕구를 끊임없이 굴복시키는 훈련을 한다.

섬기는 리더는 모범을 보임으로 사람들을 이끌어가는 사람이다. 자신이 가진 열정, 사랑, 헌신을 보면서 사람들이 감동하고 변화되어 따라오도록 만드는 사람이다. 섬기는 리더는 주인 행세를 하는 사람이 아니라 종의 자리에 내려앉는 사람이다. 독재자처럼 사람들을 끌고 가는 사람이 아니라 감동으로 사람들을 이끌어가는 사람이다.

교회 안에서 일꾼을 세우다 보면 '남들이 다 꺼리는 사역'이 있다. 전도는 누구나 부담스러워한다. 그러다 보니 전도위원회를 맡아서 헌신하려는 일꾼이 거의 없다. 섬기는 종으로서의 장로는 '그리스도의 남은 고난을 내 육체에 채우겠다'는 마음으로 그러한 사역을 감당하는 리더가 되어야 한다. 누구나 편한 사역, 권세를 부리고 가만히 앉아서 인정받을 수 있는 자리에서 섬기고 싶어 한다. 그러나 그럴 수는 없다.

섬기는 리더십은 '자기 생각을 그리스도께 굴복' 시키는 믿음의 용기를 가져야 한다. 주의 일을 하는데, 가장 걸림돌이 되는 것이 무엇인지 아는가? 바로 자기 생각을 굴복시키는 일이다. 하나님이 장로에게 직분을 주신 목적이 무엇인지 아는가? "주께서 주신 권세는 너희를 무너뜨리려고 하신 것이 아니요 세우려고 하신 것이니 내가 이에 대하여 지나치게 자랑하여도 부끄럽지 아니하리라"(고후 10:8). 그런데 얼마나 많은 장로가 자기 생각과 주장에 도취해서 남의 이야기를 듣지 못하고 있는가? 자기가 제일인 줄 알고 다른 사람들의 의견을 무시한다. 그렇기에 섬기는 리더는 경청하는 훈련이 되어야 한다.

어느 교회에서 불미스러운 일로 인해 교인들로부터 노회에 고소당한 장로가 있었다. 다행히 그 장로는 근신 6개월이라는 가벼운 처벌을 받았다. 이제 그는 자신을 돌아보면서 하나님의 말씀으로 돌아가는 근신을 해야 할 것이다. 그런데 그 장로는 근신기간에 감정을 다스리고 자중하지 못했다. 결국 그칠 줄 모르는 장로의 잘못된 행동과 처신 때문에 당회는 만장일치로 면직을 결정했다. 결국 그는 평신도의 신분으로 돌아가고 말았다.

하나님이 그리스도의 몸 된 교회를 세우고 목회자와 잘 협력하여 성도들을 유익하게 섬기도록 세워주었건만 그는 자신의 직분을 잘 수행하지 못했다. 장로는 하나님이 자신을 세워주신 목적이 무엇인지 늘 잊지 말아야 한다. 그래서 예수님처럼 잘 섬기는 모범적인 장로가 되어야 한다.

섬기는 감성의 리더십을 배우라

예수님은 당시 대제사장이나 바리새인, 서기관과 같은 지도자들과는 분명히 달랐다. 그들은 사람들에게 율법이라는 잣대를 갖다 대고 마구 휘둘렀다. 그들의 주변에 있는 사람들은 다치고 정죄당하기가 다반사였다.

어느 날, 서기관과 바리새인들이 예수님을 찾아왔다. 그들은 한 여인을 끌다시피 해서 예수님께 데리고 왔다. 이유는 음행하는 광경을 본 것이었다. 그리고 예수님께 그 여인을 고소한다.

"선생이여 이 여자가 간음하다가 현장에서 잡혔나이다. 모세는 율법에 이러한 여자를 돌로 치라 명하였거니와 선생은 어떻게 말하겠나이까"(요 8:4).

모세 율법에 능통한 그들은 이미 스스로 해답이 있었다. "모세의 율법에는 이런 자는 돌로 쳐서 죽여야 한다." 그들의 손에는 커다란 돌이 들려 있었다.

그러나 예수님은 입장을 달리하셨다. 그 여인의 아픔을 느끼셨다. 그 여인의 얼굴을 들 수 없는 수치를 다 아셨다. 그리고 긍휼과 사랑의 눈길로 바라보셨다. 이윽고 살기가 서려 있는 사람들에게 입을 여셨다.

"너희 중에 죄 없는 자가 먼저 돌로 치라"(요 8:7).

사람들은 죄책감이 발동했다. 결국 한 사람도 그 여인을 향해 돌을 던질 만한 용기가 없었다. 왜냐하면 자신들도 비슷한 죄의 짐을 짊어지고 있었기 때문이다.

예수님이 찢어진 옷과 상처투성이가 된 불쌍한 여인에게 하신 말씀을 들어보라. "나도 너를 정죄하지 아니하노니 가서 다시는 죄를 범하지 말라"(요 8:11). 얼마나 자비롭고 너그러운 지도자인가? 그 여인은 과연 어떻게 되었을까? 그 사랑, 그 은혜를 어떻게 잊을 수 있단 말인가? 감동 그 자체가 아니던가!

추상같은 상명하복의 권위로 똘똘 뭉친 카리스마가 CEO의 요건이던 시대는 이미 지났다. 요즘은 때 밀어주는 회장님, 김치 담가주는 사장님과 같은 감성 리더십을 발휘하는 CEO가 살아나고 있다. 사실 예수님의 시대에 이미 감성의 시대가 왔었다.

최근 성과제에 의한 무한경쟁 속에서 기업과 개인의 처방전으로 감성을 제시한다. 차가운 이성에 점령당했던 삶과 세상을 따뜻한 가슴으로 적셔야 한다. 다른 사람들의 감정을 이해하고 그것을 대변함으로써 사람들의 마음을 이끄는 리더가 요청된다. 감성경영과 감성 리더십을 통해 정치, 경제, 사회가 물들어가야 한다. 감성경영이나 감성 리더십은 이성을 통한 경영의 한계에 대한 인식에서 출발하였다. 기업의 내적 에너지를 집결하고 신바람 나는 회사, 구성원 개개인의 발전에 있어 감성은 이제 핵심 키워드로 자리 잡고 있다.

사람들에게 공감을 불러일으키는 리더는 수완과 지략 면에서 뛰어나야 한다. 그러나 그것으로 만족할 수 없다. 타인의 마음을 헤아리고 자신을 냉철하게 바라볼 줄 아는 감성적 측면의 능력까지 활용함으로써 구성원과 조직의 분위기를 긍정적으로 이끌어가야 한다. 리더가 자신의 감정을 전달하는 능력이 뛰어나면 뛰어날수록 집단 내부에 그의 감정이 퍼지는 강도도 커진다.

감성지능, 즉 EQ의 창시자 다니엘 골먼은 감정을 배제한 지성만을 중시해오던 비즈니스계의 통념을 깨뜨렸다. 그는 인간의 감성은 본래 지성보다 강하며 조직의 리더와 관리자에게 감성 능력을 훈련하는 게 성공적인 기업 운영의 관건이라고 역설했다. 함께 일하는 사람들의 감정을 이해하고 그것을 대신 표현해주기도 해야 한다.

그는 "인간의 감성은 본래 지성보다 강하다"는 것을 신경학적으로 증명함으로써 리더나 관리자, 매니저에게 있어서 감성 능력을 습득하고 훈련하게 하는 것이 성공적인 조직 운영의 관건이라고 주장했다. 리더에게 지성과 사고력 등의 인지적 요소도 물론 필수적이다. 하지만 감성 능력이 없으면 결코 제대로 된 리더가 될 수 없다. 사람들이 진정으로 믿고 따를 수 있는 리더가 되기 위해서는 다른 사람의 감정을 헤아리고 그것을 이해하는 능력이나 의사결정에 필요한 직관력을 갖춰야 한다.

어느 회사에 신입 여사원이 있었다. 그녀는 임신 8개월째였다. 하루는 밤늦게까지 일하게 되었다. 일에 파묻혀 있던 그녀가 고개를 들어보니 사무실 밖에 사장이 서 있었다. 깜짝 놀랐다. 사장은 "일이 잘되어 가요?"라고 물으면서 의자에 앉더니 이야기를 하기 시작했다. 사장은 그녀의 인생 전반에 대해 모두 알고 싶어 했다. 일은 마음에 드는지, 앞으로 어떤 일을 하고 싶은지, 출산 후에도 계속 일을 할 계획인지 등. 그들의 이런 대화는 다음 달 그녀가 출산할 때까지 매일 계속되었다.

그 사장은 바로 광고업계의 전설적 인물인 데이비드 오길비였다. 그 신입 여사원은 후에 오길비가 설립한 회사인 오길비인매더의 최고경영자가 되었다. 그녀는 수십 년이 지난 지금도 자신이 광고업계에서 일하고 있는 가장 큰 이유 중의 하나는 "입사 직후 나눈 몇 시간 동안의 대화를 통해 자신의 조언자인 오길비와 다진 유대감 때문이다"고 말한다.

감성 리더십은 기러기에게서 잘 배울 수 있다. 그래서 "21세기 리더십은 기러기 리더십이다"라고 말하는 사람도 있다. 기러기 리더십은 "멀리 갈 때는 함께 가라"는 것이다. 기러기는 먹이를 찾아 따뜻한 곳으로 이동하는데 거의 4만 킬로미터를 날아간다. 이때 브이(V)자 형 편대를 형성해서 가장 앞서가는 리더의 기류에 따른 양력으로 다른 기러기들은 홀로 갈 때보다 70%를 더 멀리 더 쉽게 날아갈 수 있다.

선두에서 나는 기러기는 독불장군처럼 혼자 날아가서는 안 된다. 이때 앞장서는 기러기가 가장 힘이 든다. 선두의 기러기가 힘이 들어 대열에서 이탈하면 뒤에 있던 기러기가 알아서 그 자리를 채워주고 포지션을 변경한다. 그러면 맨 앞에 나선 기러기가 리더의 임무를 수행한다. 결국 모든 기러기가 리더의 역할을 하게 된다. 그들은 스스로 어려운 일을 자청해서 하게 되는 것이다.

혹시 무리 중 한 마리가 지치거나 총을 맞게 되면 그중 두 마리가 함께 대열을 이탈해서 체력을 회복하거나, 최후의 순간을 맞을 때까지 지키다 되돌아온다. 공동체에는 병든 기러기 한 마리를 위하여 동료 기러기들이 곁에서 위로하고 도움을 주는 것과 같은 동료애가 필요하다. 선두의 기러기를 위해 뒤따르는 기러기들은 소리를 지르며 응원의 소리도 보낸다.

장로는 감성 리더가 되기 위해 기러기의 '더불어 성공하기' 리더십을 배워야 한다. 다른 사람들을 배려할 줄 알고 격려하며 후원할 줄 알아야 한다. 공동체에서 가장 중요한 것은 서로를 존중하고 아끼는 것이다. 나의 목적이나 영광이 아닌 공동의 목표를 향해 자신을 내려놓을 수 있어야 한다.

장로는 서로를 신뢰하고 격려하는 자여야 한다. 서로가 신바람 나게 만들 수 있어야 한다. 서로의 힘이 긍정적으로 모이도록 만들어야 한다. 서로를 향한 격려를 통해 힘을 더욱 커지게 할 줄 알아야 한다. 기러기가 서로를 아끼고 존중하면서 한 가지 공유된 목표를 이루기 위해 자신의 직무를 충실히 수행하듯이 장로는 상호 신뢰를 바탕으로 서로 도와주고 협력함으로 시너지 효과를 창출해야 한다.

목회자의 힘을 빼앗고 교인들의 동기부여를 갈취하는 장로는 리더십의 방향을 재수정해야 한다. 리더는 동기부여자이다. 리더는 교인들을 도전하는 자이다. 장로는 목회자에게 힘을 공급하고 협력해서 더 큰 비전을 이루어가야 한다. 자신의 감정대로 해서는 안 된다. 내가 원하지 않더라도 교회의 덕을 먼저 생각하고 교인들의 행복을 앞세워야 한다. 나는 포기하고 주님의 일이 드러나도록 해야 한다.

08
웃게 하는 리더

>>> PART_3

탁월한
영성 관리자가 되라

우리는 풍요의 시대를 살고 있다. 교회도 예전에 비하면 너무 풍요롭고 좋은 환경을 갖추고 있다. 그러나 경제적인 풍요가 정신적인 풍요와 비례하지 못하고 영적인 풍요를 보장하지도 않는다. 풍요롭고 살기가 편한 현대인들은 어느 시대보다도 정신적, 영적 공황 상태에 빠져 있다.

영성신학자 유진 피터슨은 "목회자가 분주한 것은 그가 대단해서가 아니고 영성을 관리하지 않는 점을 증명하는 것"이라고 지적한다. 분주함은 영적인 삶을 좀먹는다. 그렇기에 목회자는 영성을 관리하는 시간을 무엇보다 최우선으로 둬야 한다. 그렇다면 이런 현상은 유독 목회자에게 국한된 것일까?

장로도 마찬가지다. 오히려 세상일에 몰두하는 장로가 훨씬 더 영성을 관리하는 데 게을리할 수 있다. 더구나 장로가 되면 흔히 교만의 영이 찾아온다. 예배를 통해 은혜를 받기보다 설교를 평가하고 판단하려고 한다. 영적인 훈련도 받지 않으려 한다. 영성을 관리하기 위한 경건의 시간(QT)을 갖거나 기도시간을 확보하기도 쉽지 않다. 경건의 모양은 있으나 경건의 능력은 상실할 우려가 크다. 그렇기에 장로는 더욱더 영성 관리를 위해서 노력해야 한다.

어느 교회에서 있었던 일이다. 한 장로가 담임목사를 청빙할 때부터 반대했다. 담임목사가 청빙되어 온 이후에 무례한 행동을 하면서 목회를 훼방하기 시작했다.

어느 날, 당회에서 담임목사를 향해 "당신은 삯꾼이야!"라고 하면서 해서는 안 될 언행을 일삼았다. 그러자 담임목사는 "내가 삯꾼인 것을 증명하라!"고 추궁하기 시작했다. 주변에 있던 장로들도 "장로님이 사과하라"고 하면서 권면했다. 어쩔 수 없이 "사과합니다"라고 했다. 그러나 담임목사는 "그렇게 해서는 안 된다"라고 하면서 결국 정직(正直)으로 징계 조처했다.

그러자 담임목사에게 대항하지 못하고 부교역자들을 힘들게 하기 시작했다. 그 교회에 찬양 예배를 인도하던 전도사가 있었다. 어느 날, 교역자실에 들어온 장로가 전도사를 향해 말했다.

"김 전도사, 당신 앞으로는 복음 성가를 하지 마!"

당황한 전도사는 "담임목사님이 허락하셨는데요"라고 대꾸했다. 그러자 "내 말 듣고 하지 말란 말이야!"라고 하면서 더 크게 고함을 질렀다. 그때 신학교 교수를 하면서 협동목사로 사역하던 목사님이 개입했다. 평소에 그 장로가 하던 행동에 대해 못마땅해하던 터라 따끔하게 한마디 해주었다.

"교역자가 아무리 나이가 적어도 자식 나무라듯이 할 수 있습니까?"

그러자 화가 난 장로는 협동목사를 향해 퍼부었다.

"어, 자네는 뭔가?"

이 정도가 되고 보면 과연 장로라고 할 수 있겠는가? 그가 교회에 덕이 되겠는가? 오히려 장로의 직임을 받지 않음보다 못하지 않겠는가? 도저히 영성이라고는 찾아볼 수 없는 장로의 모습이다.

닫힌 영성이 아니라 열린 영성을 가지라

영성은 기독교만의 전매특허가 아니다. 스토아주의 영성, 불교 영성, 유교 영성, 도교 영성, 공산주의 영성 등 종교나 철학에서 다양하게 사용되고 있다. 그러나 기독교 영성에는 독특함이 있다.

민주적 규약을 통해 교회 내에서 평신도의 참여폭을 확대하고 있는 거룩한빛광성교회의 정성진 목사는 일반 영성과 기독교 영성을 이렇게 구분한다. "일반 영성은 역사적 인물의 인격과 정신과 사상을 본받으려는 인본적인 영성인데 반하여 기독교 영성은 역사적 예수의 정신과 삶을 계승하려는 인본적인 요소뿐 아니라 오늘 우리 가운데 찾아오셔서 우리와 직접 교제하시는 하나님이신 예수 그리스도와 인격적 관계를 추구하는 수직적이요, 하나님 중심적인 영성인 점이 다르다. 일반 영성은 엄격한 자기 훈련과 수양을 통해 자신의 성품을 바꾸려는 인간적인 노력을 강조하는 데 반하여 기독교 영성은 성령 안에서 우리에게 임재하고 우리 주 예수 그리스도와의 인격적으로 교제하고 살아가면서 그분께서 우리 안에 의의 열매, 빛의 열매, 성령의 열매를 맺게 해주신다."

일반적으로 양적, 혹은 질적으로 부흥하는 교회는 모두 영성을 중요시한다. 그래서 초대교회뿐 아니라 현대교회에 이르기까지 영성은 시대를 초월한 담론이 되어왔다. 그렇기에 우리는 영성으로 돌아가야 한다. 초대교회처럼 기도하고 말씀 묵상하는 일로 다시 돌아갈 때 교회가 다시 살 수 있다. 물론 다양한 교회 프로그램, 목회 방법론도 중요하다. 그러나 그것보다 더 원천적인 것은 하나님의 영이 살아 있어야 한다.

교회가 마이너스 성장에서 벗어나지 못하면서 변칙적으로 교회를 운영하려는 움직임이 일어나고 있다. 그 가운데 하나가 바로 영성운동이다. 최근 영성과 관련된 세미나도 부쩍 늘어나고, 영성운동가로 자처하는 목회자도 등장했다. 그런데 그들은 정작 영성에 대해서 바르게 이해하지 못하고 있다. 대부분 예언, 신유, 축복 등을 영성운동으로 착각하고 있다. 이들은 인간의 길흉화복을 예견해주고 있다. 이것은 역술원, 또는 철학관의 점쟁이와 별반 다를 바 없다.

그렇기에 성경에서 말하는 영성에 대한 재조명이 절실하다. 신학생 시절부터 30년 동안 영성이라는 단어를 붙들고 살아온 최일도 목사는 일상이 곧 영성생활이고, 영성생활이 곧 일상이라는 사실을 깨닫고 이렇게 말한다. "그동안 한국교회가 너무 성령의 은사를 강조하면서 위로부터 내려오는 표적과 기사에 관심이 많았다. 이는 '주여, 주시옵소서'라는 기도에 잘 나타난다. 그러나 이제는 아래로부터의 영성도 함께 실천해야 한다. 아래로부터의 영성은 나 자신과 '지금 여기'라고 하는 현실에서 출발하는 것이다." 이제 한국교회는 지나치게 위로부터의 영성만을 추구하는 것이 아니라 아래로부터의 영성에 대한 자각이 일어나야 한다.

스웨덴 룬트대 신약학 명예교수인 크리스 카라구니스는 "영성 없이 학문성에 매달릴 때의 폐해가 얼마나 큰지 유럽과 미국의 기독교 신학이 잘 보여주고 있다"라고 지적한다. 마찬가지로 영성 없는 직분도 다양한 폐해를 주고 있다. 장로라는 직분을 맡았지만 영성 없이 직분을 감당하려다 보니 세상의 방법과 행정으로 교회를 이끌려고 한다. 교회는 세상 학문이나 경영 기법으로 운영하는 곳이 아니다. 성령의 통치를 감지하면서 믿음으로 사역하는 곳이다. 그렇기에 영성 없는 장로야말로 교회를 병들게 만든다.

영성(spirituality)을 '신체험' 혹은 '진리체험'이라고 할 수 있다. 기독교 영성은 하나님의 영을 간직하는 데서 출발한다. 거듭남이 없이는 기독교의 영성 자체를 논할 수 없다. 기독교 영성은 삼위일체 하나님과 예수 그리스도를 체험하는 것이다.

참된 영성은 사모하는 대상을 닮아가는 것이다. 닮아감은 생각하고 바라보므로 가능하다. 영성에 관한 고전인 「무지의 구름」의 저자는 이렇게 말한다. "사랑의 부드러운 감동이 이는 마음으로 하나님을 바라보라. 그분의 어떤 소유물이 아니라 그분 자신만을 목표하고 바라보라. 하나님 이외의 어떤 것도 생각나지 않게 하라. 오직 하나님 이외에…. 어떤 것도 당신의 지식과 뜻을 좌우하지 못하게 하라. 이것이 하나님이 기뻐하시는 영혼의 일이다."

영성이란 여주동행(如主同行)의 삶이다. 즉 모든 순간 한결같이 주님과 동행하고자 하는 것이다. 일상에서 주님과 동행하지 않는 영성은 경건의 모양만 갖추었을 뿐이다. 거기에 경건의 능력이 나타날 수 없다. 많은 그리스도인이 교회 안에 갇힌 영성을 갖고 만족하며 살아간다. 그러나 청교도들은 순수한 신앙이 가정과 교회뿐 아니라 사회 전체에서 실현되어 하나님의 통치가 이루어지기를 원하고 싸웠다.

「욕쟁이 예수」라는 책에서 저자는 하나님이 다스리는 영역, 즉 하나님 나라는 우리 삶의 모든 영역임을 강조한다. 하나님은 이 세상의 모든 영역에서 주인이시다. 마찬가지로 우리의 영성과 믿음도 교회 안에 갇혀 있는 것이 아니라 이 세상의 모든 영역에서 적용되어야 한다. 일상에서 드러나지 않는 영성은 거짓 영성이라 해야 한다.

그래서 실천신학의 대가인 폴 스티븐스는 「현대인을 위한 생활영성」에서 영성을 이렇게 정의하고 있다. "영성은 한마디로 하나님과 나누는 교제이다. 그러나 성경적 그리스도인이라면 이 교제를 매일의 삶, 현실의 삶으로 구체화하고 구현하고 엮어내야 할 것이다."

신학자 벤 존슨 역시 영성이란 "하나님과의 관계로부터 나와서 신앙 공동체 안에서 조정되고 형성되며, 자신의 궁극적인 목적을 위해 일하는 그 시대, 그 삶의 현장에서 표현되는 것"으로 정의한다. 영성이란 초월적인 삶뿐만 아니라 그리스도인의 삶의 현장과 관계되어 있다.

그리스도인들은 교회 안에서는 믿음생활은 잘한다. 그러나 가정이나 직장, 이웃 관계에서 믿음으로 살아가는 것이 약하다. 즉 생활영성 훈련이 되어 있지 않다는 말이다. 우리가 공동체 예배는 잘 드리지 않는가? 그러나 삶으로 드리는 생활예배는 안중에도 없었다. 생활예배가 없다 보니 교회 안에서의 삶과 교회 밖에서의 삶이 완전히 분리되어 있다. 교회 안에서는 거룩한 것 같은데 교회 밖에서는 전혀 인정받지 못하는 그리스도인이 양산되고 있다. 결국 교회와 그리스도인의 영향력은 사라지고 말았다.

세상 속에서의 빛과 소금의 기능을 상실하자 교회와 그리스도인에 대한 매력을 다 잃고 말았다. 그래서 세상은 교회와 그리스도인들을 외면한다. 교회의 부흥은 경건의 모양을 갖추는 데 있지 않다. 경건의 능력을 회복해야 한다. 경건의 능력은 세상 속에서 나타나는 실천적 영성에 달렸다. 직장에서 업무를 보고 제품을 생산하는 것이 예배가 되어야 하고 가정에서 가사를 돌보고 아이를 양육하는 것 자체가 예배가 되어야 한다.

14세기 영국 신학자 월터 힐튼은 그리스도인이 걸어야 할 영성의 길이 무엇인지 잘 말해주고 있다. 그는 그리스도인이 걸을 수 있는 세 가지 길을 제시하면서 제3의 길을 선택할 것을 권한다. 제1의 길은 그리스도인이 세속의 생활에 몰두해 바쁘게 살아가는 삶이다. 제2의 길은 명상의 삶으로 종교계에 들어서서 전적으로 영적인 생활에만 몸 바쳐 사는 삶이다. 그러나 그는 마르다의 활동과 마리아의 묵상을 결합한 '병행의 삶'인 제3의 길을 택하라고 권유한다.

'천상을 향한 여행'은 성경 묵상과 홀로 있음을 통해 하나님과 우리의 관계를 돈독히 하는 것이다. '내면을 향한 여행'은 자기 자신과 화해하는 것으로 자신의 영혼을 돌아보며 하나님이 우리의 정서적 상처를 치유해 주시기를 구하는 것이다. 그러나 이 두 여행은 자연스럽게 '외부 세계를 향한 여행'으로 이어진다. 그래서 이웃 사랑이 시작된다. 그리스도인은 다른 사람에게 자신이 이웃임을 증명할 의무를 진다. 우리는 이웃과의 실제적인 관계의 맥락 속에서 믿음생활을 해야 한다. 이웃을 사랑하려면 사람을 위하는 사람이 되어야 한다.

영성신학자인 헨리 나우웬은 영적인 삶을 하나님께 속해져 사는 삶으로 본다. 분주함과 두려움이야말로 하나님의 관계를 맺어가는 데 크나큰 장애물이다. 그러나 하나님의 사랑을 의심하지 않고 믿음으로 나아갈 때 장애물을 극복할 수 있다. 하나님과 관계가 바로 설 때 자신을 찾을 수 있고, 더 나아가 하나님이 허락하신 소명, 즉 사람들을 사랑하며 그들을 향해 나아가야 한다는 마음을 잊지 않고 나아갈 수가 있다. 그러므로 우리는 자신의 내면이 주님 안에서 바뀌고 그리스도를 자기 삶의 중심에 모심으로 진정한 자아를 인식하고, 나 자신을 사랑하고 다른 사람들을 사랑할 수 있어야 한다.

기독교 영성은 그리스도의 삶의 구현이다. 삶의 현장에서 성령의 능력으로 사는 삶이다. 그 삶은 예수님과의 친밀한 인격적 교제로 특징지어진다. 기독교 영성은 하나님과의 연합을 경험한 자가 일상생활에서 그분과 나누는 교제이다. 하나님과의 초월적이고 인격적인 관계를 통해 얻은 경험을 삶의 현장에서 구체적으로 구현하는 것이다. 그리스도인들이 교회에 와서 예배를 드리고 기도훈련을 하는 것도 중요하다. 그러나 더 중요한 것은 현실 세계에서 어떻게 살고 풍성한 열매를 맺을 수 있을 것인가 하는 것이다.

영적 성숙의 여정을 추구하라

사도 바울은 디모데에게 "너는 배우고 확신한 일에 거하라"(딤후 3:14)고 권면한다. 목사나 장로는 모두 진리 위에 자신을 굳게 세워야 한다. 그렇지 않으면 하나님의 길보다 인간의 길을 추구하게 된다.

성경은 '하나님의 감동'으로 기록된 책이다. 하나님은 성경 저자들을 성령으로 감동하셔서 기록하셨다. 그래서 성경은 완전무오하다. "모든 성경은 하나님의 감동으로 된 것으로 교훈과 책망과 바르게 함과 의로 교육하기에 유익하니 이는 하나님의 사람으로 온전하게 하며 모든 선한 일을 행할 능력을 갖추게 하려 함이라"(딤후 3:16-17).

그렇기에 성경은 우리를 교훈하고 책망하며 그릇된 길을 갈 때 바르게 고쳐주고 의로 교육해준다. 우리가 성경을 통해 교훈받고 책망받으며, 바른길을 안내받고 의의 길로 들어설 때 변화가 일어난다. 성경은 치유하고 변화시키는 능력이 있다. "하나님의 말씀은 살아 있고 활력이 있어 좌우에 날선 어떤 검보다도 예리하여 혼과 영과 및 관절과 골수를 찔러 쪼개기까지 하며 또 마음의 생각과 뜻을 판단하나니"(히 4:12).

미국의 댈러스신학교 목회신학 교수인 레그 그랜트는 「소설 마틴 루터」에서 루터를 이렇게 평가한다. "루터는 은혜가 없던 시대에 은혜를 위해 싸웠고, 회칠한 무덤에서 파낸 유골에 키스하던 그리스도인들을 향해 이제 하나님의 아들에게 키스하라고 권고했다. 루터는 온갖 거래에 대한 제의와 타협의 달콤한 목소리들이 이제 그만 돌아서라고 유혹할 때도 성경의 돛대에 자신을 묶고 진로를 고수했다." 루터는 성경과

떼놓을 수 없는 사람이다. 그는 "나의 신앙은 그리스도의 말씀에 사로잡힌 포로이다"라고 말했다. 장로는 자기 생각이나 철학의 포로가 아닌 그리스도의 말씀에 사로잡힌 포로가 되어야 한다.

개혁이란 무엇인가? 성경을 통해 영향을 받는 것이다. 하나님의 말씀을 통해 자극을 받고 변화되는 것이다. 어떤 장로는 설교를 들으면서 "목사가 나를 치는 설교를 한다"라고 말한다. 그렇다. 어떤 의미에서 설교는 치는 것이다. 그것이 은혜이다. 정상적인 그리스도인이라면 성경을 읽고 설교를 들으면서 많은 찔림이 있다. 하나님의 말씀을 대하면서 찔림이 없다면 그것은 강퍅한 마음을 가졌기 때문이다. 좋은 마음밭을 가진 성도는 마음이 아프고 힘들어도 말씀 때문에 삶의 생각과 태도를 고치게 된다. 그때 변화와 개혁이 일어난다.

영성은 영적 성숙을 향한 여행이다. 장로는 영적 성숙 과정으로서의 영성을 향한 여행을 즐겨야 한다. 영적인 삶은 그리스도의 장성한 분량에 이르기까지 자라가는 삶이다. 사람은 부모로부터 태어난다. 그러나 하나님의 사람들은 '또 한 번' 태어나야 한다. 성령에 의해 거듭나야 한다. 성령으로 중생하지 않은 자는 하나님의 사람이 아니다. "사람이 거듭나지 아니하면 하나님의 나라를 볼 수 없느니라"(요 3:3). "사람이 물과 성령으로 나지 아니하면 하나님의 나라에 들어갈 수 없느니라"(요 3:5).

그러나 성령으로 거듭난다고 해서 모두 장성한 어른이 될 수는 없다. 성령으로 거듭날지라도 성장하지 않으면 우리는 어린아이의 상태에 머문다. "형제들아 내가 신령한 자들을 대함과 같이 너희에게 말할 수 없어서 육신에 속한 자 곧 그리스도 안에서 어린아이들을 대함과 같이 하노라. 너희는 아직도 육신에 속한 자로다. 너희 가운데 시기와 분쟁이 있으니 어찌 육신에 속하여 사람을 따라 행함이 아니리요"(고전 3:1,3).

바울은 영적으로 어린아이들을 '육신에 속한 자'로 표현한다. 이러한 육신에 속한 어린아이의 특징은 무엇인가? 시기와 분쟁을 일삼는 것이다. 성숙한 어른들은 웬만한 일로 시기하고 다투지 않는다. 그런데 어린아이들은 아무것도 아닌 일로 다투고 싸운다. 왜? 미성숙하기 때문이다. 삶을 소화할 능력이 아직 약하기 때문이다.

그러므로 영적으로 거듭난 사람은 차츰차츰 자라가야 한다. 그렇다면 우리는 어떻게 성장할 수 있는가? 영의 양식인 하나님의 말씀을 섭취하고 경험하는 것이다. 하나님의 말씀으로 영향받는 사람은 하나님의 사람으로 온전하게 자라간다. 하나님은 자기 백성들이 영적인 성장과 진보를 거듭하기를 기대하신다.

우리는 어떤 일을 하고 사역이나 행사를 하는 것에 주력한다. 그런데 그것보다 더 중요한 것이 있다. 바로 온전한 하나님의 사람이 되는 것이다. 우리의 고민은 바로 "Being이냐, Doing이냐?" 하는 문제이다. 온전한 사람이 되지 않고는 하나님의 일을 온전하게 행할 수 없다. 하나님의 일을 하면서도 생색내고 자랑하고 자기를 들어내고 싶어 하는 사람들을 보라. 결국 열심히 일하면서 상처만 남기지 않는가? 그렇기에 행함보다 존재가 앞서야 한다. Being이 앞서지 않은 Doing은 오히려 독이 될 수 있다.

중세시대만 해도 평신도는 성경을 대할 수도 없었고 설교를 들을 수도 없었다. 교황과 사제들만이 독점했다. 그것이 가톨릭교회의 타락을 가져왔다. 종교개혁은 잃어버린 성경을 되찾은 사건이다. 우리는 성경을 갖고 있다. 종교개혁자들은 교황청으로부터 성경을 우리 손에 들려주었다.

그러나 성경을 읽고 듣고 암송하면서도 성경과는 상관없는 삶을 살아가는 그리스도인이 많다. 성경은 가진 것으로서 만족할 수 없다. 성경을 통해 영향을 받아 변화가 일어나야 한다. 그러기 위해서는 성경을 통해 교훈을 받고 책망을 받으며 바른길을 찾아야 하고 의로운 길로 나아가야 한다.

변화와 성숙을 향한 여행이 녹록지만은 않다. 또 이 땅에서 다 이룰 수 없는 또 다른 세계를 향한 숙제이기도 하다. 그런데도 변화와 성숙을 향한 여행은 반드시 추구해야 할 과제이다. 변화와 성숙을 향한 여정에서 우리는 삶의 질서를 바로잡아야 한다. 시간에 쫓기다 보면 인생을 뒤죽박죽 살게 된다. 배링턴칼리지의 총장을 역임한 찰스 험멜은 「늘 급한 일로 쫓기는 삶」에서 "우리는 긴급한 일과 중요한 일 사이의 지속적인 긴장 속에서 살고 있다"라고 지적한다. 사람들은 "하루가 서른 시간쯤 되었으면 좋겠다"라고 말한다. 그러나 정작 중요한 것은 우선순위의 문제이다.

영성은 삶의 우선순위를 설정하는 것이 중요하다. 하나님 앞에서 우리의 주의를 분산시키는 것을 과감하게 잘라내야 한다. 최대한 빨리, 그리고 바쁘게 살고 싶은 유혹으로부터 우리를 지켜내야 한다. 우리가 꼭 하지 않아도 될 일은 남겨 두어도 된다. 그러나 꼭 해야 할 일을 못한 채 남겨 두지는 말아야 한다.

우선순위를 바로 정하기 위해서 우리는 하나님께 집중하는 훈련을 해야 한다. 어떤 사람이 캘커타의 테레사 수녀를 만나 자신의 영적 생활의 고민을 길게 털어놓았다. 복잡한 이야기를 다 들은 테레사가 웃으며 이렇게 말했다. "글쎄요. 하루 한 시간 주님을 진정으로 사모하고, 잘못인 줄 아는 일은 일절 하지 않는다면 아무 문제가 없을 것 같은데요."

영성을 향한 여행은 참으로 지루하고 힘들고 어렵다. 그러나 육체의 훈련과 비교할 때 가치 있는 일이다. 교회를 세우는 좋은 장로는 프란체스코가 말하는 소리에 귀 기울일 필요가 있다. "형제들이여, 용기를 냅시다. 이 정도의 여행을 힘겨운 고난으로 여기지 맙시다. 주님의 천사가 황금으로 만든 자를 가지고 우리의 모든 발걸음을 재고 있으십니다. 예수 그리스도께서 앞장을 서서 십자가를 지고 갈보리산으로 올라가시는 것을 생각합시다."

탁월한 영성 관리를 기획하라

영성의 길은 성령의 사역과 관계있다. 성령은 영적인 길을 걸을 수 있도록 디딤돌을 놓는다. 그것이 바로 거듭남의 사건이다. 영적으로 거듭나지 않는 사람은 기독교 영성의 길을 걸을 수 없다.

그뿐만 아니라 성령은 기독교 영성을 가능하게 하는 원동력이다. 선을 행하기를 원하지만, 자꾸만 악을 행하고 있는 자신을 탄식하고 있는 사도 바울이 찾은 해법이 무엇인가? "그러므로 이제 그리스도 예수 안에 있는 자에게는 결코 정죄함이 없나니 이는 그리스도 예수 안에 있는 생명의 성령의 법이 죄와 사망의 법에서 너를 해방하였음이라"(롬 8:1-2). 바울은 "그리스도의 영이 없으면 그리스도의 사람이 아니라"(롬 8:9)고 선언한다.

하나님의 아들은 하나님의 영으로 인도함을 받게 되어 있다(롬 8:14). 그래서 영성의 길은 성령의 충만으로 가능하다. 날마다, 매 순간 성령의 인도와 통치 속에 살아가는 삶이 바로 영성의 길이다. 그래서 영성신학자 매조리 톰슨은 "영성생활이란 하나님의 성령이 우리를 지배하여 우리 안에 생명력이 충만해가는 것을 의미한다"라고 말한다.

모름지기 교회의 영적 지도자인 장로는 성령의 통치 가운데서 살아가는 삶의 아름다움을 알아야 한다. 이에 대해서 내셔널커뮤니티교회의 수석목사인 마크 배터슨은 그의 저서 「화려한 영성」에서 이렇게 말하고 있다. "인생의 방정식에서 성령을 빼보라. 남는 것은 '하-품', 두 자뿐일 것이다. 반대로 인생이라는 방정식에 성령을 보태보라. 흥미진진한 사건이 무수하게 일어날 것이다. 어떤 사람들을 만나게 될지, 어떤 곳을 여행하게 될지, 무슨 일을 하게 될지 알지 못하지만 대박이다."

모든 그리스도인은 성령 하나님을 인정한다. 그런데도 성령의 사역에 민감하지 못하다. 일상에서 성령의 임재 의식이 없다. 성령의 인도하심을 따라 살고 성령의 통치가 구현되는 삶이 무엇인지에 대해서 별로 관심이 없다. 성령을 말할 때 예언이나 기적, 영적 은사와만 연결해서 생각한다. 그 결과 우리의 일상에서 생생하게 움직이는 성령의 역사를 경험하지 못한다.

그래서 마크 배터슨 목사는 착각 속에 살아가는 그리스도인이 있다고 지적한다. "하나님과의 관계에 관해 이야기할 때 흥분되지 않는다면 성령을 따르지도 않으면서 따른다고 착각하고 있는 것인지도 모른다. 나는 이들을 가리켜 '역기능 기독교인'이라고 부른다. 성령을 따르지 않고 성령께 따라오라고 하는 사람, 하나님을 섬기지 않고 하나님께 섬겨달라고 하는 사람들이다. 얼핏 보기에는 비슷비슷하게 보일 수도 있으나 엄청난 차이가 있다. 이러한 역기능적 관계는 우리 영혼을 빈곤하게 만들며 허무한 상태가 되게 한다. 영적인 우울증 상태에 빠지느냐 생생하게 살아가느냐는 질적으로 큰 차이가 있는 것이다.”

교회를 섬기는 좋은 장로는 늘 성령의 임재 속에 살아간다. 성령의 음성에 민감하고 성령의 인도에 초점을 맞추고 있다. 자신의 의지를 내려놓고 성령의 인도를 전적으로 신뢰한다. 성령께서 자신의 육체를 통제하도록 성령 의존적인 삶을 살아간다. 자기 목소리가 커지면 성령의 세미한 음성이 들리지 않아 영적인 삶에서 벗어나는 것을 알기 때문에 자신의 목소리를 낮춘다.

그동안 한국교회는 방언, 예언, 신유 등과 같은 은사를 사모하는 것에 치우쳤다. 결국 신비주의적 영성에 길들어 왔다. 그러다 보니 성령의 열매를 맺는 삶, 즉 예수 그리스도의 사람으로 성화되는 영성을 소홀히 했다. 그런데 바른 영성은 성령의 열매를 맺는 인격적인 삶이다.

기독교 영성은 하나님과의 인격적인 관계를 맺는 데서 출발한다. 묵상과 기도와 같은 하나님과의 관계를 중요시하는 수도원적 영성이 요청된다. 그러나 결코 거기에 머물러 있지는 않다. 구체적인 삶의 실천으로 옮아간다. 궁극적으로는 이웃에 대한 사랑의 섬김과 자기의 내줌으로써 영성의 열매를 맺는다.

성령의 아홉 가지 열매는 개인적 영성의 덕성에만 머물지 않는다. 더 적극적인 영성이다. 대인관계와 사회구조의 차원에 영향을 미친다. 그래서 기독교학술연구원 김영한 박사는 “기독교 영성은 사회변혁의 영성으로 열매 맺는다"라고 강조한다. 결국 기독교 영성은 개인적 차원만이 아니라 사회 변혁적인 영성이자 세상을 변화시키는 영성은 하늘에서처럼 이 땅 위에서도 이루어지는 영성이다

기독교 영성의 중심은 그리스도이다. 그리스도의 중심은 십자가이다. 그래서 루터는 기독교 신학을 십자가의 신학이라고 표현한다. 결국 기독교 영성에서 십자가를 빼놓을 수 없다. 영국 회중교회의 신학자 포사이스가 그의 저서 「십자가의 중요성」에서 말한 대로 그리스도는 곧 십자가이다. 그리스도가 누구냐고 묻는 것은 곧 그가 십자가에서 무슨 일을 행하셨는가 하고 묻는 것과 같다. 십자가를 이해하지 못한다면 그리스도도 이해할 수 없다. 십자가가 그리스도이기 때문이다.

십자가 신학을 정립한 바울은 기독교 신앙의 중심 부분을 차지하고 있는 부활이나 재림을 뛰어넘어 적대자들의 가장 심한 공격과 세상의 조롱을 받아온 십자가를 자랑거리로 삼았다. 이는 예수 그리스도께서 십자가에서 죄와 죽음, 그리고 사탄에 대한 승리가 획득되었기 때문이다. 십자가에는 하나님의 공의가 만족하고 하나님의 사랑이 계시되었기 때문이다.

바울은 십자가야말로 하나님이 인간에게 오시는 길임을 깨달았고, 예수 그리스도의 십자가를 통해 하나님의 사랑을 보았다. 십자가의 가치를 알기에 바울은 예수 그리스도와 십자가에 못 박히신 것 외에는 아무것도 알지 아니하기로 작정하였다. "내가 너희 중에서 예수 그리스도와 그가 십자가에 못 박히신 것 외에는 아무것도 알지 아니하기로 작정하였음이라"(고전 2:2). 그는 십자가에 못 박힌 그리스도를 전하는 데 전 생애를 불태웠다. "우리는 십자가에 못 박힌 그리스도를 전하

니 유대인에게는 거리끼는 것이요 이방인에게는 미련한 것이로되"(고전 1:23).

그래서 주후 2세기 말, 3세기 초에 살았던 교부 터툴리안은 이렇게 말했다. "그리스도인은 발걸음을 옮기고 움직일 때마다, 집에 들어가거나 나갈 때마다, 옷을 입고 신발을 신을 때마다, 목욕하고, 식탁에 앉고, 등잔불을 켜고, 침대에 앉고 의자에 앉는 모든 삶을 살 때마다 이마에 십자가를 그린다."

예수님은 십자가를 저주와 형벌의 상징에서 축복의 상징으로 바꾸어 놓았다. 그러나 알고 있는가? 십자가가 상징만이 아니라는 사실을. 십자가는 생명이다. 십자가 영성은 생명력을 자랑한다. 생명이 없는 십자가의 상징으로서는 만족할 수 없다. 그렇기에 십자가는 "하나님의 능력"(고전 1:18)으로 우리의 삶에서 날마다 경험되어져야 한다.

장로는 십자가의 영성을 가져야 한다. 십자가와 함께 죽고 부활하신 그리스도와 연합하여 다시 살아나야 한다. 십자가 위에서 날마다 죽는 사건이 일어나야 한다. 자신을 자랑하거나 인간의 의를 내세울 것이 아니라 십자가가 유일한 자랑거리가 되어야 한다. 십자가의 능력 안에 사는 법을 배워야 한다. 좋은 장로는 십자가의 효능을 알기 때문에 십자가를 선포하는 일에 주력한다.

행복한 장로는 영혼을 살리는 십자가를 전함으로써 또 다른 영혼을 주께로 돌아오게 하는 사역에 주력한다. 장로는 당회실에 앉아서 말만 하는 직분이 아니다. 오히려 복음을 들고 동네로 나가서 그리스도와 십자가를 자랑해야 한다. 교회 안에 있는 지체들에게 십자가로 살았던 삶을 간증해야 한다. 십자가의 능력을 삶으로 보여주어야 한다.

>>> PART_3

훌륭한
가정 사역자가 되라

09

웃게 하는 리더

예부터 가화만사성(家和萬事成)이라고 했다. 그렇다. 집안이 화목하면 모든 일이 잘된다. 그러나 집안이 편치 못하면 하는 일마다 짜증이 난다. 그러다 보면 하는 일도 꼬이게 되어 있다.

장로는 한 교회를 잘 섬기기 전에 한 가정을 잘 다스리는 훌륭한 가장이 되어야 한다. 자기 가정을 바로 세우지 못하고 교회와 교인들을 섬긴다고 하는 것은 어불성설이다. "사람이 자기 집을 다스릴 줄 알지 못하면 어찌 하나님의 교회를 돌보리요"(딤전 3:5). 아내에게 인정받지 못하는 남편, 자식에게 존경받지 못하는 아버지가 어떻게 많은 교인에게 인정받고 존경받을 수 있겠는가? 가정에서 가장의 권위를 세우지 못하는 장로가 어떻게 교회에서 장로의 권위를 세울 수 있겠는가?

그래서 바울은 장로의 자격으로서 '한 아내의 남편'이 되어야 할 것과(딤전 3:2, 딛 1:6), 자기 집을 잘 다스려 자녀들이 복종하게 하는 자여야 한다고 강조한다(딤전 3:4-5). 장로는 자녀들을 믿음으로 잘 양육해야 한다. 그리고 가족들을 섬김에 있어서 믿지 않는 자뿐만 아니라 공동체의 다른 지체에도 본이 되어야 한다.

성형외과 의사이자 베스트셀러 작가인 맥스웰 몰츠는 성공적인 인생의 비결로 "가정을 소중히 하라"고 말한다. 억대 연봉자들의 첫 번째 성공 요인은 바로 화목한 가정이었다. 훌륭한 장로는 먼저 훌륭한 가정 사역자가 되어 가정을 행복하게 꾸며야 한다.

가정을 천국의 모델로 만들라

사도 바울에게는 아름다운 동역자가 많았다. 그중에 최고의 동역자가 아굴라와 브리스길라 부부였다. 바울은 고린도에 갔을 때 천막제조업을 하는 이들 부부를 만났다. 바울도 같은 직업을 가졌다. 그런데 이들 부부는 바울과 경쟁을 하지 않고 오히려 복음을 위해 함께 동역해주었다(행 18:3). 이들 부부는 바울에게 없어서는 안 될 헌신된 자랑스러운 일꾼이었다. "그들은 내 목숨을 위하여 자기들의 목까지도 내놓았나니 나뿐 아니라 이방인의 모든 교회도 그들에게 감사하느니라"(롬 16:4). 바울은 편지를 쓸 때마다 이들의 이름을 거론하면서 자랑하고 간증했다.

성경에서 이들 이름이 소개될 때 늘 하나로 언급되곤 한다. 이들 부부가 바울과 그가 전하는 복음을 위해 협력할 때 서로 갈등하지 않고 한마음이 되었다는 뜻이다. 그뿐만 아니라 이들은 부부 금실이 좋았다고 볼 수도 있다. 이들은 서로를 보충해주고 상대편의 장점을 활용하면서 환상적인 팀워크를 이루어 효과적으로 복음을 위해 일했던 부부였다.

이들 부부는 주변 사람들에게 큰 감명을 주었다. 특히 아볼로에게 큰 영향을 주었다. 학문의 고장인 이집트 알렉산드리아 출신인 아볼로라는 유대인이 에베소에 왔다. 그는 선천적으로 언변이 좋았고 성경에 능통한 학자였다.

어느 날, 아볼로가 회당에서 설교하는 것을 들었다. 그런데 아직 요한의 세례만 알뿐 하나님의 도의 깊은 뜻을 깨닫지 못하고 있었다. 그래서 이들 부부는 아볼로의 설교가 끝나기를 기다렸다. 설교가 끝난 후에 아볼로를 따로 조용히 만나 집으로 데려다가 바울에게서 듣고 보고 배우고 확신한 복음을 더 자세히 설명해주었다.

그러자 아볼로에게 큰 도전이 일어났다. 아볼로는 바울을 만나기 위해 고린도에 가고 싶어졌다. 브리스길라와 아굴라 부부는 아볼로를 격려하고, 아가야 지역 고린도에 있는 제자들에게 아볼로를 잘 영접하라고 편지를 보냈다. 후에 아볼로는 유능한 복음의 일꾼이 되었다(행 18:24-28).

바울뿐만 아니라 복음을 위해 헌신하는 사람들에게 다양하게 도전을 주고 있는 브리스길라와 아굴라 부부야말로 얼마나 소중한 일꾼인지 모른다. 교회에도 바로 이런 부부가 매우 필요하다. 복음을 위해, 그리스도를 위해 목숨을 걸고 순종하고 헌신할 각오가 되어 있는 부부가 있다면 목회자는 이들 때문에 행복할 것이다.

가정은 교회와 더불어 하나님이 세우신 '신적인 제도'라는 점에서 특별한 의의를 지닌다. 가정은 남녀의 자연적 결합이나 인간의 사회적 본능에 의해 시작된 제도가 아니다. 하나님이 인간을 위하여 세워주신 은총의 제도이다. 그래서 루터는 가정을 '작은 교회'라고 했다. 그렇다. 가정은 작은 교회이며, 교회는 확대 가정이다. 교회는 확대된 가정이어야 하고 가정은 축소된 교회여야 한다. 즉 가정과 같은 교회를 만들고, 교회와 같은 가정을 이루어야 한다.

장로는 가정을 천국의 모델로 만들어야 한다. 장로는 사명감으로 가정을 지옥처럼 만들지 말아야 한다. 장로의 가정이 불신자의 가정처럼 갈등으로 늘 찌푸린 인상으로 먹구름을 드리우고 있다면 어떻게 되겠는가? 장로가 아내를 구타하고 아이들에게 폭언과 폭행을 일삼는다면 어찌 본이 되겠는가? 장로의 집안에서 아버지가 무서워 자녀들이 집안에 들어오기가 싫어서 밖에서 배회한다면 어떻게 하나님의 영광이 드러나겠는가?

장로의 가정에서는 웃음소리가 흘러나와야 한다. 비록 많은 것을 갖지는 못했을지라도 서로 사랑함으로 한 상에 둘러앉아 행복하게 밥을 먹는 분위기여야 한다. 주변 사람들의 부러움을 살 수 있는 가정을 만들어야 한다.

부시 대통령의 부인 바버라 부시 여사는 어느 여대 졸업식 축사에서 이런 말을 했다. "시험에 합격하지 못했거나 거래 한 건을 성사시키지 못했다고 인생의 마지막 순간에 후회하지는 않을 것입니다. 하지만 부모, 배우자, 자녀, 친구와 더 많은 시간을 갖지 못했다면 반드시 후회하게 될 것입니다. 우리 사회의 성공 여부는 백악관이 아니라 여러분의 가정에 달려 있습니다." 성공적인 사회생활, 성공적인 교회생활보다 더 소중한 것은 바로 성공적인 가정을 만드는 일이다.

가정이 행복하지 않으면 교회 일도 제대로 할 수가 없다. 교회 일을 잘하기 위해서라도 가정을 화목하게 가꾸어야 한다. 부부가 싸운 후 교회에 온다고 생각해보자. 교회 사역이 효율적으로 이루어지겠는가? 아마 그날 처리하는 모든 사역이 짜증스럽고 주변 사람들에게 상처를 주게 될 것이다. 부부가 한마음이 되고 가정이 편할 때 교회 일도 즐겁게 할 수 있다. 아내가 신앙생활을 제대로 안 하고 자녀가 믿음에서 이탈될 때 교회에서 어떻게 신앙지도를 하겠는가?

나는 교회에서 겪은 일을 집에서 말하지 않는다. 아이들은 말할 것도 없고 아내에게도 말하지 않으려고 노력한다. 아내를 신뢰하지 못해서나 무시해서가 아니다. 아내에게 말하지 않는 두 가지 이유가 있다.

첫째, 교회에서 일어나는 좋지 않은 일이나 어떤 사람의 이야기를 아내에게 하면 아내의 마음이 우울해지기 때문이다. 아내가 우울해지면 가정이 어두워진다. 가정이 힘들어지면 목회에 영향을 미칠 수밖에 없다. 그래서 아내에게는 가능하면 말하지 않는다. 아내는 늘 기분 좋은 상태에서 가정을 섬겨주기를 바라는 마음이다. 목사 혼자 지고 가면 될 짐을 아내에게도 지워서 힘들게 할 필요가 없다는 생각이다.

또 다른 이유는 목회에 어려움을 주는 교인이 있는 경우, 그 이야기를 아내에게 하면 아내가 그 사람에 대한 선입관이 생기게 된다. 그러면 그 성도와 마주칠 때 편할 리가 없기 때문이다.

교회에서 장로의 가정은 하나의 모델이다. 장로가 화목한 가정을 이루는 것은 자신과 가족의 행복을 만드는 이기적인 목적보다 더 크다.

그들이 이루는 가정의 천국을 보면서 다른 지체들은 본을 받게 될 것이다. 교회가 건강한 가정을 확보하는 것은 역기능 가정이나 부부를 치유하는 도구가 되기도 한다. 힘들어하는 부부나 가정이 아름답고 행복한 가정과 부부를 보면서 도전받고 간접적으로 배우게 된다.

그렇다면 어떻게 행복한 가정을 이룰 수 있는가? 가정사역자 제임스 해밀턴 박사는 행복한 가정의 여섯 가지 요소를 다음과 같이 말한다. "첫째, 정직이라는 건축. 둘째, 단정이라는 실내 장식. 셋째, 애정이라는 난방. 넷째, 쾌활이라는 등불. 다섯째, 근면이라는 통풍. 여섯째, 하나님의 축복이라는 보호의 장벽과 영광." 당신의 가정에 부족한 요소가 있다면 무엇인가?

행복한 좋은 남편이 되라

세상의 모든 쾌락을 다 누렸던 지혜의 왕 솔로몬은 말년에 이렇게 회고한다. "네 헛된 평생의 모든 날 곧 하나님이 해 아래에서 네게 주신 모든 헛된 날에 네가 사랑하는 아내와 함께 즐겁게 살지어다. 그것이 네가 평생에 해 아래에서 수고하고 얻은 네 몫이니라"(전 9:9). 아내와 즐겁게 사는 것이야말로 인간이 누릴 수 있는 가장 큰 행복 중의 행복이라는 것이다.

"그가 비록 천 년의 갑절을 산다 할지라도 행복을 보지 못하면 마침내 다 한 곳으로 돌아가는 것뿐이 아니냐"(전 6:6). 아무리 많은 것을 누린다 해도, 오랜 세월을 산다고 해도 행복이 빠져 있다면 쓸소 없는 찐빵이나 다름없다.

이런 말이 있다. "세상에서 그 무엇과도 바꿀 수 없는 것은 젊었을 때 결혼해서 함께 살아온 늙은 아내이다." 젊어서 오랜 세월을 살아온 배우자가 '지겹다'는 생각이 드는가? "만약 당신이 다시 태어난다면 지금 사는 배우자와 다시 결혼하겠는가?"라는 질문에, 대부분 배우자가 "내가 미쳤어! 지금까지 산 것도 억울한데…"라고 대답한다고 한다. 얼마나 불행한 일인가?

유대인의 지혜서인 「탈무드」에는 부부에 대해 이렇게 적혀 있다. "부부가 진정으로 사랑할 때는 칼날처럼 좁은 침대에서도 함께 잘 수 있다. 그러나 사이가 좋지 않을 때는 폭이 16미터나 되는 넓은 침대일지라도 비좁다." 사랑하기에 결혼해서 행복한 가정을 꿈꾸며 사는 부부가 서로의 가슴을 향해 비수를 숨기고 있다면 너무나 비참한 일이다. 탈무드가 주는 교훈을 마음에 새기자. "아내를 이유 없이 괴롭히지 말라. 하나님은 그녀의 눈물방울을 세고 계신다." 배우자의 눈에서 눈물이 떨어지게 만들면 하나님이 그것을 갚기 위해 다 세고 계신다.

어느 주일 예배시간에 사모가 이불을 머리에 이고 강단 앞으로 나왔다. 깜짝 놀란 남편 목사가 물었다.

"아니, 이게 도대체 무슨 일이오!"

그러자 사모가 말했다.

"당신은 강단에서 설교할 때는 천사 같은데 집에서는 악마 같으니 차라리 이곳에서 살려고 왔지 않소."

웃자고 하는 예화일 뿐이다. 그러나 나는 이 예화를 정말 싫어한다. '이 정도밖에 안 되는 목사라면 목회를 하지 말지'라는 생각이 들기 때문이다. 장로도 마찬가지가 아니겠는가?

좋은 장로가 되기 전에 먼저 좋은 남편이 되어야 한다. 때때로 부부가 갈등을 겪기도 한다. 어떤 부부는 갈등이 있을 때 며칠간 입을 다물고 시위하기도 한다. 그렇게 하고 나면 속이 편할까? 하나님께 영광을 돌릴 수 있을까? 그렇다면 갈등이 일어날 때 과연 누가 이기고 누가 져야 하는가? 그 답은 성숙한 자가 져야 한다. 장로쯤 되면 교회의 어른이다. 그렇다면 아내에게 져줄 수 있어야 한다. 가장이라는 권위를 내세워서 아내를 위협하고 억누른다면 그는 좋은 장로가 될 수 없다.

그리스도께서 우리를 어떻게 대하셨는지 생각해보라. 바울은 에베소 교인들에게 "그리스도께서 교회를 사랑하시고 그 교회를 위하여 자신을 주심같이 하라"(엡 5:25)고 권한다. 주님은 교회를 위해 자신의 목숨까지 내주셨다. 교회를 정결하고 흠 없게 보전하기 위해 세심하게 돌아보셨다. 그 사랑을 마음에 담고 살아가는 장로라면 아내를 위해 자존심쯤 접으면 어떻겠는가?

유대인의 지혜서인 「탈무드」에 이런 이야기가 있다.

혼자 사는 어느 거지가 있었다. 어느 날, 그가 길을 가다가 등이 너무 가려웠다. 등골 깊숙한 곳이라 손도 닿지 않았다. 그렇다고 누가 남의 등을 긁어주겠는가? 그래서 어느 랍비의 담장에 등을 대고 비비고 있었다. 그 광경을 그 집 주인인 랍비가 보았다. 랍비는 거지를 집으로 불러들여서 목욕을 시키고 깨끗한 옷과 좋은 음식을 대접했다. 그리고 많은 용돈까지 주어 보냈다. 그러자 그 소문이 동네 모든 거지에게 순식간에 퍼졌다.

어느 약삭빠른 거지 부부가 랍비의 집으로 달려갔다. 그리고 그 집 담장에 등을 비비기 시작했다. 기대했던 대로 랍비가 그 광경을 보고 거지 부부를 집으로 들어오도록 했다. 거지 부부는 융숭한 대접을 받을 줄 알고 기분 좋게 뛰어 들어갔다. 그런데 이게 웬일인가? 랍비는 하인들을 시켜 다짜고짜 매를 치는 것이었다. 거지 부부는 하도 억울해서 "왜 이렇게 사람을 차별하느냐?"고 얼굴을 붉히며 따졌다. 그러자 주인은 이렇게 말했다.

"전에 그 사람은 대신 등을 긁어 줄 사람이 없었기에 내가 후대하였다. 그러나 너희는 부부인데, 담장에 등을 비비는 것은 옳지 못하다. 서로 등을 긁어주면 될 일이 아니냐?"

부부란 무엇인가? 서로의 필요를 느끼고 그 필요를 채워줄 수 있는 관계이다. 부부란 서로를 채워주는 존재이다. 배우자의 어려움이 무엇인지 알고, 배우자의 단점과 허물까지도 품고, 그를 위해 헌신해야 한다.

사람들은 자신을 지나치게 사랑한다. 그러나 다른 사람을 무시하고 관심도 두지 않는다. 부부란 세심한 돌봄과 섬김이 필요하지만 정작 섬김을 받으려고만 한다. 이해하고 용납하기보다는 이해받으려고만 한다. 그런데 사도 바울의 입장은 달랐다. "너희도 각각 자기의 아내 사랑하기를 자신같이 하고 아내도 자기 남편을 존경하라"(엡 5:33).

대접받고 싶은가? 그렇다면 예수님의 말씀대로 먼저 대접하라. 내가 대접받고 싶은 대로 아내를 대접하면 아내의 태도도 달라질 것이다. 유교적인 권위를 가지고 아내를 억압하고 힘으로 누르려고 하니 존경받을 수 없는 것이다.

「탈무드」에 보면 딸을 시집보내는 친정어머니가 딸에게 들려주는 이야기가 있다. "나의 사랑하는 딸아, 네가 만일 남편을 왕처럼 존경한다면 그는 너를 여왕처럼 떠받들 것이다. 그러나 네가 하녀처럼 행동한다면 그는 너를 하녀처럼 취급할 것이다. 만일 네가 콧대를 너무 세워 그에게 봉사하기를 싫어한다면 그는 완력을 써서 너를 하녀로 만들어버릴 것이다. 네 남편이 그의 친구를 방문할 때면 그가 목욕하고 옷을 단정히 입고 나가게 하라. 그리고 남편의 친구가 집에 놀러 오거든 성의를 다해서 극진히 대접하라. 그렇게 하면 남편은 너를 소중히 생각해줄 것이다. 항상 가정에 마음을 쓰고 남편의 소지품을 소중히 다루라. 그러면 그는 네 머리 위에 왕관을 씌워줄 것이다."

부부는 서로를 존중해주어야 한다. 상대방을 무시하면 무시하는 것 이상으로 무시를 당하게 된다. 그러나 상대방을 존귀하게 여기면 그는 당신을 더 존귀하게 여겨줄 것이다. 내가 받고 싶은 대로 상대방을 대우하는 것이 지혜로운 인간관계의 비결이다.

부부는 때때로 변화를 통해 웃음을 만드는 지혜도 필요하다. 웃음이 넘치는 집안이야말로 행복의 꽃이 피기 마련이다. 어느 중견기업 회장이 있다. 이들 부부는 "서로 존중하며 살자"라는 약속을 했다. "왕처럼 대우받고자 하면 먼저 아내를 왕비처럼 대우하고, 왕비처럼 대우받고 싶으면 먼저 남편을 왕처럼 대우하라"는 가르침을 따라 아내가 남편을 '전하'라 부르고, 남편은 아내를 '마마'라고 부르기로 정했다. 그런데 한 십 년 부르다 보니까 너무 재미가 없을뿐더러 집안 분위기까지 무거워졌다. 그래서 어느 날부터 호칭을 바꿨다. 아내가 남편을 부를 때는

'박 내시'라 부르고 남편이 아내를 부를 때는 '김 상궁'이라고 불렀다. 이렇게 서로 내시와 상궁으로 부르다 보니 절로 웃음이 나와서 집안 분위기도 좋아졌다고 한다.

부부가 행복해지려면 말부터 고쳐야 한다. 상대방을 존중하는 마음은 말과 태도에서 읽힌다. 함부로 말하거나 감정적이고 충동적으로 말하지 말아야 한다. 상처를 주는 말만 골라서 하는 남편도 많다. 아내의 감정은 여린 현과 같음을 잊지 말아야 한다. 한 번 다친 상처는 오래간다. "입술의 30초가 가슴의 30년이 된다"는 사실을 잊지 말아야 한다. 칼보다 더 무서운 무기가 입술이다.

많은 사람이 아내를 가리켜 '집사람'이라고 부른다. 그런데 집사람은 집에서 집안일을 하는 가정부를 의미한다. 다른 사람들 앞에서 자기 아내를 낮추어 부르는 겸양의 표현이지만 차라리 아내라 부르는 것이 어떨까? 아내는 '안의 해'라고 한다. 아내는 가정의 해와 같은 존재이다.

부부간에도 기본적인 예의가 필요하다. 예의를 갖춘다는 것은 상대방을 존중한다는 의미이다. 바울도 "사랑은 무례하게 행하지 않는다"라고 말한다. 배우자에게 무례한 말이나 행동을 해서는 안 된다. 내가 존중하지 않는 아내를 다른 사람들이 존중해주기를 바란다면 그것은 과도한 욕심이다. 밀러는 "훌륭한 예절이란 타인의 감정을 고려해 표현하는 기술이다"라고 말한다. 장로는 아내의 감정을 고려해서 말하고 행동해야 한다.

아름다운 좋은 아버지가 되라

사도 바울은 교회지도자라 함은 "자기 집을 잘 다스려 자녀들로 모든 공손함으로 복종하게 하는 자라야 할지며"(딤전 3:4)라고 말한다. 교회지도자는 교회를 잘 다스리기 전에 집 안에 있는 자녀를 잘 다스려야 한다. 자녀가 방탕한 길로 들어서지 않도록 신앙으로 잘 양육해야 한다. 사실 자녀를 부모 마음대로 할 수 없는 것이 현실이다. 그런데도 자녀의 바른 신앙교육에 실패한다면 교회에서 권위가 세워지지 않는다.

엘리는 혼탁한 시대에 대제사장으로 세움을 받았다. 그에게는 홉니와 비느하스라는 아들 둘이 있었다. 그런데 이들은 당시 사무엘과는 대조적으로 하나님을 두려워하지 않는 자들이었다. 제사 지내는 성물을 함부로 다루고 성적인 방종을 일삼았다. 그런데도 엘리 제사장은 이들의 그릇된 행동을 바로 잡지 않았다. 결국 하나님의 영광이 그 집안에서 떠나는 불행을 초래했다.

자녀에 대해 「탈무드」에서는 이렇게 말한다. "자식은 어릴 때는 엄하게 꾸짖고 자란 뒤에는 꾸짖지 말라. 어린아이는 엄하게 가르쳐야 하지만 두려워하게 만들어서는 안 된다. 자식을 꾸짖을 때는 따끔하게 꾸짖되 꾸짖음을 계속 반복해서는 안 된다." 아픔을 이기고서라도 그릇된 길을 가는 자녀를 바로 잡았어야만 한다. 그런데 엘리 제사장은 자녀 교육에 실패하고 말았다.

장로는 가정에서 먼저 자녀들에게 본을 보여야 한다. 신앙은 말로써 가르치는 것이 아니다. 행동으로 가르쳐야 한다. 가정에서의 부도덕한 행동은 과일에 벌레가 들어간 것처럼 모르는 사이에 퍼져나간다. 부모가 자식에게 나쁜 행동을 가르치고 악한 습관을 길러주지 말아야 한다. 말과 행동이 다른 이중적인 아버지의 모습을 보는 자녀가 어떻게 좋은 인격과 올바른 신앙관을 형성할 수 있겠는가? 말한 대로 사는 것이 가장 좋은 교육 방법이다.

부모는 자녀에게 이중 잣대를 보여주지 않아야 한다. 교회에서는 거짓말을 하지 않지만 집에서나 직장에서 거짓말을 밥 먹듯이 한다면 자녀는 혼란을 겪을 것이다. 분노를 해가 지도록 품지 말라고 하는데 며칠간 화가 나서 말도 하지 않는 부모를 보면서 자녀는 어떻게 하나님의 말씀을 배우겠는가? 용서를 말하지만 부모가 서로 다투고 용서할 줄 모르는 모습을 볼 때 자녀는 어떻게 용서를 배울 수 있겠는가? 장로는 성경을 아는 대로 실천하는 실천적인 믿음을 가져야 한다.

장로들 가운데 유교의 권위주의에 사로잡힌 사람들을 종종 보게 된다. 가정에서 가장으로서의 권위는 잃지 말아야 한다. 그러나 권위를 가지고 가족들의 숨통이 막히게 하는 가장이 되어서는 안 된다. 무서운 아버지상을 가진 자녀들은 하나님을 무서운 하나님으로 이해해서 하나님과 친밀한 관계를 맺기가 어렵다.

장로는 말의 위력을 잊지 말아야 한다. 격려와 칭찬 한마디로 자녀의 인생을 바꾸어 놓을 수 있다. 소설가 마크 트웨인은 "나는 한 번 칭찬을 받으면 두 달간은 잘 지낼 수 있다"라고 말한 적이 있다. 그의 말대로라면 일 년에 여섯 번 칭찬을 받으면 일 년 동안 사랑의 그릇은 일정한 수준을 유지하면서 지낼 수 있는 것이다.

칭찬은 비난의 7분의 1에 해당하는 무게라고 한다. 즉 칭찬 일곱 번을 하고 비난 한 번을 해도 그 무게가 같다는 뜻이다. 비난은 인간에게 그 정도로 나쁘다. 잘못한 것에 집중하여 그것을 강조하면 할수록 더욱 잘못할 가능성이 크고 부정적인 힘만 커진다. 좋은 부모는 함부로 비난하고 정죄하지 않는다. 칭찬은 긍정적인 힘에 더욱 집중할 수 있게 해 준다. 자녀와 좋은 관계를 유지하기 위해서는 말투를 고치고 말하는 내용을 점검해야 한다.

자녀는 부모의 말씨를 흉내 낸다. 아이의 말투만으로 그 부모의 성품을 알 수 있다. 장로는 절대로 집안에서 악한 말을 사용하지 말아야 한다. 말은 씨앗이다. 자녀의 성품과 운명이 부모가 심는 말대로 형성된다. 지키지 못 할 말을 함부로 하지 말아야 한다. 부모는 가볍게 생각하는 것도 자녀는 소중하게 여긴다. 그렇기에 부모가 자녀와 약속한 것은 반드시 지켜야 한다. 약속을 지키지 않으면 자녀에게 거짓말을 가르치는 것과 같다.

베스트셀러 작가인 레일 라운즈는 그의 저서 「사람을 얻는 기술」에서 "상대방의 마음을 잘 받아주라!"고 강조한다. 부모는 자식의 말을 잘 받아주어야 한다. 자식이 부모의 말에 복종하는 것은 익숙하다. 그러나 부모가 자식의 말을 잘 받아준다는 것은 익숙한 가르침이 아니다. 좋은 부모는 자식의 말에 귀를 기울일 줄 안다. 그 말을 무시하지 않고 잘 받아주는 너그러움을 갖고 있다.

기독교 상담학자 게리 채프만은 그의 저서 「5가지 사랑의 언어」에서 부부가 서로 다른 사랑의 언어를 나누는 것에 대해서 이렇게 정리하고 있다. "첫 번째 사랑의 언어는 인정하는 말이다. 두 번째 사랑의 언어는 육체적인 접촉이다. 세 살 때까지 엄마의 젖을 빨고 신체적 접촉이 많은 아이는 성장해서 암에 걸릴 확률이 거의 없다고도 하지 않는가? 허깅이야말로 자녀를 위한 정신적인 양식이다. 세 번째 사랑의 언어는 함께하는 시간이다. 시간이 관계이고 사랑이다. 함께하더라도 의미 있는 시간을 만들어야 한다. 자녀들과 더불어 자주 여행하고 많은 것을 보고 느끼고 얘기하도록 하라. 네 번째 사랑의 언어는 봉사이다. 다섯 번째 사랑의 언어는 선물이다. 가족 간의 애정지수를 높이기 위해 다섯 가지 사랑의 대화 방식을 적용해보라. 존경받는 남편과 아버지가 될 수 있다."

자식 농사를 잘 지으려면 자녀가 보는 데서 절대로 교회의 좋지 않은 일에 대해서 말하지 말아야 한다. 자식을 망치는 비결이다. 교회에 문제가 있을 때 흔히 장로가 집에서 이런저런 이야기를 아무런 의식 없이 내뱉는 경우가 있다. 더구나 목회자에 관련된 이야기라면 더 신중해야 한다. 만약 목회자의 좋지 않은 부분을 이야기한다면 자녀는 목회자에 대한 이미지가 좋지 않게 될 것이다. 그렇게 되면 설교를 들을 수도 없고 신앙교육을 제대로 받을 수도 없다. 더구나 사춘기시절이나 청년시절에 목회자에 대한 부정적인 마음이 심어지고 나면 평생 교회를 떠날 수도 있다. 얼마나 무서운 일인가? 자녀의 영혼의 싹을 자르는 것이나 마찬가지다.

훌륭한 가장이 되려면 가정의 가치관을 바로 세워야 한다. 자녀에게 인생의 비전과 성공관을 성경적으로 세워주어야 한다. 성경에서 말하는 방식으로 살아가는 법을 가르쳐주라. 술과 담배에 찌든 가장을 원할 가족이 누가 있겠는가? 세상 사람들처럼 아내 외의 이성 관계를 맺을 수 있겠는가? 돈을 벌 수 있다고 하나님의 말씀에서 벗어난 돈벌이를 받아들일 수는 없다. 그리스도로 옷 입은 장로는 옛 습관과 태도들을 내버려야 한다. 적어도 장로는 가족들 앞에서 세속적인 가장의 모습을 보이지 말아야 한다.

오늘날 자녀 교육의 가치관과 방법이 흔들리고 있다. 장로는 모름지기 교회 안에서 자녀 교육에 대한 모델이 되어야 한다. 부모는 자식의 잘못된 습관을 방치하지 말아야 한다. 그러나 세상 부모들이 감정적으로 자녀를 징계하듯 다루면 안 된다. 자녀가 어리든 장성했든 간에 대화를 통해 양육해야 한다. 혹 징계의 매를 들더라도 자기 감정에 도취되어 함부로 말하거나 행동을 취해서 자녀가 낙담하고 상처를 받게 해서는 안 된다.

장로는 가정의 영적 제사장이 되어야 한다. '가정은 추억의 박물관'이라고 말한다. 가족들에게 아름다운 영적 추억을 많이 만들어주어야 한다. 한 연구 결과에 의하면 여자 성도들이 꼽은 남자 성도들의 가장 큰 결점은 "그들은 신앙생활에 게으르다"였다고 한다. 장로가 된다는 것이 당신의 영성을 저절로 형성시켜주지 않는다. 가장의 영적 파산은 온 가족들의 영적 침체를 가져온다. 장로는 자신의 영성을 잘 관리할 수 있어야 한다. 고갈되지 않는 영성의 샘에서 가족과 교인들이 신선한 영적 샘물을 퍼마실 수 있도록 해야 한다.

장로는 가족들에게 힘을 부어주어야 한다. 자녀에게 가장 나쁜 부모는 자녀의 자존감을 파괴하는 부모이다. 자녀에게 힘을 부어주어야 한다. 용기를 갖고 자신이 가진 잠재력을 계발할 수 있게 도와주어야 한다. 그러기 위해서는 자녀를 격려하고 용기를 불어넣어주는 말을 아끼지 말아야 한다. 기러기를 포함한 대부분 철새는 1년에 약 4만 킬로미터의 거리를 이동한다. 그 먼 거리를 이동하면서 수많은 기러기가 목숨을 잃는다. 기러기들은 소리를 내면서 이동하는데, 그것은 서로를 격려하는 것이라고 한다. 기러기가 그 먼 거리를 이동하는 데 가장 중요한 것은 서로를 격려하는 것이다. 자녀가 힘든 세상의 경쟁에서 이겨나가기 위해서는 부모로부터 격려와 힘을 부여받아야 한다.

장로의 금기사항을
가슴에 새기라

10

웃게 하는 리더

장로는 교회 어른으로서 자신의 행동이 교회와 교인들에게 미칠 영향력을 항상 유념해야 한다. 솔로몬은 한 사람이 미치는 영향력의 지대함을 잘 알고 이렇게 권면한다. "지혜가 무기보다 나으니라. 그러나 죄인 한 사람이 많은 선을 무너지게 하느니라"(전 9:18). 죄인 한 사람의 영향력은 지대하다. 마찬가지로 경건한 하나님의 사람의 영향력도 매우 크다.

가끔 교회 안에서 이렇게 말하면서 교인들에게 부정적인 영향을 끼치는 장로들이 있다. "목사는 가난해야 힘든 교인의 심정을 이해하고, 대중교통을 이용하는 교인을 생각하면서 싼 차를 타야 하며, 아무리 힘들고 어려워도 참고 웃어야 한다." 좋은 말이지만 목사의 아픔과 고충을 너무 모르는 말이다.

장로쯤 되면 목사의 고충을 알고 교인들에게 좋은 영향을 미쳐야 한다. 어느 목사가 허리 굽은 원로목사의 허리를 만지면서 말했단다.

"평생 하나님 앞에 허리 굽히고 성도들 앞에 허리를 굽히다 보니 이렇게 굳었군요!"

그 말을 들은 원로목사는 "그 말 정말 맞아!"라고 하더란다.

목사는 할 말을 다하지 못한다. 아파도 아프다고 말하지 못하고 힘들어도 힘들다고 표현하지 못한다. 교회 일에 아침저녁이 없다. 그러고도 큰소리칠 수 없는 것이 목사이다. 장로는 이런 목사의 심정을 알아주어야 한다.

인생에는 '해야 할 일'이 있는가 하면 '하지 말아야 할 일'도 있다. 우리가 걸어가야 할 길이 있는가 하면 걸어가지 말아야 할 길도 있다. 어리석은 사람은 하지 말아야 할 일을 하고 해야 할 일을 하지 않는다. 그래서 나중에 낭패를 본다.

영적인 삶에도 마찬가지다. 바울은 그리스도 안에서 새롭게 거듭난 사람들이 '버려야 할 것'과 '해야 할 것'에 대해서 이렇게 말한다. "너희는 모든 악독과 노함과 분냄과 떠드는 것과 비방하는 것을 모든 악의와 함께 버리고 서로 친절하게 하며 불쌍히 여기며 서로 용서하기를 하나님이 그리스도 안에서 너희를 용서하심과 같이 하라"(엡 4:31-32). 버리라고 하는 것을 버리지 않으면 영적인 삶을 살아갈 수 없다. 해야 할 것을 추구하지 않으면 영적 파산에 이르게 된다.

그러면서 바울은 디모데에게 하나님의 사람이 걸어야 할 길에 대해서 권면한다. "오직 너 하나님의 사람아 이것들을 피하고 의와 경건과 믿음과 사랑과 인내와 온유를 따르며 믿음의 선한 싸움을 싸우라. 영생을 취하라. 이를 위하여 네가 부르심을 받았고 많은 증인 앞에서 선한 증언을 하였도다"(딤전 6:11-12).

목회자 디모데가 하나님의 사람으로 바른길을 걸어가기 위해서는 '피할 것, 따를 것, 싸울 것, 취할 것'이 있다. 인생은 가지치기를 잘해야 한다. 불필요한 것, 거추장스러운 것, 악한 것은 아프고 힘들더라도 과감하게 잘라버려야 한다. 마찬가지로 하나님의 사람인 장로에게도 가지치기해야 할 일들이 있다. 이 장에서는 장로가 가지치기해야 할 일들에 대해서 생각해보자.

악한 청지기가 되지 않도록 깨어 있으라

사무엘은 인생 말년에 죽음을 앞두고 백성들에게 이렇게 말한다. "보라. 나는 늙어 머리가 희어졌고 내 아들들도 너희와 함께 있느니라. 내가 어려서부터 오늘까지 너희 앞에 출입하였거니와 내가 여기 있나니 여호와 앞과 그의 기름 부음을 받은 자 앞에서 내게 대하여 증언하라. 내가 누구의 소를 빼앗았느냐. 누구의 나귀를 빼앗았느냐. 누구를 속였느냐. 누구를 압제하였느냐. 내 눈을 흐리게 하는 뇌물을 누구의 손에서 받았느냐. 그리하였으면 내가 그것을 너희에게 갚으리라"(삼상 12:2-3).

그러자 백성들은 한목소리로 말한다. "당신이 우리를 속이지 아니하였고 압제하지 아니하였고 누구의 손에서든지 아무것도 빼앗은 것이 없나이다"(삼상 12:4). 이처럼 사무엘은 하나님과 백성들 앞에서 당당하고 떳떳했다.

흔히 "사람이 사람을 속이는 게 아니라 돈이 사람을 속인다"라고 말한다. 사실 돈 때문에 어쩔 수 없이 실수하고 거짓말하게 되는 때가 있다. 그러나 너무 쉽사리 그렇게 변명만 늘어놓아서는 안 된다. 그럴듯한 변명을 둘러대도 개인적인 차원에서는 이미 자신의 인격은 추락하였고 신뢰성을 잃었다. 교회적인 차원에서도 교회를 시험에 들게 만들고 하나님의 영광을 가리고 전도의 문을 막고 말았다.

비록 돈이 사람을 속이는 것이라 할지라도 그것을 선택하는 것은 본인 자신이다. 그러므로 장로는 재정을 관리하면서 깨끗해야 하며 모든 교인에게 모범을 보여야 한다.

깨끗한 재정 관리를 위해 장로가 기억해야 할 몇 가지 사실이 있다.

첫째, 돈거래를 조심해야 한다.

교회 안에서 돈거래를 하다가 사람을 잃고 돈도 잃는 경우를 허다하게 보았다. 구역이나 전도회에서 가깝다 보니 서로 편리를 위해 돈거래를 하다가 상처 입고 교회를 떠나게 되는 경우가 많다. 마찬가지로 이웃 관계나 주변 사람들과의 관계에서도 선불리 보증을 서고 돈거래를 했다가 낭패를 본다. 사업을 한다고 이 사람 저 사람에게 돈을 빌려 쓰고 부도내고 도망가는 장로도 있다.

둘째, 정당하고 깨끗하게 벌어야 한다.

아무리 돈을 잘 벌 수 있어도 부정한 방법으로 돈을 번다면 멈추어야 한다. 하나님은 부정하게 번 성도의 돈을 써야 할 정도로 가난한 분이 아니시다. 교회 안에서 보험이나 다단계를 하면서 교인들에게 강매하게 만드는 것도 유익하지 못하다.

셋째, 돈을 잘 관리하는 선한 청지기가 되어야 한다.

지혜롭고 선한 청지기는 하나님이 주신 은사나 재능을 가지고 이익을 남길 줄 알아야 한다. 게을러서 하나님이 주신 것을 땅에 묻어두었다가 책망받지 말아야 한다. 가진 것이 많다고 자랑할 것은 아니지만 가난한 것을 자랑할 것도 아니다. 장로는 앞장서서 일하는 자이기 때문에 함께 동역하는 자들에게 먹을 것을 사주거나 선물을 함으로 동기부여를 할 수 있어야 한다.

넷째, 하나님 앞에 드리는 삶에 모범이 되어야 한다.

십일조는 하나님이 "내 것"이라고 말씀하신다. "사람이 어찌 하나님의 것을 도둑질하겠느냐. 그러나 너희는 나의 것을 도둑질하고도 말하기를 우리가 어떻게 주의 것을 도둑질하였나이까 하는도다. 이는 곧 십일조와 봉헌물이라. 너희 곧 온 나라가 나의 것을 도둑질하였으므로 너희가 저주를 받았느니라"(말 3:8-9). 그렇기에 장로가 십일조를 도둑질해서는 안 된다. 하나님의 것을 도둑질하는 자를 장로로 세울 수는 없는 일이다. 장로는 십일조뿐만 아니라 교회에 내는 선교헌금, 장학헌금, 구제헌금, 감사헌금 등에 있어서도 다른 교인들에게 본을 보여야 한다.

다섯째, 선한 일에 부한 자가 되어야 한다.

장로는 하나님이 주신 물질을 하나님 나라를 위해 투자할 줄 알아야 한다. 선한 방법으로 많이 벌어서 좋은 일에 많이 투자할 수 있어야 한다. 장로가 너무 가난하다 보면 자기가 참여할 수 없어서 교회가 헌금하는 일을 가로막게 된다.

여섯째, 교회 재정을 함부로 사용하지 말아야 한다.

어느 교회 장로는 교회 재정을 이용해서 은행 이자 놀이를 하는가 하면 증권에 투자해서 낭패를 보기도 한다. 교회 재정을 당회나 재정부의 허락 없이 다단계나 사채놀이에 이용해서는 결코 안 된다.

목회자의 마음을 아프게 하지 말라

사도 바울은 갈라디아교회 성도들에게 이렇게 말한다. "너희가 할 수만 있었더라면 너희의 눈이라도 빼어 나에게 주었으리라"(갈 4:15). 바울이 갈라디아 지역에서 복음을 전할 때 육체적인 약함을 가지고 있었다. 그것이 복음을 전하는 바울에게는 장애물이었다. 그런데 갈라디아 교인들은 그러한 바울을 비난하는 것이 아니라 하나님의 천사와 그리스도 예수와 같이 영접해주었다(갈 4:14). 그래서 바울은 그런 교인들을 잊을 수가 없었다.

그러나 이렇게 행복하게 목회하는 목회자가 몇이나 될까? 어느 원로 목사님이 지나가다가 속이 시꺼멓게 썩은 고목을 보시고 "너는 목회도 안 했는데 왜 그렇게 속이 썩었냐?" 하고 물으셨단다. 누가 목회자의 아픈 마음을 알겠는가? 누가 목회자의 외로움과 고독을 느낄 수 있겠는가? 아무리 대들어도 싸울 수 없는 목사의 가슴은 시커멓게 멍이 들게 마련이다. 그래서 한 목회자는 이렇게 시를 썼다고 한다. "소쩍새야, 너는 목회도 안 하면서 밤새우는구나. 고목아, 너는 목회도 안 하면서 속이 다 썩었구나."

어느 날, 태국에서 코끼리 쇼가 열렸다. 많은 사람이 모여들어 재미있게 구경하고 있었다. 조련사가 얼마나 훈련을 잘 시켰는지 코끼리는 어떤 일에도 눈물을 흘리지 않았다. 조련사는 자신 있게 관중을 보며 말했다.

"코끼리를 눈물 흘리게 하는 사람에게 천 불을 주겠소."

그러나 누구 하나 선뜻 나서지 않았다. 시간이 한참 흘렀다. 교인들이 돈을 모아 태국 여행을 보내준 한국에서 온 어느 목사님이 나서서 말했다.

"내가 한번 해보겠소."

목사님은 코끼리에게 가까이 다가가서 귀에 대고 무엇인가 소곤거렸다. 그런데 잠시 후에 코끼리가 눈물을 줄줄 흘렸다. 깜짝 놀란 조련사가 물었다.

"도대체 무슨 말을 했기에 코끼리가 눈물을 흘리는 것이오?"

그러자 목사님이 말했다.

"개척교회 시절에 힘들고 어려웠던 이야기를 했을 뿐이오."

당황한 조련사가 이번에는 또 다른 제안을 했다.

"코끼리 앞발을 들게 할 수 있겠소?"

목사님은 다시 코끼리의 귀에 대고 무엇인가를 말했다. 그러자 코끼리는 앞발 뒷발을 다 들었다. 당황한 조련사가 그 목사에게 물었다.

"도대체 무슨 말을 했기에 코끼리가 앞발, 뒷발을 다 드는 거요?"

그러자 목사님은 대답했다.

"코끼리야. 너, 나랑 같이 시골에 가서 개척교회 하지 않을래?"

가슴앓이하는 목사의 마음을 알고 있는가? 목사는 자녀가 대학에 붙었다고 너무 좋아하지 못한다. 교인 가운데 대학에 떨어진 자녀가 있기 때문이다. 목사는 자녀가 대학에 떨어졌다고 너무 슬퍼하지 못한다. 교인 가운데 자녀가 대학에 붙어서 기뻐 뛰어오는 교인이 있기 때문이다. 이러지도 저러지도 못하는 것이 목사의 심정이다.

좋은 장로는 목사의 설교를 비난해서 마음을 무겁고 아프게 하지 않는다. 오히려 설교자를 품고 밤낮으로 기도한다. 혹시 비난받을 만큼 목사가 어눌하다면 차라리 "설교를 은혜롭게 들을 수 있는 아름다운 마음을 저에게 주소서!"라고 기도하라.

어느 목사님은 이런 고백을 한다. "늘 공부해서 설교 준비를 했지만 싱겁다, 짜다, 맵다, 먹던 것 또 준다, 길다 짧다고 불평입니다. 백 명 천 명의 입맛을 맞추기에는 너무 힘이 듭니다. 교인은 새 설교를 듣기 원합니다. 그런데 사실 새 설교는 없습니다. 저는 가끔 설교 원고 없이 강단에 올라갔다가 안절부절못하는 악몽을 꿀 때가 종종 있습니다."

모든 목사가 옥한음 목사가 될 수 없고 이동원 목사처럼 설교할 수 없지 않은가? 만약 당신의 아내가 다른 남편과 비교하면서 더 잘하라고 하면 어떨까? 당신의 자녀가 "왜 아버지는 다른 아버지처럼 못하세요?"라고 한다면 어떨까? 만약 설교를 비판하고 싶거든 좋은 설교자가 될 수 있도록 책이나 세미나 등 교육을 통해 더 훈련받을 수 있도록 도와주라.

목사는 늘 무거운 짐을 지고 있다. 부흥하는 교회는 그 나름대로, 부흥이 안 되는 교회는 더더욱 그 어깨가 무겁다. 장로는 목사에게 손가락질하고 책임 추궁만 할 것이 아니라 목사가 힘들어하는 것이 무엇인지 한 번쯤 물어보아야 한다. 장로는 목사의 위로자가 되고 격려자가 되어야 한다. 자기 아픈 것만 말하지 말고 목사의 아픈 말도 한 번 들어보아야 한다.

교인들은 몰라도 장로는 목사의 아픈 마음을 알아주어야 한다. 목사는 마음에 있는 이야기를 그 누구와도 나눌 수 없는 외롭고 고독한 존재이다. 마음속에 있는 이야기를 그 누구와 다 나눌 수가 없다. 어느 목사는 자기 교회에 출석하는 고등학교 선배 집사와 속에 있는 이야기를 나누었다가, 결국 그 선배의 배신으로 교회에서 쫓겨나고 말았다. 속을 너무 보여주었기 때문이다.

좋은 장로는 목사에게 심리적 압박을 주지 않는다. 목사에게 가장 부담감을 주는 말이 무엇인지 아는가? "왜 교회가 부흥되지 않아? 왜 설교가 이래?"이다. 교회 부흥이 목사의 책임만은 아닌 줄 알면서도 심리적인 부담을 피할 수 없다. 설교로 모든 교인을 다 만족시키는 일이 불가능한 줄 알면서도 심리적으로 압박을 받는다. 목사의 기운을 가장 쉽게 뺏어가는 일이 무엇인지 아는가? 사모를 걸고넘어질 때이다. 사모가 행복하면 목사는 신이 난다. 그러나 사모가 불행하면 목사는 힘이 빠진다. 그래서 지혜로운 장로는 목사에게 선물해주지는 않아도 사모에게 선물을 챙겨준다. 그것이 목사를 더 신나게 만드는 일이기 때문이다.

은근히 다른 교회 목사를 이야기하면서 목사의 마음을 부담스럽게 만드는 장로도 있다. "어느 교회 목사님은…"이라고 하는데 부담스러운 말들이 쏟아져나온다. 만약 다른 교회 목사와 비교하려거든 그 교회나 장로가 그 목사에게 어떻게 예우하는지 먼저 살펴보면 어떨까? 그 교회처럼 목사의 생활비를 전적으로 책임져주고 있는가? 그 교회 장로처럼 목사에게 순종하고 섬기고 있는가? 아무리 좋은 목사로 보여도 그 목사에게도 많은 단점과 허물이 있음을 아는가? 아무리 비교를 당할지라도 그에게도 장점이 있음을 아는가? 단점을 보고 비교하며 책잡지 말고, 장점을 보고 자랑하며 인정해주어야 한다.

분쟁과 분리를 일삼지 말라

시편 기자는 "형제가 연합하여 동거함이 어찌 그리 선하고 아름다운고"(시 133:1)라고 형제의 연합과 동거의 아름다움을 노래한다. 이스라엘은 신앙 공동체다. 그들은 12개의 지파로 굳게 결속되어 있다. 아브라함의 언약에 기초한 이스라엘의 연합은 너무나 아름답다.

그것은 마치 머리부터 수염과 옷깃을 타고 흘러내리는 기름과도 같이 아름답다. 건조하고 메마른 중동지역에서 향기 나는 기름은 피부와 머리에 아주 좋다. 향기 나는 기름이 머리에서부터 수염을 타고 옷깃까지 흘러내린다는 것은 온몸을 기름으로 적시는 것을 의미한다. 그것은 마치 목욕 후 건조해진 피부를 촉촉하게 하려고 올리브유로 마사지하는 것과도 같다. 마치 헐몬산의 자욱한 이슬이 시온의 온 산에 내려 생명의 기운을 불어넣는 것과도 같이 아름답다.

그렇다고 이들의 연합이 항상 든든한 것은 아니었다. 하나님 백성의 공동체는 언제나 깨질 위기를 견디고 있었다. 그렇기에 이들은 언약을 꼭 붙잡아야 했다. 예배로 공동체의 결속력을 강화해야 했다.

교회란 어떤 곳인가? "유대인이나 헬라인이나 차별이 없음이라. 한

분이신 주께서 모든 사람의 주가 되사 그를 부르는 모든 사람에게 부요하시도다"(롬 10:12). 유대인은 이방인을 바라볼 때 개처럼 부정한 존재로 여겨서 서로 교제도 나누지 않고 함께 식사도 하지 않았다. 유대인의 관점에서 이방인은 벌레 같은 존재이자 쓰레기 같은 존재였다. 그러나 바울은 유대인이나 헬라인이나 차별이 없다고 파격적으로 선언한다.

우리는 같은 성령의 지배를 받고 살아간다. 한 분이신 예수님을 주인으로 모시고 있다. 우리는 한 하나님을 아버지로 모시고 살아가는 형제자매이다. 그래서 바울은 "형제를 사랑하여 서로 우애하고 존경하기를 서로 먼저 하며"(롬 12:10)라고 부탁한다.

교회는 해야 할 사역이 많다. 하나님의 비전을 이루기 위해서는 뭉쳐진 힘이 필요하다. 어떤 공동체든지 간에 사분오열된 에너지로는 자멸할 수밖에 없다. 진취적이고 강력한 공동체는 협력하는 힘을 가지고 있다. 그 에너지로 사탄의 방해공작을 넘어 성장과 부흥의 길목으로 들어설 수 있다.

목사와 장로는 서로에게 상승작용을 만들어 줄 수 있어야 한다. 복음과 그리스도의 몸 된 교회를 세우기 위해 격려하고 서로 세워줌으로써 보다 나은 공동체의 하나 됨을 이루어야 한다. 그런데 서로 헐뜯거나 하고 서로 다투고 싸워서 공동체를 파괴한다면 그 직분이 무슨 소용 있겠는가? 차라리 직분을 받지 않는 편이 훨씬 낫다.

오늘날 많은 교회가 사분오열되어 한 몸인 교회를 갈기갈기 찢어놓는다. 명분은 좋고 정당해 보인다. 교회를 허물고 찢어놓으면서도 늘 "나는 교회를 위한다"고 말한다. 서로 다투고 싸우는 사람들을 보라.

어느 누가 "내가 잘못해서"라고 말하는가? 자기는 옳고 정의롭다고 말한다. 자기는 진리를 위해 싸운다고 믿고 있다.

그러나 주변 사람들은 결코 그들이 "주님을 위해 싸운다"고 말하지 않는다. 교회를 위해 그렇게 한다고 하지만 정작 자신의 권력을 유지하고 명예를 지키기 위함이 아닌가? 많은 장로가 "내 마음에 안 들어서" 교회에 분열을 조장한다. 자기주장과 고집을 꺾지 않기 때문에 다툼이 일어난다. 어느 장로는 자기 감정을 주체하지 못해서 멱살을 잡고 다투기도 한다. 과연 주님의 교회를 위하는 일이라 할 수 있겠는가?

교회 안에서 분쟁과 분열을 일삼는 자들을 보라. 고상한 명목을 둘러댈지라도 사실은 교회를 휘두르고 싶은 욕망의 노예가 되어서 그렇다. 사람들이 나에게 굽실거리는 것을 즐긴다. 자기 말 한마디에 사람들이 일사불란하게 움직이기를 원한다. 자기가 대단한 존재인 것을 사람들에게 과시하기를 원한다.

교회 안에서 자신을 과시하려는 교인들을 보면 자존감이 낮은 경우가 많다. 세상에서 인정받고 존경받는 교인들은 구태여 교회 안에서 자신을 과시하려고 들지 않는다. 오히려 겸손하게 고개를 숙인다.

우리 교회에는 사업을 크게 하시는 장로님이 계신다. 미국과 인도에 지사를 두고 정신없이 바쁘게 움직이신다. 〈극동방송〉에서 중책을 맡아서 김장환 목사님의 사역을 돕기도 하신다. 많은 교회를 다니면서 교회의 생리를 경험하고 다양한 목회 현장을 돌아보시는 분이다. 보고 들은 것이 많을 것이다.

그런데 지금까지 교회 안에서 큰소리치는 것을 본 적이 없다. 늘 겸손하게 고개 숙여 인사하신다. 자기주장도 높지 않는다. 목사의 말에

"아니오"라고 문제를 제기하는 것도 보지 못했다. 그렇다고 목사가 다 옳다고 판단하기 때문만은 아니다. 그 장로님이 그만큼 겸손하고 목사와 장로의 관계를 잘 알고 있기 때문이다.

교회 안에서 큰소리치고 권력을 휘두르는 장로를 보면 오히려 세상에서 인정받지 못하는 것을 교회 안에서 보상받으려고 한다. 교회에서라도 자기 힘을 과시하기를 원한다. 이런 사람은 교회 안에서나 노회에서 교권 싸움을 즐긴다.

사실 개신교회는 어느 한 사람이 모든 권력과 권위를 쥐고 있지 않다. 무슨 일이 생기면 정기적으로 열리는 당회나 노회, 총회를 통해서 해결한다. 이 회들은 모두 매우 민주적이다. 그러나 현실적으로는 어느누가 교회를 이끌어갈 것인가를 둘러싸고 많은 대립과 갈등이 있었던것을 부인할 수 없다. 어쩌면 분열의 역사 속에서 교회는 자라왔다.

그러나 분쟁과 분리를 일삼는 자들은 예수님이 하신 말씀을 잊지 말아야 한다. "또 만일 나라가 스스로 분쟁하면 그 나라가 설 수 없고 만일 집이 스스로 분쟁하면 그 집이 설 수 없고 만일 사탄이 자기를 거슬러 일어나 분쟁하면 설 수 없고 망하느니라"(막 3:24-26). 분쟁하고 다투는 집이나 회사나 교회는 모두 망하게 되어 있다.

그래서 사도 바울은 "만일 서로 물고 먹으면 피차 멸망할까 조심하라"(갈 5:15)고 경고한다. 교회를 망하게 하려면 하이에나처럼 서로 물고 뜯으면 된다. 그러면 공동체는 이내 무너지고 만다. 기억할 사실이 있다. 그리스도의 몸인 교회를 무너지게 만드는 자는 사탄의 종노릇을 하고 있다는 사실이다.

장로는 자기 신념에 대한 지나친 확신을 조심해야 한다. "나는 진리를 위해 싸우고 있다"고 확신하는 장로들 가운데 부끄러운 일도 서슴지 않고 저지르는 장로도 있다. 이념전쟁도 무섭다. 그러나 종교전쟁은 더 무섭다. 순교정신을 지녔기에 아무것도 두려워하지 않는다. 오히려 영광스럽게 생각하기 때문에 더 떳떳하고 용감하다. 이슬람 교도들은 '지하드'라는 성전을 영광스럽게 생각해서 스스로 죽음의 불꽃 가운데로 작열하게 들어간다. 그러나 이러한 잘못된 순교정신으로 지구촌이 얼마나 아파하는가!

장로도 이러한 '고상한 포장'에 스스로 속아서 교회 안에 자기 패를 만들고 서로 눈길도 주지 않고 싸울 수 있다. 사탄은 우리 안에 시기하고 비난하는 악한 영을 불어넣는다. 그렇기에 장로는 기도를 게을리하지 말아야 한다. 깨어 있지 않으면 자칫 시험에 들 수 있기 때문이다. 장로는 마땅히 분쟁의 불씨를 붙이는 자가 아니라 분열된 관계를 묶을 수 있는 피스 메이커가 되어야 한다. 분쟁과 분열은 하나님의 영광을 도적질하는 사악한 일이다.

매사에 교인들보다 뒤처지지 말라

예수님은 온유하고 인자하신 분이다. 용서할 수 없는 사람을 용납하고 용서하시는 분이다. 그렇다고 화를 내지 않는 분은 아니시다. 예수님 역시 인간이 가진 감정을 가지신 100% 인간이시다.

어느 날, 한 바리새인의 점심식사 초청으로 그의 집에 들어가서 식사를 하게 되었다. 유대인들은 식사하기 전에 먼저 손을 씻는다. 그런데 예수님은 그렇게 하지 않으셨다. 예수님을 초청한 바리새인은 그러한 예수님의 모습을 이해할 수가 없었다. 그렇게 시작된 대화는 한 율법사와의 논쟁으로 치닫게 되었다.

그러자 예수님이 바리새인들의 잘못된 신앙을 질책하셨다. "화 있을진저 너희 율법교사여 너희가 지식의 열쇠를 가져가서 너희도 들어가지 않고 또 들어가고자 하는 자도 막았느니라"(눅 11:52).

율법교사들은 하나님의 율법에 대해서 가장 앞장서서 연구하는 사람들이다. 하나님의 말씀에 대해서는 박식하다. 그런데 불행한 사실은 그들이 하나님과 그의 말씀에 대한 해박한 지식을 갖고 있으면서도 하나님의 말씀대로 살지 않았다는 점이다. 오히려 천국에 들어가야 할 사람들이 천국으로 들어가지 못하도록 가로막고 있었다. 그래서 예수님은 그들을 향해 분노하셨다.

어느 교회는 당회실이 아예 없다. 평소에는 회의실로 사용하다가 당회가 있는 날만 당회 장소로 사용한다. 왜 그런가? 끼리끼리 모이는 현상 때문이다. 장로는 장로들끼리, 권사는 권사들끼리, 안수집사는 안수집사들끼리 모인다. 끼리끼리 모이는 교회가 부흥될 리 없다. 교회는 개방적이어야 하고 포용적이어야 한다.

요새 많이 만드는 교회 카페가 바로 이러한 역할을 한다. 카페에는 다양한 계층의 교인들이 함께 모인다. 세대를 통합하는 장소이고 부서를 초월하는 장소이다. 각자 부서실로 들어가면 보지도 못할 교인들을 교회 카페에서 만나서 인사를 나누게 된다. 장로나 권사들이 청년들을 알게 되고 젊은이들이 연세 드신 어른들을 뵙게 된다. 그래서 성령 안에서 아름다운 교제를 나눌 수 있는 공간이다.

이런 공간에서는 텃세가 있을 수 없다. 열린 공간이기 때문에 부서실에서 은밀하게 만드는 부정적인 말들도 사라진다. 사실 당회실, 권사회실, 남녀전도회실에서 오가는 말들을 보라. 다른 사람들을 비판하고 정죄하는 말들이 난무한다. 설교를 비판하고 다른 사람들의 험담을 늘어놓는다. 결국 교회는 상처로 얼룩질 수밖에 없다. 그러나 열린 공간인 카페에서는 건강한 말들만 오갈 수밖에 없다.

장로는 모름지기 기도생활에 모범이 되어야 한다. 어느 교회 장로님은 늘 젊은 목사보다 일찍 새벽기도회를 나와 기도하신다. 행여 목사님이 장로님에게 미안한 마음을 가질까 봐, 어느 날 새벽기도를 마치고 장로님은 목사님에게 이런 말씀을 드렸다.

"목사님, 젊은 분들은 교회 일이다, 심방하는 일이다, 많이 피곤하여 잠이 늘 모자라니 푹 주무시고 예배시간 직전에 나오십시오. 늙은 제가 목사님과 교인들을 위해 기도하겠습니다. 그래서 목사님을 도와드리기 위해 기도노트를 만들어 기도하고 있지 않습니까?"

새벽기도를 하는 장로 가운데 어쩌다가 목사가 새벽기도를 빠지면 "목사가 기도도 하지 않고 잠만 잔다"라고 비난하는 경우가 있다. 그런데 이 교회 장로님은 그렇지 않았다. 젊은 목사를 배려하는 장로님의 마음이 정말 고마웠다. 어디 그뿐인가? 장로님이 솔선수범해서 새벽기도회를 참석하시고, 교인들에게 "새벽기도 나오라"고 독려하기 때문에 많은 교인이 새벽기도회를 사모하게 되었다. 그래서 목사님은 장로님에게 이렇게 말했다.

"장로님이 온 교인들에게 새벽기도를 강조하시고, 배후에서 기도하시므로 그때 주일 낮 예배, 저녁 예배, 새벽 기도회가 거의 같은 예배

인원이었던 것은 친히 장로님이 모범을 보이면서 강조하신 일이었기 때문입니다."

장로는 공중 앞에서 대표로 기도할 기회가 많다. 주일 낮 예배에서 대표기도를 할 때 시간을 잘 조절해야 한다. 어떤 장로는 창세기에서부터 요한계시록까지 세계 일주를 하다시피 기도하는 예도 있다. 10분을 넘기기까지 한다. 3~5분 정도의 시간 안에 기도하되 기도 내용을 잘 정리해서 할 필요가 있다. 장로는 대표기도를 하기 위해 한 주간 자신의 삶을 돌아보고 많은 기도로 준비해야 한다. 다른 주일에는 새벽기도를 하지 못할지라도 그 주일에는 새벽기도에 참여해야 한다.

때때로 장례예식에서 장로가 기도할 때 설교자가 조마조마한 경우가 있다. 장례예식에서 기도할 때는 단어도 엄선해서 사용해야 하고, 그 유족들의 가족 사항이나 마음을 잘 헤아려서 기도해야 한다. 특히 불신자가 죽었을 때는 더 조심해서 기도해야 한다. 그렇지 않으면 상을 당한 가정에 큰 시험을 줄 수 있다.

일반심방이나 대심방을 할 때 기도에 유의해야 한다. 심방예배는 아주 짧게 드려진다. 그런데 어떤 경우에는 대표기도가 10분을 넘긴다. 심방설교도 짧듯이 심방기도는 아주 짧아야 한다. 심방을 하다 보면 기도에 대한 선한 욕심이 생긴다. 그래서 온 가족을 위한 축복기도를 하다 보면 자연히 시간이 길어질 수밖에 없다.

그런데 기억해야 할 사실이 있다. 대심방에서는 교인들이 목사의 축복기도를 받기 원한다. 대표 기도자가 기도한 후에 목사가 설교하고 또다시 축복기도를 한다. 그런데 문제는 앞에서 이미 대표 기도자가 온가족의 이름을 불러가면서 축복기도를 해주었기 때문에 반복하게 된다. 그래서 어떨 때는 "앞에서 드린 기도대로 이루어주실 줄 믿습니다"라고 하면서 기도를 마무리하고 싶을 때도 있다. 심방기도는 예배와 목사의 설교를 위해서 기도하면 된다. 가족들에 대한 축복기도는 목사가 하도록 하는 것이 바람직하다.

장로는 십일조를 드리는 데 앞장서야 한다. 만약 장로가 십일조를 드리지 않게 되면 교인들도 십일조를 드리지 않는 분위기로 가게 된다. 십일조를 드리다가도 장로가 안 드리는 것을 알게 되면 "장로님도 안 드리는데 우리 같은 집사가 꼭 드려야 하나?"라고 하면서 십일조 생활을 하지 않게 된다. 구약시대에도 백성들이 십일조를 드리지 않음으로 제사장들이 자기 직을 버리고 밥벌이를 하러 떠나는 경우가 있었다. 십일조는 개인적인 신앙생활 이상의 의미가 있다. 십일조는 교회 재정의 큰 몫을 감당한다. 직분자들이 온전한 십일조만 드린다고 해도 교회 재정은 어렵지 않게 된다.

때때로 장로가 헌금을 하지 않기 위해 당회에서 헌금할 기회를 반대하는 경우가 있다. 건축을 해야 할 형편인데 본인이 건축헌금을 드릴 마음이 없으니까 아예 건축 자체를 반대한다. 교회에서 선한 일을 위해 목적헌금을 하려고 하는데 장로가 헌금을 하기 싫으니까 당회에서 반대하기도 한다. 교인들이 하나님 앞에 드림으로써 복받을 기회를 장로가 빼앗아서는 안 된다.

장로는 예배생활에 있어서도 솔선수범해야 한다. 예배도 드리지 않으면서 교회 안에서 큰소리치려는 장로가 있다. 장로가 예배를 드리지 않으면 교인들은 자연스럽게 예배를 드리지 않아도 아무렇지 않은 것처럼 생각한다. 장로가 예배를 잘 드리게 되면 중직자들이 다 따라오게 될 뿐만 아니라 교인들도 그렇게 습관화된다. 특별 새벽기도를 해도 장로가 나오지 않는데 누가 참석하겠는가? 예배시간에 장로가 말씀에 은혜를 받아야 한다. 장로석에 앉아서 하품하거나 존다면 덕이 되지 않는다. 때때로 이미 예배를 시작했는데 늦게 예배에 들어오는 때가 있다. 평신도에게도 있어서는 안 될 일이거니와 더욱이 장로가 그렇게 하면 예배 분위기를 다 흐려놓게 된다.

장로는 봉사할 때도 다른 교인들보다 더 빨리 솔선수범해야 한다. 어디 그뿐인가? 섬기는 태도에서도 교인들에게 본이 되어야 한다. 비록 교인들은 불평하면서 섬길지라도 장로는 그렇게 해서는 안 된다. 일반 교인은 자기 짐을 제대로 감당하지 못해서 다른 사람들에게 피해를 주는 일이 있을지라도 장로는 자기 짐을 짊어질 뿐만 아니라 다른 교인들의 짐까지 짊어질 수 있어야 한다. ■

장로는 _____ 교회의 리더이자 교인을 섬기는 행복 전도사다

섬기는
장로를 위한
상황별
대표기도문 38

교회 절기 및 주일예배 대표기도문
특별행사 주일 및 상황별 대표기도문

교회 절기 및
주일예배 대표기도문

>>> Prayer_1

말씀 안에서 변화를 추구하는 한 해가 되게 하소서

＊ 찬양과 회개

"내 영광을 다른 자에게 주지 아니하리라"고 선언하신 여호와여, 우리 안에 하나님의 영광을 드러내심을 감사합니다. 그러나 우리의 그릇된 말과 행실로 여호와의 영광을 가로막았던 불경건했던 삶을 용서하여 주옵소서. 이 시간, 하나님의 거룩하신 영광의 빛을 우리에게 비추셔서 회복된 영으로 온 세상 가운데 하나님의 영광을 드러내는 영향력 있는 한 해를 살게 해주옵소서.

＊ 변화를 추구하는 한 해가 되게 하소서

사랑하는 주님, 엄청난 변화의 현장에 서 있는 저희에게 세상에서 빛과 소금으로 변화를 일으키는 존재로 살아가게 해주심을 감사합니다. 세상은 변화되어야 할 필요가 있고, 변화를 갈망하고 있으며, 모든 사람이 변화의 주인공으로 살기를 원하고 있는데, 교회와 성도가 세상을 변화시키는 주역이 되게 해주옵소서. 우리 교회가 이 지역을 변화시키는 힘과 능력을 갖추게 해주시고, 선한 일에 거룩한 전염을 시키게 해주옵소서. 성도들이 축복의 통로가 되어 이웃에게 감동을 주고 하나님께 나아오게 하는 중매자가 되게 해주옵소서.

예레미야 선지자가 "화와 복이 지존자의 입으로부터 나오지 아니하느냐?"라고 외치고 있는데, 온 교회가 지존자 앞에서 변화된 삶을 통해 복을 누리게 하시고, 그 복을 이 민족 온 누리에 드러내게 해주옵소서. 능력의 주님, 우리 안에 변화시킬 수 있는 자원을 갖지 않고는 변화를 일으키는 삶을 살 수 없음을 잘 알고 있습니다. 성도들이 그리스도 안에서 새로운 피조물로 날마다 거듭난 삶을 추구하며, 우리 영을 새롭게 하시는 성령의 충만을 통해 하루하루를 살맛 나는 생명력 있는 그리스도인으로 살게 해주옵소서. 내 안에서 일어나는 내면적인 변화의 물결을 통해 가정과 직장에 변화의 물꼬를 트게 하시고, 교회가 하나님의 영광과 거룩함을 회복하여 이 지역과 민족을 변화의 물결에 동참시키게 해주옵소서.

＊ 말씀을 붙잡고 살게 하소서

우리 마음과 생각을 이끌어갈 분주한 일과 사건이 많습니다. 그러나 주님, 우리가 다른 것에 마음을 두기 전에 먼저 하나님께 마음을 두게 하시고, 하나님의 입에서 나오는 말씀에 젖어 들게 해주옵소서. 다윗은 "환난과 우환이 내게 미쳤으나 주의 계명은 나의 즐거움이니이다"라고 고백했습니다. 한 해를 살아가는 우리에게 비록 환난과 우환이 닥쳐올지라도 하나님 말씀을 붙잡게 하시고, 사람의 목소리가 들리는 한 해가 아니라 하나님의 세미한 음성을 듣고 그 말씀의 인도하심 앞에 무릎 꿇고 나아가게 해주옵소서.

거룩하신 주님, 우리 마음이 높아서 하나님 말씀을 받지 못하는 어리석음에 이르지 않게 하시고, 우리 생각이 분주하여 하나님 말씀을 담지 못하는 일이 없게 하시고, 하나님 말씀이 우리 마음과 영혼의 밭에 떨어질 때 좋은 땅으로 풍성한 열매 맺는 삶을 살게 해주옵소서. 사랑의 하나님, 복음의 씨앗을 사탄에게 빼앗기지 않도록 하나님이 보내신 말씀의 사자와의 관계를 아름답게 하시고, 가족이나 지체들과의 불편한 관계로 말씀의 씨앗을 사탄에게 빼앗기는 불행을 당하지 않게 해주옵소서.

우리의 영원한 길이요 진리가 되신 예수님의 이름으로 기도드립니다. 아멘.

>>> Prayer_2

고난을 통한 영광에
이르게 하소서

❋ 감사와 찬양

하나님이 보내주신 어린 양 예수 그리스도가 우리의 영원한 목자가 되셔서 친히 생명수 강가로 인도하심을 감사합니다. 상처와 고뇌로 가득한 이 땅에 십자가의 희생을 통해 절망 너머에 있는 희망을 발견하게 하심을 찬양합니다. 십자가에 돌아가신 예수님을 다시 살리신 부활의 영께서 이 시간 우리의 예배 가운데 충만히 임재하시고, 우리 심령 깊은 곳을 적시고 있는 죄의 쓴 뿌리를 제거하시고, 절망과 비탄으로 찌든 우리 영혼과 육체를 넘치는 생명력으로 회복시켜 주옵소서.

❋ 고난을 통한 영광을 바라보게 하소서

너희를 욕하고 박해하고 거짓으로 거슬러 모든 악한 말을 할 때 복이 있다고 말씀하신 주님, 우리는 이러한 고난을 참기 어려워하지만, 그런데도 기뻐하고 기뻐하라고 하신 주님의 말씀을 붙잡고 살게 하심을 감사합니다. 죽음이 없는 부활을 기대할 수 없고, 고난 없는 영광을 기대할 수 없듯이 우리도 예수님처럼 죽음의 면류관을 씀으로 영광의 면류관을 바라볼 수 있게 해주옵소서. 그리스도의 이름을 위해 받는 고난을 이상하게 여기지 아니하고, 회피하지 않게 하시며, 그리스도의 몸 된 교회를 위해 자원하여 우리 몸에 짊어지게 해주옵소서. 지금 짊어지는 고통스러운 십자가만 바라보는 것이 아니라 십자가 뒤에 숨어 있는 보이지 않는 영광을 바라보게 해주옵소서.

땅에 떨어진 씨앗이 썩어서 죽음으로 새로운 생명을 낳을 수 있고, 음식이 입에서 씹혀서 맛을 내듯이 우리의 영적인 여정에도 죽음으로만 아름다운 생명의 열매를 거둘 수 있사오니, 날마다 죽는 연습을 하게 해주옵소서. 죽는 것이 고통이 아닌 즐거움이 되게 하시고, 어쩌다 한 번이 아닌 일상이 되게 해주옵소서. 죽음의 무덤에 피어오르는 새로운 생명체를 보게 하시고, 이 땅에서 받을 상급이 아닌 하늘의 상급을 바라보는 믿음의 눈을 주옵소서.

✱ 그리스도의 뒤를 따라가게 하소서

예수님의 부활을 40일 앞두고 경건하게 예수님의 고난에 동참하는 사순절에 주님을 생각하고 바라보게 하심을 감사합니다. 그리스도 없이 살아갈 수 없는 우리의 삶을 날마다 그리스도의 마음으로 채우소서. 바라보고 따라갈 모델이 없는 시대에 우리의 영원한 모델이 되셔서 날마다 주님을 바라보며 따라가게 하시니 감사합니다. 어떤 때, 어떤 상황일지라도 나의 발자취를 따르라고 하신 주님의 음성을 잊지 않게 하시고, 주의 발자취를 따르는 일이 어렵고 힘들지만 그것이 우리의 진정한 기쁨과 즐거움이 되게 해주옵소서.

그리스도께서 우리를 위해 모든 희생을 아끼지 않으셨듯이 우리 역시 주님을 위해 치르는 대가를 아까워하지 않고 기쁨으로 드리게 해주옵소서. 희생 없이 주님을 따를 수 없고, 양보와 손해를 보지 않고 주님의 제자가 될 수 없사오니, 이웃을 위해 우리의 몸을 아끼지 않고 내놓을 수 있는 행동하는 믿음을 주옵소서. 우리를 위해 생명을 아끼지 않고 내어놓으심으로 하나님의 사랑을 확증하신 주님, 하나님의 사랑을 드러내기 위해 우리도 생명을 나누는 것을 두려워하지 않고 아끼지 않게 해주옵소서. 말과 혀로만 사랑하는 것이 아니라 행함과 진실함으로 하나님의 사랑을 드러내 보여줄 수 있게 해주옵소서.

자기 십자가를 지고 나를 따르라고 하신 예수님의 이름으로 기도드립니다. 아멘.

겸손한 왕의 통치 안에 살게 하소서

* 감사와 회개

어둡던 이 땅에 밝은 태양을 허락하시고 시온의 영광을 비춰주신 주님, 착잡하고 어둡던 우리 마음을 밝히 비춰주시고, 소망을 잃었던 마음에 하늘 소망으로 영혼의 문을 열어주신 주님을 찬양합니다. 주님의 영광이 비치는 곳에 미움이 사랑으로 변하고, 분열과 다툼이 화합으로 변하게 하셔서 감사합니다. 평화의 왕으로 오신 주님이 우리를 평화의 도구로 삼으시고, 절망의 땅에 희망의 씨를 뿌리는 자가 되길 원하지만 그렇게 살지 못한 저희 죄를 용서하옵소서. 한 주간의 삶 속에서 주님의 빛을 따라 사랑하고 온유와 겸손으로 살지 못함을 용서하시고 가난한 우리의 마음을 하늘 양식으로 가득 채워주옵소서.

* 영원한 우리 왕이 되소서

모든 무릎을 예수의 이름에 꿇게 하시고 모든 입으로 예수 그리스도를 주라 시인하게 하신 하나님, 예수님을 우리의 영원한 주요 왕으로 모시게 하심을 감사합니다. 영광의 주로 예루살렘에 입성하신 주님, 예루살렘 도성의 많은 무리가 종려 가지를 흔들며 예수님을 왕으로 영접했듯이 우리도 예수님을 우리의 유일한 왕으로 삼고 살아가게 해주옵소서. 오, 주님! 예루살렘 백성들처럼 예수님을 하루만의 왕으로 고백하는 것이 아니라 영원한 통치자로 인정하고 우리의 모든 삶을 예수님의 다스림 속에서 행하게 하옵소서.

우리의 위대한 통치자가 되신 주님! 주님의 통치 앞에 우리 삶을 내려놓게 해주옵소서. 우리가 계획하는 삶의 비전이 주님의 적극적인 개입을 방해하고, 우리가 만든 마스터 플랜이 주님의 일하심을 거부하게 만듦을 발견하게 해주옵소서. 어떤 상황이 닥쳐올지라도 하나님의 통치는 여전한데 우리가 기대하는 상황이 너무 뚜렷하기에 하나님의 다스리심이 불편해질 때가 있음을 고백합니다. 어떤 상황에서도 우리의 입술과 삶이 그리스도의 주되심을 온전하게 고백하는 삶이 되게 해주옵소서. 우리 교회가 예수 그리스도의 주되심 앞에 살아가게 하시고, 모든 성도가 일상생활 속에서 그리스도의 주인 되심을 인정하며 살게 해주옵소서.

✳ 주님의 겸손함으로 살게 하옵소서

위대한 메시아요 영원한 왕이신 예수님께서 예루살렘에 들어가실 때는 개선장군이나 왕의 입성과 달랐습니다. 그것으로 인해 감사합니다. 어린 나귀 새끼를 타시고 겸손한 왕으로 예루살렘에 들어가신 주님이 우리의 영원한 표상입니다. 그런데 주님, 우리는 자신을 너무 잘 알고 있습니다. 우리는 교만의 늪에 얼마나 잘 빠지는지, 주님의 온유하고 겸손한 마음으로부터 얼마나 멀어져 있는지, 우리가 얼마나 자주 주님이 용납하셨던 사람을 무시하고 거부했는지 너무나 잘 압니다. 그래서 우리는 주님을 더 사모하고 의지합니다. 겸손하셨던 예수님에게 도저히 도달할 수 없는 우리를 주인 되신 주님이 다스려주시니 감사합니다.

우리는 여전히 연약하지만 결코 아무것도 자랑하지 않으셨던 주님을 닮고 싶고, 모든 것을 다 소유하셨으면서도 겸손하셨던 예수님을 따라가고 싶습니다. 온유함과 겸손함으로 누구에게도 방어벽을 쌓지 않고, 다른 사람의 필요를 거절하지 않으셨듯이 우리도 그렇게 살기를 원합니다. 많이 가졌어도 거들먹거리지 않고, 없어도 기죽지 않으며, 모든 것을 가지셨으나 아무것도 없는 것처럼 사신 주님을 본받아 가진 것을 나누며 살게 해주옵소서.

겸손의 본을 보이신 예수님의 이름으로 기도드립니다. 아멘.

주일예배
- 고난주간 -

>>> Prayer_4

그리스도의 고난에
동참하게 하소서

＊ 감사와 회개

십자가에서 죽음으로써 죄의 권세와 능력을 깨뜨리신 주님을 찬양
합니다. 십자가 보혈의 능력으로 우리 죄를 사하시고, 이제 죄의 종이
아닌 의의 종으로 살아가게 하심을 감사합니다. 그렇지만 의의 무기로
우리를 온전히 하나님께 드리지 못하고, 의의 열매를 맺지 못했음을 용
서해 주옵소서. 이 시간 보혜사 성령님께서 우리의 온 마음과 영을 다
해 하나님의 임재 앞으로 나아가게 해주시고, 그리스도의 영 안에서 주
님과의 참된 교제를 누리게 해주옵소서.

＊ 그리스도를 위해 고난받게 하소서

죄 없으신 주님이 우리 대신 저주의 형벌을 받으셔서 우리로 영원한
생명의 잔치에 참여하게 하심을 감사합니다. 우리 죄가 주님을 십자가
에 못 박게 하였음을 잊지 않게 하시고, 이제는 죄를 미워하고 멀리하

여 근절하는 믿음을 주옵소서. 우리 죄 때문에 고난받는 삶이 아니라 예수님처럼 선을 행하므로 고난받게 하시고, 의를 위해 핍박받게 해주옵소서. 주님이 우리를 위해 고난받으셨으니 이제 우리가 주님을 위해 십자가에 못 박히는 결단을 하게 하시고, 주님을 위해 십자가 지는 것을 기쁨으로 여기게 하옵소서. 사랑하는 주님, 제가 그리스도의 남은 고난을 내 육체에 채우겠다는 거룩한 결단을 미루지 않게 하소서.

믿지 않는 가족이나 주변 사람에게 당하는 신앙의 박해를 견디고, 예수님 때문에 주님의 일을 위해서 손해를 보아야 한다면 기꺼이 받아들이게 해주시며, 다른 사람이 우리를 무시하고 자존심 상하게 하더라도 노하지 않고 믿음으로 승리하게 하옵소서. 작은 이권 때문에 교회를 욕먹이지 않게 하시고, 다른 사람의 생명을 얻기 위해 우리의 생명을 내려놓게 해주옵소서.

* 형제와 이웃을 위해 고난받게 하소서

십자가에서 모든 모멸과 고통을 다 참으셨던 주님, 우리가 형제와 이웃에게 당했던 비난과 해로움을 참지 못하고 대적했던 삶을 용서해 주옵소서. 주님을 닮고 싶다고 늘 고백하지만 정작 주님의 발자취를 따르지 못하는 우리 모습을 고백합니다. 한 알의 밀알처럼 우리가 썩어지고 죽어서 많은 열매를 얻는 영광을 누리게 해주옵소서. 형제나 이웃에게 당하는 억울함 속에서도 십자가에서 돌아가신 주님을 생각하게 해주시고, 칼과 몽치를 들고 오는 자들을 향해서도 욕하지 않고 주님을 바라봄으로 축복하고 기도하게 하옵소서.

하나님과 우리 사이의 막힌 담을 십자가로 허무신 은혜에 감사합니다. 우리가 날마다 하나님과 화목한 관계로 나아가게 하시고 하나님과 누리는 교제의 풍성함을 맛보게 해주옵소서. 오, 주님! 세상이 알지도 못하고 맛볼 수도 없는 평안과 기쁨을 맛본 우리가 원수 된 자에게 먼저 손 내밀게 하시고, 십자가의 정신으로 화목하게 하옵소서. 용서할 수 없는 사람을 십자가의 마음으로 품게 하시고, 우리 안에 쌓아 둔 분노와 원한을 내려놓게 하옵소서. 우리는 할 수 없다고 말하기 전에 성령의 소원을 강하게 느끼게 하시고, 십자가에서 자신의 몸을 화목제물로 드린 주님을 묵상함으로 화평하게 하는 자의 삶을 살게 하옵소서. 형제나 이웃으로 인해 당하는 불편함을 짜증 내지 않고, 그들의 편리와 유익을 위해 우리가 감당해야 할 희생을 감수하게 하옵소서. 자신을 유익하게 하는 삶이 아니라 남을 유익하게 하는 삶을 살기 위해 선한 사마리아인처럼 우리의 가진 것을 내놓게 하옵소서.

십자가에서 죽으심으로 화목을 이루신 예수님의 이름으로 기도드립니다. 아멘.

주일예배
- 부활주일 -

부활하신 주님으로
삶을 회복하게 하소서

* 감사와 회개

무덤 문을 여시고 하늘 가는 밝은 길을 만드신 주님, 부활의 첫 열매가 되어 우리 부활의 근거가 된 주님을 찬양합니다. 주일 아침 무덤에 계신 주님을 만나러 갔다가 부활하신 주님을 만난 여인들처럼 우리도 부활하신 주님을 만나 뵙기를 원하오니, 이 시간 성령께서 부활의 생명으로 우리 가운데 충만히 임재하옵소서. 부활의 영광을 알고 있건만 부활의 신앙으로 죄와 어둠의 권세를 이기지 못하고, 사탄의 유혹에 넘어지고 죄를 지어 무기력했던 우리를 용서하여 주옵소서. 이 시간 부활하신 주께서 연약한 우리에게 부활의 생명을 넉넉하게 공급하여 주옵소서.

* 부활의 신앙을 회복시켜 주소서

무덤 문을 여시고 사망 권세를 이기신 주님! 우리의 소망을 주께 두게 하심을 감사합니다. 죽은 자 가운데서 다시 살아나신 주님이 지금도 우리 안에 살아계심을 확신합니다. 부활하신 주님이 우리 안에 살아계심을 믿고, 우리 믿음을 연약하게 하려는 사탄의 권세 앞에 두려워 떨지 않게 하시고, 죄가 가져오는 유혹 앞에 넘어지지 않게 하옵소서. 자신을 쳐서 이기고, 죄를 멀리하며, 어둠의 세력 앞에 십자가의 군사로 강력하게 맞서게 해주옵소서. 이제는 세상을 두려워하여 떨지 않게 하시고 성령으로 무장하여 그리스도의 군사로 당당하게 나아가게 해주옵소서.

때로는 주변의 돌아가는 복잡한 정세로 인해 마음에 두려움과 공포가 엄습하고, 악한 사람의 공격에 무기력하기도 하며, 좀처럼 풀리지 않는 문제로 인해 분노하고 마음 상하기도 하지만, 모든 염려를 주님께 맡기고 부활하신 주님이 우리 가운데 살아계심을 잊지 않게 해주옵소서. 우리를 고아처럼 버리지 않고 이 세상 끝날까지 함께하시겠다고 약속하신 주님을 신뢰합니다. 우리의 염려와 불안은 작은 믿음 때문인 줄 압니다. 우리에게 세상을 이길 큰 믿음을 주옵소서. 어떤 상황에서도 절망을 이기신 주님을 붙잡게 하시고, 포기함으로 모든 것을 얻으신 주님처럼 우리 역시 희망의 찬가를 부르게 하옵소서.

❋ 삶이 회복되게 하소서

부활하셔서 우리 가운데 살아계신 주님! 우리를 둘러싸고 있는 절망적인 상황 앞에서 주눅 들어 있는 우리를 굽어 살펴보옵소서. 부활하신 주님이 우리의 도움과 방패가 되지만 우리는 주님을 바라보기보다는 자꾸 환경을 바라보는 습관에 길들어 있습니다. 환경에서 생명의 주님으로 우리 눈을 돌리게 해주옵소서. 잠시 있다가 사라지는 것을 바라보는 우리에게 보이지 않는 영원한 세계를 바라보는 믿음을 주옵소서. 보이는 것이 아니라 보이지 않는 것에 소망을 두게 해주옵소서. 비록 죽을지라도 다시 산다는 확신을 하게 하시고, 이 세상에 끝날 때 하늘 아버지와 나누는 영원한 하나님 나라의 교제 가운데로 나아감을 잊지 않게 하옵소서. 잠시 당하는 고난으로 인해 영원한 영광의 중한 것을 포기하지 않게 하시고, 현재의 불편한 여건에 낙담하지 않고 내일 새로워질 환경을 바라보며 인내하게 하옵소서. 부활하신 주님! 시들어가는 영혼이 회복되고, 상한 마음이 고침받으며, 깨진 관계가 새로워지게 해주옵소서. 에스겔 골짜기에 하나님의 생기가 불어 하나님의 군대를 이루었듯이 우리를 둘러싸고 있는 고통스러운 여건이 새로워지게 해주옵소서.

부활의 첫 열매가 되신 예수님의 이름으로 기도드립니다. 아멘.

>>> Prayer_6

바른 자녀 교육을
하게 하소서

＊ 감사와 회개

우리 가정과 교회에 여호와의 기업인 자녀들을 선물로 주셔서 감사합니다. 이들을 하나님의 왕국과 이 민족의 기둥 같은 일꾼으로 세워나갈 수 있게 하신 주님, 우리 가정과 교회가 예수님의 마음을 갖고 이들을 존중하고 소중히 여기게 하시니 감사합니다. 이들의 삶과 장래를 인도하시는 성령께서 우리 가운데 충만히 임하셔서 다음 세대를 바라볼 수 있는 마음과 눈을 열어주옵소서.

＊ 교육 투자에 최선을 다하게 하소서

우리를 구원하기 위해 자신의 모든 것을 투자하신 주님, 우리도 가정의 자녀와 교회의 영적 자녀들을 위해 한 알의 밀알이 되어 헌신하기를 소원합니다. 이들이 하나님의 왕국과 이 민족을 위해 일할 훌륭한 일꾼으로 성장하도록 우리가 가진 자원을 최선을 다해 투자할 수 있게 해주옵소서. 이들을 위해 먼저 희망과 소망을 가지게 하시고, 이들의 교육을 위해 필요한 재정을 허락하시며, 하나님이 주신 것으로 이들에게 최선의 투자를 해서 주님께서 기뻐하시는 일꾼으로 세워나가게 해주옵소서. 이들이 최적의 환경에서 자랄 수 있게 하시고, 열악한 환경에도 굴하지 않는 강인한 정신력을 주옵소서.

어린아이를 안고 축복하신 주님, 우리가 투자할 것은 경제적인 지원만이 아님을 알게 하시고, 그들의 올바른 성장을 위해 눈물로 기도할 수 있게 하시고, 그들에게 우리가 줄 수 있는 시간을 내주게 하시며, 그들의 풍부한 정서를 만드는 데 밑거름이 되는 사랑을 풍족하게 줄 수 있게 하옵소서. 부부 관계가 깨지고, 가정이 흔들림으로 아이들이 성장하는 데 장애가 되지 않도록 건강한 부부와 가정을 만들게 해주옵소서. 칭찬과 격려의 말로 아이에게 용기를 주고, 꿈을 심어주어 살아야 할 이유를 발견하게 해주옵소서.

* 올바로 양육하게 하소서

상한 갈대도 꺾지 않고 꺼져가는 등불도 끄지 않으시는 주님, 학교 교육으로 스트레스받고 지친 어린 영혼들에게 하나님 말씀으로 힘과 용기를 주시고, 부모의 욕심이 자녀를 그르치지 않게 해주옵소서. 부모가 가진 일등병 때문에 자녀의 용기가 꺾이지 않게 하시고, 자녀들이 가진 장점을 살려주고 재능을 발견하여 키워주는 부모가 되게 해주옵소서. 다른 아이와 비교하지 않고 개성을 살려주는 교육을 하게 하시고, 자기 감정을 못 이겨 아이에게 저주하는 일이 없게 하옵소서. 사랑의 매를 잃지 않아 아이에게 그릇된 것에 대한 분별력을 심어주게 하시고, 관용과 용서를 경험하게 하여 하나님의 사랑을 알게 하옵소서.

일등뿐만 아니라 2등의 행복도 알게 하시고, 최선의 삶을 다하지만 차선의 여유도 갖게 해주옵소서. 머리가 되고자 하는 비전을 주시되 꼬리의 자리도 소중함을 깨닫게 하소서. 나는 쇠하고 주님은 흥해야 한다는 원칙을 잊지 않게 하시고, 내 몸에서 그리스도가 존귀하게 되기를 소망하는 아이로 자라게 해주옵소서. 어떤 일이 있어도 나의 영광보다 하나님의 영광을 추구하는 아이가 되게 하시고, 최고를 추구하기보다 하나님이 주신 잠재력을 극대화해서 하나님의 기쁨을 추구하게 해주옵소서.

어린아이를 사랑하고 존귀하게 여기시는 예수님의 이름으로 기도드립니다. 아멘.

>>> Prayer_7

바른 부모,
바른 자녀의 길을 걷게 하소서

✻ 감사와 회개

부모를 주 안에서 공경하라고 명령하신 주님, 우리에게 어른을 공경하고 부모에게 효도하는 마음을 심어주심을 감사합니다. 우리를 낳은 부모를 통해 하나님을 보게 하심을 감사합니다. 부모를 공경함이 마땅한 도리인 줄 알면서도 부모를 기쁘게 하지 못했던 죄악을 용서하시고, 예배 가운데 임재하시는 성령께서 부모에게는 자녀를 주의 교양과 훈계로 양육할 수 있는 마음을, 자녀에게는 부모를 공경하는 마음을 충만하게 부어주옵소서.

✻ 하나님의 은총 안에 머무는 부모가 되게 하소서

하나님의 대리자로 우리의 부모를 세상에 허락하신 하나님을 찬양합니다. 우리가 이 땅에 존재할 수 있게 했을 뿐만 아니라 하나님의 대리자로 보내신 부모의 존재를 바로 깨닫게 하시니 감사합니다. 주님!

우리에게 부모가 어떤 모습을 하고 있는지를 가려서 공경하는 것이 아니라 하나님의 명령이기에 그들을 존경하고 공경하는 경건한 믿음을 주소서. 때때로 우리가 부족하여 부모의 마음을 아프게 하고 외롭게 했을지라도 하나님의 사랑과 은총 안에서 날마다 치유와 회복을 경험하게 하시고, 이 땅에서 살아가지만 하늘의 영광을 맛보는 거룩한 나그네가 되게 해주옵소서.

세월을 따라 쇠약해지는 육체이지만 속사람은 강건하여 독수리가 창공으로 날개를 치며 올라가듯이 날마다 새로운 은혜 안에 머물게 해주옵소서. 믿음이 없는 부모들은 예수님을 믿어 구원에 이르게 하시고, 믿음을 가진 부모들은 더 큰 믿음을 갖고 세상을 이기게 하시며, 자녀를 위해 흘리는 그들의 눈물의 기도가 눈감기 전에 응답받는 축복을 허락하소서. 오, 주님! 우리 부모가 이 땅에 마음을 두지 않고 하늘에 두게 하시고, 땅의 것을 추구하는 삶이 아니라 하늘에 보화를 쌓는 삶을 살게 하옵소서. 주님께서 부르시는 날에 부끄러움 없이 찬송하며 주님을 맞이할 수 있는 부모가 되게 하옵소서.

＊ 부모를 공경하는 삶을 주소서

부모를 공경하면 장수하고 땅에서 잘 되는 복을 주시겠다고 약속하신 주님, 주께서 그렇게 약속의 말씀을 주셨는데도 우리는 부모의 마음을 기쁘고 즐겁게 하지 못했음을 고백합니다. 언젠가 우리도 그 자리에 가 있을 것을 잊지 않게 하시고, 우리 곁에 있을 때 부모의 마음을 잘 헤아리고, 한 번 더 찾을 수 있게 하시며, 그들의 필요가 무엇인지를 돌아보게 해주옵소서. 주님, 부모를 대하는 우리 마음에 예수 그리스도의 마음을 부어주옵소서. 육체의 정욕으로 대하는 것이 아니라 성령의 소원을 따라 대할 수 있게 하소서. 그들의 마음을 불편하고 아프게 하는 일이 없도록, 그들이 우리 곁을 떠날 때 한 점 부끄러움이나 후회가 남지 않도록 해주옵소서.

주님이 자신의 편리와 유익을 구하지 않으시고 불쌍히 여기는 마음으로 사람들을 돌아보셨듯이 우리도 부모를 대할 때 불쌍히 여기는 마음을 주옵소서. 그들의 편리와 유익을 먼저 구하게 하시고, 희생과 헌신의 마음으로 그들을 돌아보는 신실한 하나님의 사람이 되게 해주옵소서. 이 세대를 따라가지 않게 하시고, 주변 사람의 잘못된 가치관에 편승하지 않게 하시고, 그리스도인의 영적 고고함을 지킬 수 있는 구별된 사람이 되게 해주옵소서.

하나님의 대리자로 육신의 부모를 파송하신 예수님의 이름으로 기도드립니다. 아멘.

>>> Prayer_8

영원한 본향을 갈망하는 명절을 보내게 하소서

✳ 찬양과 감사

풍성한 열매로 추석 명절을 맞이할 수 있도록 저희의 삶을 도우신 하나님께 감사와 찬양과 영광을 돌립니다. 나의 나 됨이 하나님의 은총이요, 오늘의 평안함이 주님이 보호하시는 날개 때문임을 고백하오니 예배하는 이 시간 하늘의 신령한 은총을 맛보게 하시고, 땅에 내리시는 여호와의 은총에 감사하는 예배가 되게 해주옵소서.

✳ 여호와의 은총 아래 머무는 추석 명절이 되게 하소서

추수의 계절에 민족이 대이동 하는 추석 명절을 허락하신 하나님, 추수의 영광 이전에 하나님의 존재를 잊지 않게 하시고, 명절의 기쁨을 하나님께 돌릴 줄 아는 민족이 되게 해주옵소서. 여호와의 은총을 떠난 명절이 아니라 여호와의 은총을 감사하는 명절이 되게 하시고, 유일하신 여호와 하나님을 감사함으로 섬기는 명절이 되게 해주옵소서. 가족이 모이는 자리에 가족애가 돈독히 살아나게 하시고, 선조의 은덕을 자녀에게 전수하고 그들의 덕을 더 발전시켜 가는 계기가 되게 해주옵소서. 예수를 모르는 가족에게 이미 믿음을 가진 자들이 예수님의 사랑을 몸으로, 입으로 전할 기회가 되게 해주셔서 가족 구원의 은총이 일어나게 해주옵소서.

우상을 숭배하던 이 민족과 우리 가정이 예수 그리스도를 만나서 하나님만 섬기는 가정이 되게 하심을 감사합니다. 사랑하는 아버지 하나님, 여호수아의 고백처럼 "나와 내 가정은 여호와만 섬기겠노라"고 결단하게 하시고, 여호와를 섬기는 것이 복임을 알게 해주옵소서. 부귀와 장수를 그 손에 잡고 계시는 여호와여, 성공과 행복의 근원이 되시는 하나님께만 예배하는 은총을 허락하시고, 예배하되 가인과 같은 예배자가 아니라 아벨과 같이 성공적인 예배자가 되어 하나님께 영광 돌리는 인생을 살게 해주옵소서.

＊ 영적인 귀소본능을 갖게 하소서

"내가 너희를 위하여 처소를 예비하러 가노라"고 하신 주님, 우리에게 돌아갈 본향이 있게 하시니 감사합니다. 추석 명절에 민족 대이동이 일어나지만 오가는 길에 가벼운 사고도 없게 하시고, 평안한 가운데 가족을 만나 사랑과 우애를 나눌 수 있게 해주옵소서. 이동하는 동안 우리가 나그네임을 생각나게 하시고 이 세상에 대한 집착을 떨치고 하늘에 소망을 둘 수 있게 해주옵소서. 나그네이면서 너무 많은 짐을 갖고 있어서 머문 곳에 대한 집착이 생기지 않게 하시고, 언제라도 목적지를 향해 가볍게 일어날 수 있는 준비를 하며 사는 지혜를 허락해주소서.

오, 주님! 우리에게 손으로 짓지 아니한 하늘에 있는 장막을 사모하는 마음을 주셔서 세상을 살아가면서도 세상의 원리를 초월해서 사는 비결을 알게 하시고, 하늘 아버지의 마음을 알아 그의 뜻대로 행하게 하시니 감사합니다. 가진 형제라고 가난한 형제 앞에서 우쭐대거나 으스대는 일 없게 하시고, 다른 형제보다 가난하다고 열등감과 비교의식에 시달리지 않게 하시며, 가진 자가 베풀 수 있고 나눌 수 있는 여유로운 마음을 허락해 주옵소서. 이국 만리타국에서 오고 싶고, 가고 싶어도 고향을 찾지 못하는 동포들도 있습니다. 외국에 있는 동족들과 북한을 고향으로 두고 있는 형제들과 군복무 중인 젊은 장병들, 그리고 한국에 나와 있는 외국인들에게 하나님의 위로와 평안을 허락해 주옵소서.

풍성한 결실의 계절을 주신 예수 그리스도의 이름으로 기도드립니다. 아멘.

>>> Prayer_9

마무리가
아름답게 하소서

✴ 찬양과 회개

새 하늘과 새 땅을 우리에게 기업으로 예비해주신 하나님, 우리의 소 망이 땅에 있지 아니하고 하늘에 있게 하심을 감사합니다. 썩지 않고 쇠하지 않는 하늘 기업을 구하는 믿음의 권속들이 하나님 임재 앞으로 나아왔사오니 이 시간 우리 얼굴을 하나님께로 들 수 있게 하옵소서. 거룩하신 하나님 앞에 선 우리가 피가 가득한 손으로 나아왔나이다. 우리의 죄악을 십자가의 보혈로 정결하게 하사 깨끗한 마음과 정결한 영으로 예배하게 하옵소서.

✴ 결산을 위하여

맡은 자들에게 구할 것은 충성이라고 하셨는데, 우리 자신을 돌아볼 때 너무나 부끄러움밖에 없습니다. 주님으로부터 명령은 받았으나 명령대로 순종하지 못했고, 선한 열매로 하나님께 올려드리지 못함을 용서해 주옵소서. 연초에는 많은 계획이 있었으나 한 해가 저물어 가는 이 시점에서 뒤돌아보면 이루어 놓은 것이 너무 없습니다. 잎만 무성한 무화과나무처럼 책망받을 수밖에 없는 저희지만, 이제 남은 한 달을 가치 있게 보낼 수 있게 해주옵소서.

주께서 맡겨주신 직분을 잘 감당하고, 구역과 전도회, 교사와 찬양대 안에서 맡았던 사명을 마지막까지 최선을 다하게 해주옵소서. 혹시 지체들과의 관계에 있어서 불편한 것이 있었다면, 먼저 손 내밀어 악수를 청하게 하시고 화목한 가운데 연말을 보낼 수 있게 해주옵소서. 가족에게 다하지 못한 의무와 책임을 다시 한번 정리할 수 있게 하시고, 직장에서 대가를 받는 저희가 부끄럽지 않게 해주옵소서.

한 해를 달려오면서 이루어 놓은 일을 보고 교만하거나 자랑하지 않게 하시고, 그마저도 하나님의 은혜였음을 깨닫게 해주옵소서. 우리가 해야 할 일을 한 것뿐이오니 우리는 무익한 종임을 고백하는 겸손한 마음을 주옵소서. 땅에서 박수와 칭찬을 받기보다 하늘에서 받을 상급을 바라보게 해주옵소서.

＊ 하늘에 보물 쌓는 삶을 위하여

오직 너희를 위하여 하늘에 보물을 쌓으라고 말씀하신 주님, 우리가 땅의 것을 바라보는 자가 아니라 하늘의 것을 바라보고 사는 자가 되게 하심을 감사합니다. 잠시 잠깐 누리다가 사라질 것에 소망을 두지 않고 하늘을 바라보게 하시니 감사합니다. 주님은 하나님과 재물을 겸하여 섬길 수 없다고 말씀하셨지만 우리는 자주 돈을 사랑하는 덫에 빠지곤 합니다. 우리의 눈을 열어 주님이 우리의 유일한 소망임을 고백하게 해주옵소서.

우리가 열심히 일해도 그 열매를 누가 누릴지 알 수 없는 인생, 하루 하루 하늘의 양식 바라보며 살게 해주옵소서. 다윗은 사람이 든든히 서 있는 때에도 진실로 모두가 허사라고 고백하는데, 우리는 이 세상 재물에 너무 큰 애착이 있습니다. 우리의 유일한 소망이 된 주님, 이 세상에 있는 부귀영화에서 눈을 돌려 하늘의 영광을 바라보게 해주옵소서.

사람들은 가치 있는 일이라면 가진 재물을 아끼지 않고 투자합니다. 오, 주님! 우리가 진실로 아낌없이 투자해야 할 것이 무엇인지를 발견하는 지혜를 주옵소서. 영혼을 살리는 일에 투자하게 하시고, 주님이 원하시는 일에 시간과 에너지와 재물을 투자하게 해주옵소서.

하늘에서 상급을 베푸실 예수님의 이름으로 기도드립니다. 아멘.

>>> Prayer_ 10

아픔을 딛고 새로운 도약을 하는 민족이 되게 하소서

✽ 감사와 찬양

한 알의 밀알의 신비를 우리에게 가르쳐주신 하나님이시여! 이 땅을 세계 선교라는 하나님의 비전에 동참하게 하시고, 세계 선교를 향한 한 알의 밀알로 쓰임받게 하신 하나님을 찬양합니다. 이곳에 하나님의 영광이 충만하듯이 이 한반도 땅에, 이 나라 가운데 하나님 영광의 빛을 충만하게 비추사 열방 가운데 거룩한 제사장 나라로 우뚝 서게 해주옵소서. 혹이나 우상숭배와 자기 교만으로 하나님의 은총에서 멀어지지 않도록 이 민족을 사랑하시고 붙들어 주옵소서.

✽ 삼일절의 정신을 갖고 살게 하소서

"악인에게는 평강이 없다"라고 하신 여호와여, 이 땅의 주권을 짓밟고 인권을 유린하던 악인들에게서 평강을 빼앗아 이 민족에게 허락해 주심을 감사합니다. 이 민족이 해방을 맛보기 위해 처절하게 짓밟힌 몸을 꿈틀거리고, 싹이 잘린 해방의 꿈을 싹틔우기 위해 악한 자들의 총칼 앞에서 두 손에 태극기를 치켜들고 "대한 독립 만세!"를 외치던 함성이 이 시간 우리 가슴에 사무쳐 들려옵니다. 주권을 빼앗긴 민족의 설움을 잊지 않게 하시고, 어떤 일이 있어도 다시는 주권을 유린당하는 일이 없도록 정신 차리게 하시며, 하나님의 마음을 아프게 하고 진노하게 하는 민족이 되지 않게 해주옵소서.

민족 해방을 위해 아낌없이 뿌려진 선조들의 한 알의 밀알이 오늘날 이렇게 영광스러운 열매를 맺게 하신 하나님을 찬양합니다. 무저항 운동으로 해방의 초석을 놓은 우리 선조들처럼 전쟁과 위협이 난무한 이 땅을 복음으로 변화시키게 해주옵소서. 주님, 우리 선조들이 자유와 해방에 대한 갈망을 이루기 위해 한 알의 밀알로 희생했던 것처럼 한국교회와 성도들도 이 민족을 위해 한 알의 썩어져 가는 밀알로 살게 해주옵소서. 나와 가족만 아는 이기주의에서 벗어나 민족을 위한 헌신과 희생의 씨앗을 뿌리게 하시고, 후손의 평안을 위해 무언가를 심을 수 있는 이 민족이 되게 해주옵소서.

✳ 새로운 도약을 향해 나아가게 하소서

빛도 짓고 어둠도 창조하시며, 평안도 짓고 환난도 창조하신 여호와여, 만물이 생명력을 자랑하며 소성하는 이 봄에 우리에게도 도약을 향한 날갯짓이 있게 해주옵소서. 춥고 어두운 환경에 움츠려 있던 우리 마음과 몸이 녹고, 얼어붙은 우리의 비전에도 새로운 싹이 트게 해주옵소서. 불가능과 무기력이라는 벽돌에 억눌려 있던 우리에게 능력 주시는 자 안에서 모든 것을 할 수 있다는 믿음의 불길을 일으켜 주옵소서.

반목과 다툼으로 얼룩져 있는 우리 가정을 화목과 용서의 장막으로 덮어주시고, 정체와 침체의 늪에서 허덕이던 성도들의 사업장에 푸른 초장으로 인도받는 여호와의 은총이 가득히 임하게 하시며, 부흥을 갈망하는 교회에 죽어가는 영혼을 살리는 거룩한 성령의 바람이 일게 해주옵소서. 생명의 주님, 한없는 하나님의 사랑과 용서를 경험한 저희에게 그리스도의 심장으로 서로 보듬어 안을 수 있는 넉넉한 사랑의 마음이 싹트게 하시고, 선한 사역을 위해 한마음과 비전을 품고 나아갈 수 있는 협력하는 공동체로 도약의 발걸음을 옮길 수 있게 해주옵소서. 생명력을 상실한 영혼과 마음에 유일한 소망은 진리의 말씀이오니 이 시간도 하나님의 종이 전하는 말씀 앞에 겸손함으로 서게 해주옵소서.

한 알의 밀알로 땅에 떨어져 죽으신 예수님의 이름으로 기도드립니다. 아멘.

>>> Prayer_ 11

진리를 향해
결단하게 하소서

* 감사와 찬양

"진리를 알지니 진리가 너희를 자유롭게 하리라"고 하신 존귀하신 주님, 눈이 어두워 진리를 보지 못하던 저희에게 길이요 진리 되신 예수 그리스도를 만나게 하심을 감사합니다. 이 시간도 우리 마음과 생각을 어둡게 하고, 공동체를 교란하는 거짓된 어둠의 영은 사라지고 그리스도의 영으로 충만하게 하여 하나님의 영광 앞에서 거룩한 예배자로 서게 해주옵소서.

* 자유를 위한 희생을 아끼지 않게 하소서

우리의 죄 때문에 죄 없는 자기 몸을 십자가에서 희생재물로 아낌없이 드리신 주님, 주님의 숭고한 희생과 헌신이 있었기에 우리가 자유를 누리게 됨을 감사하고 찬양합니다. 자유 뒤에는 늘 숭고한 희생과 헌신의 땀과 피가 뿌려졌던 것을 우리는 역사의 발자취를 통해서 잘 알고 있습니다. 어두웠던 역사를 거울로 삼아 다시는 어둠의 길을 걷지 않고 사회 곳곳에서 어둠의 일을 몰아내기 위한 몸부림과 협력이 있게 해주옵소서.

대통령의 장기집권과 불법적인 개헌을 둘러싼 부정부패로 얼룩진 이 민족의 정치구조에 순수한 학생과 시민들이 뭉쳐 민주화를 위해 투쟁했던 4·19의 함성이 높이 울리던 그날을 기념하며 이 민족의 미래를 바라봅니다. 그날의 숭고한 희생과 개혁의 의지를 오늘 우리도 간직하게 하옵소서. 4·19의 민주화 정신으로 오늘날도 우리 사회에 난무하고 있는 불법과 편법, 거짓과 불의를 몰아내고 정의와 신뢰를 회복하는 사회가 되게 해주옵소서. 사회 곳곳에서 독재가 사라지고 민주화의 정신이 깃들게 하시고, 부정과 부패의 싹이 꺾어지고 진리와 정직이 싹트게 해주옵소서. 이 사회를 혼란스럽게 하는 반목과 대립으로 인한 비난의 문화가 뿌리 뽑히고 상호협력과 상생의 길을 선택하게 해주옵소서. 바른길에 대한 갈망이 교회로부터 일어나 사회 곳곳으로 밀려가게 해주옵소서.

✳ 결단을 내릴 줄 아는 용기를 주소서

거룩한 결단을 통해 날마다 순간마다 새로운 삶을 개척하기를 원하시는 주님, 우리에게 안이함을 떨쳐버리는 용기를 주시고, 고여 있는 물이 되기를 거부하는 용기를 주옵소서. 정체된 삶을 운명으로 받아들이지 않게 하시고 하나님이 함께하시면 가나안에 들어갈 수 있다는 믿음으로 세상을 향해 담대하게 나아가게 해주옵소서. 때로는 불편하고 힘들지만 새로운 도약을 위해 몸부림치게 하시고, 더 나은 내일을 기대하는 꿈의 기운이 막히지 않게 해주옵소서.

　나약함을 당연함으로 받아들이는 병든 마음을 고치시고, 하나님이 공급하시는 힘으로 더 강력한 그리스도의 군사로 세움받기 위해 준비하고 훈련하게 하소서. 온유한 그리스도의 마음으로 살아가지만 때로는 파도를 향해 돌진할 수 있는 강력한 도전정신을 주시고, 순종하는 믿음으로 무장하지만 때로는 요단강과 홍해를 향해 발을 내딛는 용감무쌍한 개척정신도 주옵소서. 결단해야 할 때 우유부단하게 주저함으로 기회를 놓치지 않게 하시고, 여호와와 함께 모험하는 여행을 즐기게 해주옵소서. 주님, 우리 마음이 잔잔한 호수와 같게 하시되 하나님이 움직이실 때는 거센 파도를 일으키는 바다와 같이 일어날 수 있는 용기도 허락해 주옵소서.

　진리를 향해 결단하는 용기를 일으키시는 예수 그리스도의 이름으로 기도드립니다. 아멘.

주일예배

- 현충일 -

>>> P r a y e r _ 12

시대적인 사명을 감당하는
하나님 나라의 대사가 되게 하소서

＊ 감사와 찬양

"보라. 내가 새 일을 행하리니 이제 나타낼 것이라. 너희가 그것을 알지 못하겠느냐. 반드시 내가 광야에 길을 사막에 강을 내리라"고 약속하신 대로 이루신 하나님을 찬양합니다. 우리 인생과 공동체를 하나님의 치밀한 계획과 섭리 속에서 경영하시는 전능하신 하나님, 현충일을 기념하며 드리는 이 예배 가운데 임재하셔서 우리 가운데 하나님의 계획을 말씀하시고 보여주옵소서. 새 일을 계획하고 행하시는 하나님의 경영 앞에서 잠잠히 기다리는 저희가 되게 해주옵소서.

＊ 죽음과 삶의 비밀을 알게 하소서

보잘것없는 이 민족을 경제 대국뿐만 아니라 선교 대국으로 세계 열방 가운데 우뚝 서게 해주신 하나님을 찬양합니다. 앞으로도 이 민족이 이 영광과 축복을 누리기에 부족함이 없도록 깨끗한 그릇으로 계속해서 쓰임받게 해주옵소서. 우리가 누리는 이 영광과 부유함 뒤에는 또 다른 희생자들의 숭고한 피 뿌림이 있었던 것을 알고 있습니다. 순국선 열들이 아끼지 않고 뿌렸던 생명의 제단이 결국 이 민족의 부흥과 영광 을 낳았사오니 그들이 흘린 피가 헛되지 않도록 잘 가꾸어 나가게 하시 고, 일시적인 번영과 영광이 되지 않도록 우리 후손에게 잘 물려줄 수 있게 하옵소서.

한 알의 밀알이 땅에 떨어져 죽으면 많은 열매가 맺는다고 말씀하신 주님, 주님이 친히 한 알의 밀알이 되어 십자가에서 죽으심으로 죽음 과 삶의 비밀을 우리에게 본으로 보여주심을 감사합니다. 죽지 않고는 살 수 없고, 죽음 뒤에는 더 큰 영광이 기다리고 있음을 깨달아 우리 역시 조국과 교회를 위해 죽음의 길을 기쁨으로 선택하게 하시고, 무 덤에 핀 부활의 꽃을 우리 공동체에도 피어나게 해주옵소서. 이 시대 에 필요한 또 다른 순국선열의 반열로 저희를 인도하시고, 삶의 현장 에서 조국과 하나님 나라를 위해 거룩한 피 뿌림으로 희생하고 헌신하 게 해주옵소서.

* 시대적인 사명을 잘 감당하게 하소서

하나님이 보내심을 기억하며 생명을 아끼지 않는 순종의 길을 걸으 신 주님, 조국의 부름 앞에 목숨을 초개같이 버린 그들의 숭고한 죽음 이 헛되지 않게 하심을 감사합니다. 우리 역시 이 시대 조국과 공동체 앞에 또 다른 사명을 감당해야 하는 자로 서 있음을 잊지 않게 해주시 고, 자신의 안일만을 생각하며 희생을 포기하는 졸장부가 되지 않게 해 주옵소서. 대의를 소중히 여기고, 공동체를 위해 한 사람의 희생을 서

글퍼하지 않게 해주옵소서. 나에게 맡겨진 시대적인 사명을 가슴에 품고 민족을 위해 내가 할 수 있는 최선의 삶이 무엇인지를 잊지 않게 하시고, 하나님의 왕국에서 요청하시는 하늘 사령관의 지시를 날마다 받아 가며 살아가게 해주옵소서.

"생육하고 번성하여 땅에 충만하라"는 문화명령을 받은 우리가 이 땅과 환경을 하나님의 뜻과 자연의 이치에 따라 잘 섬기게 해주옵소서. 우리 민족, 우리 교회, 내 가정이라는 집단 이기주의에 빠져 하나님 왕국을 잊지 않게 하시고, 조국을 위한 희생과 헌신이 인류를 향한 하나님의 대의를 벗어나지 않도록 지혜로운 청지기의 길을 걷게 해주옵소서. 요나처럼 우물 안 개구리와 같이 좁은 울타리에 갇히지 않고 우주적인 사명자로 살게 하시고, 하나님 왕국의 시민으로 섬기게 해주옵소서.

예수님의 이름으로 기도드립니다. 아멘.

주일예배

- 광복절 -

>>> Prayer_ 13

자유를 방종의 기회로 삼지 않고
사랑으로 섬기게 하소서

＊ 찬양과 감사

　하늘과 땅에 충만히 임재하시는 하나님! 우리의 내면과 영혼뿐만 아니라 이 시간 드리는 예배 가운데 그 영광의 풍성함을 드러내심을 감사합니다. 하늘의 하나님께 뿌리를 내리고 있는 우리의 소망이 헛되지 않음은 하나님이 영원무궁토록 살아계시기 때문입니다. 그런데도 헛된 소망에 연연하며 살았던 삶을 용서하시고, 들녘에 핀 피조물조차도 외면하지 않고 돌아보시는 주님, 이 시간 예배하는 주의 자녀들에게 한없는 은혜와 사랑으로 충만하게 해주옵소서.

＊ 날마다 광복을 누리게 하소서

　우리를 흑암의 권세에서 건져 내사 하나님의 나라로 옮기신 주님, 우리를 죄에서 해방하시고, 사탄의 권세와 죽음의 세력에서 자유롭게 하심을 감사드립니다. 영원한 저주와 형벌로부터 건져 하늘의 안식과 영광에 동참하게 하신 하나님께서 이 민족을 돌보시고 보호하시니 감사합니다. 일제의 무단 정치에서 이 민족을 구하시고, 민족말살정책에도 굴하지 않고 기도의 향을 피웠던 이 민족에게 해방의 감격을 허락하심을 감사합니다. 천황숭배 사상을 강요하고 우상 앞에 절할 것을 강요하던 일본의 압제하에서도 신앙의 정절을 굽히지 않고 민족의 해방을 위해 싸우고 기도하던 한국교회의 기도를 들으심을 감사합니다. 한국 민족과 한국교회가 그 기개를 녹슬게 하지 않게 해주옵소서.

조국의 광복을 위해 싸웠던 수많은 선조의 피땀이 스며있는 광복절을 지내면서 우리 역시 조국의 평안을 위해 날마다 깨어 있는 삶을 살게 해주옵소서. 우리 가슴에서 태극기를 꺼낼 때마다 하나님의 은혜를 잊지 않게 하시고, 국내외에서 조국의 해방을 위해 싸웠던 순국열사의 숭고한 정신을 이어받아 이 나라를 굳건하게 세워나가는 후손이 되게 해주옵소서. 지금도 독도가 자기 땅이라 우기고, 위안부로 수치를 당한 이들의 상처를 외면하며, 역사를 날조하고 왜곡하는 저들의 뻔뻔스러운 행동 앞에 약자의 서러움을 당하지 않게 해주옵소서.

✽ 자유를 방종의 기회로 삼지 않게 하소서

전에는 어둠이었던 저희를 주 안에서 빛이 되게 하신 주님, 이제 우리가 빛의 자녀들처럼 살아가게 해주옵소서. 하나님이 주신 자유를 육체의 종으로 살아 방종하지 않게 하시고, 사랑으로 서로 종노릇 하게 해주옵소서. 이 민족에게 주신 해방과 자유를 죄짓는 도구로 삼지 않게 하시고, 더 절제된 삶으로 하나님이 주신 자유를 지켜 나아가게 해주옵소서. 일제의 압제를 경험하지 못한 젊은이들이 글로벌시대를 살아가면서도 약자의 굴욕을 잊지 않게 하시고, 더 성숙한 삶으로 나아가 이 민족의 위상을 높여가게 해주옵소서.

주님! 이 민족 가운데 공의가 흐려지지 않게 하시고, 법과 질서가 무너지지 않게 하셔서 하나님 앞에 의로운 민족으로 서게 해주옵소서. 육체의 욕망을 제어하는 절제력을 허락하시고, 하나님이 주신 축복을 가치 있게 사용하는 바른 정신력을 갖게 하시며, 하나님의 은총을 우상에게 돌리지 않고 감사함으로 하나님을 섬기는 데 사용하게 해주옵소서. 어두운 역사 속에서도 깨달음을 주셨고, 연단의 기회를 허락하셨던 주님, 풍요의 시대를 사는 우리에게 어두운 역사에서 배운 깨달음을 이어받는 지혜를 허락하소서. 지금 우리가 누리고 있는 이 자유를 더 가치 있는 자유를 창출하는 밑거름으로 사용하게 해주옵소서.

우리의 영원한 해방자가 되시는 예수 그리스도의 이름으로 기도드립니다. 아멘

>>> Prayer_14

교회학교가 부흥하는
은혜를 부어주소서

❋ 감사와 찬양

우리를 부르심에 후회가 없으신 하나님, 우리가 날마다 하나님의 부르심의 영광 앞에서 살아가게 하심을 감사합니다. 죄악 된 세상에서 우리를 불러내셔서 영광의 자녀가 되게 하시고 하나님의 자녀의 고고함을 지켜나갈 수 있게 하심을 감사합니다. 그러나 오늘 하루도 교회 공동체 안에서 주님의 부르심을 따라 순종하는 동안 주님의 마음을 아프게 하고, 교회의 유익을 가져오지 못하며, 지체들의 마음을 아프게 했던 죄악을 용서하여 주옵소서.

❋ 교회학교의 부흥을 위하여

어린아이를 안고 안수하셨던 주님, 우리 교회가 어린 영혼을 사랑하게 하시고, 교회학교의 부흥을 갈망하게 하심을 감사합니다. 어린 영혼을 위해 수고하는 교역자와 교사들에게 주님의 심장을 허락해 주옵소

서. 어린 영혼의 필요를 보게 하시고, 그들의 영적 진보를 위해 몸부림
치게 하시며, 한 영혼을 안고 밤새워 기도하는 사명감에 불타는 교사들
이 되게 해주옵소서.

이 땅에 주일학교의 황무함을 보시고 탄식하시는 주님, 우리가 주님
의 탄식 소리를 듣게 해주옵소서. 주님은 눈물을 흘리시는데 우리는
너무나 무덤덤하게 서 있음을 고백합니다. 주님은 길 잃은 어린 양을
찾아 헤매셨는데 우리는 길 잃은 양을 찾아 나간 적도 없었음을 고백
합니다. 그들에게 아름다운 신앙의 본을 보이지도 못했음을 고백합니
다. 그들의 고민과 아픔을 들어주고 만져주려고 노력한 적도 없음을
고백합니다.

실패한 베드로와 제자들을 일으켜 세우기를 원하셨던 주님, 이제 다
시 일으켜 세워주옵소서. 교역자와 교사들을 성령으로 충만하게 하옵
소서. 영혼을 뜨겁게 사랑하는 사명감과 열정을 허락해 주옵소서. 어떤
일이 있어도 한 영혼을 잃지 않겠다는 포기하지 않는 사랑을 부어주옵
소서. 주님의 울음소리를 들을 수 있는 교사가 되게 해주옵소서. 주님!
지쳐 쓰러져 자신도 추스르지 못하는 우리의 연약한 모습이 마음 아픕
니다. 학업에 지치고, 깨어진 가정에 마음 둘 곳 없어서 한쪽 구석에서
울고 있는 영혼이 있음에도 불구하고 다가가지 못하는 영적 무기력에
찌든 우리의 모습이 싫습니다. 주님, 우리가 일어나게 해주옵소서. 교
사들을 깨우고 일으키는 교회가 되게 해주옵소서.

＊ 유혹을 이기는 삶을 위하여
기록된 하나님 말씀으로 끈질긴 사탄의 유혹을 이기신 주님, 우리에

게 사탄의 유혹을 뿌리치는 용기를 주옵소서. 세상의 물질로 유혹하고, 달콤한 이성의 유혹으로 우리를 넘어뜨리려는 사탄의 실체를 보게 해주옵소서. 사라질 명예에 눈이 멀고, 허무한 권력 앞에 무릎 꿇는 영적 소인배의 삶을 살지 않게 하시고 세상 보기를 배설물로 여겨 어떤 유혹에도 흔들리지 않는 영적 거장이 되게 해주옵소서.

주님, 우리는 주님의 자녀입니다. 사탄의 음성에 귀를 기울이지 않게 하시고, 사탄을 추종하지 않게 해주옵소서. 사탄은 다양한 문화 속에 올무를 놓았고, 주변 사람들을 통해 우리를 넘어뜨릴 미끼를 던지고 있는데, 이것을 분별할 수 있는 지혜를 주옵소서. 가까운 가족이나 직장 상사가 사탄의 도구가 될 수 있음을 알고 깨어 있는 삶을 살게 해주옵소서. 이 시간 선포되는 하나님 말씀을 통해 우리 영혼을 깨워주옵소서.

사탄의 권세를 꺾으시고 이기신 예수님의 이름으로 기도드립니다. 아멘.

주일예배
- 졸업예배 -

>>> Prayer_15

졸업생들의 삶을
이끌어주소서

＊ 찬양과 감사

갖가지 어려움과 역경에도 실족하지 않게 하시고 시시때때로 도우
신 은혜로 우리를 여기까지 인도하신 에벤에셀의 하나님을 찬양합니
다. 우리가 마음으로 자기 길을 계획할지라도 우리의 길을 인도하시는
주님, 졸업예배로 하나님께 영광 돌리게 하시니 감사합니다. 새로운 인
생을 출발하는 졸업생의 앞날을 밝히시는 하나님께서 이 시간도 하나
님의 영광으로 채워주옵소서.

＊ 졸업생들의 삶을 인도하소서

지금까지 지내 온 것을 되돌아보면 다 주님의 은혜이오니 하나님의
은혜를 잊지 않고 감사하며 살아가는 인생이 되게 해주옵소서. 여호와
를 경외하는 것이 지혜의 근본이라고 했사오니 세상 학문을 하기 전에
먼저 하나님을 사랑하고 두려워하는 마음을 주시고, 하나님이 주시는

지혜로 살아가는 삶이 되게 해주옵소서. 자기 능력과 노력으로 살아가기 전에 하나님의 도우심을 받으며 살게 하시고, 사람을 의지하는 인생보다 하나님의 능력을 공급받아 살게 해주옵소서.

상급 학교에 진학하는 학생들에게 경제적인 어려움이 없게 하시고, 사회 진출을 하는 졸업생들에게는 사회에 잘 적응하고 자신의 재능과 능력을 발휘하고 개발할 수 있는 능력을 주옵소서. 이들이 걸어가는 인생 길목에서 악한 사람을 만나지 않게 하시고, 도움이 되고 영향을 받을 수 있는 사람들을 만나게 해주옵소서. 어려운 일이 닥쳐오더라도 하나님을 신뢰함으로 당당하고 용기 있게 헤쳐가게 하시고, 갖가지 유혹이 다가올 때 마음을 잘 지켜 죄를 짓지 않게 해주옵소서.

진리로 그들의 앞길을 밝히시고, 좌로나 우로나 치우치지 않고 성령님과 동행하게 해주옵소서. 정직과 의로움이 사라지는 이 시대에 하나님의 마음을 갖고 살아가게 하시며, 작은 이권과 자존심 때문에 하나님으로부터 멀어지는 선택을 하지 않도록 지혜와 용단을 허락해 주옵소서. 예수 그리스도의 좋은 군사로 준비되어 좋은 일꾼으로 쓰임받게 하시고, 다윗처럼 마음의 완전함과 손의 능숙함을 갖고 살게 하시고, 요셉처럼 고난 앞에서도 불평하거나 세상 탓하지 않고 하나님의 인도하심과 통치 속에 살게 하시며, 다니엘처럼 시대적인 어둠과 대적하는 무리 앞에서도 신앙의 양심을 저버리지 않고 하나님께 붙잡힌 바 되어 살아가게 해주옵소서.

* 더 큰 세계를 위해 유익이 되게 하소서

하나님의 채우심과 부어주시는 은혜로 걸어온 인생이지만, 오늘 같은 영광스러운 날을 위해 뒤에서 후원한 부모와 가족들을 축복하시고, 졸업장을 받기까지 바른길로 지도하고 가르쳐주었던 교사와 학교 위에 하나님의 은총이 넘쳐나게 해주옵소서. 이들의 후원과 지도가 아깝지 않도록 앞으로 더 큰 꿈을 품고, 더 큰 세계를 위해 귀하게 쓰임받는 사람이 되게 해주옵소서. 기도로 후원하신 교역자들과 온 교회 성도들의 기대에 어긋나지 않도록 하나님 나라와 교회에 기둥 같은 일꾼으로 세움받게 해주옵소서. 새로운 세계에서 새로운 각오로 출발하는 이들의 발걸음이 하나님의 말씀으로 지도받게 하시고, 주어진 시간을 최대로 선용하게 하시며, 하나님으로부터 받은 달란트와 은사를 극대화하여 주인 되신 하나님께 많은 것으로 돌려드리는 선한 청지기가 되게 해주옵소서.

모든 인생의 주인 되시는 예수님의 이름으로 기도드립니다. 아멘.

주일예배
- 일반 1 -

>>> Prayer_16

하나님의 나라와 의를
먼저 구하는 삶을 살게 하소서

✽ 찬양과 회개

하늘과 땅에 충만하신 하나님 아버지, 우리를 예배 가운데 불러주셔서 감사합니다. 하늘의 영광을 이곳에 선포하셔서 어두운 우리 영을 밝히시니 감사합니다. 온 마음과 온몸을 다해 아버지를 사랑하는 우리의 찬양과 신앙 고백 가운데 충만히 임재하옵소서.

한 주간을 돌아볼 때 감히 거룩하신 하나님 앞에 예배드릴 수 없는 죄인임을 고백합니다. 악한 것에 우리의 발이 빨랐으며, 은혜롭지 않고 덕스럽지 않은 말로 이웃에게 상처를 주었던 입술입니다. 하나님을 사랑하기보다는 세상을 사랑했던 우리 마음입니다. 그래서 십자가의 은총 아래 겸손히 머리 조아립니다. 거룩한 보혈로 저희를 성결하게 해주옵소서.

✽ 성도와 하나님 나라를 위하여

불충했던 우리를 하나님의 자녀 되게 하시고, 하나님 나라의 충성스러운 일꾼으로 삼아주신 것을 감사합니다. 맡겨진 일에 충성하지 못했지만 한 번 더 기회 주시기를 기뻐하시는 주님, 이 시간 하늘의 은혜와 능력을 입히셔서 하나님 나라를 위해 귀하게 쓰임받게 해주옵소서. 무엇을 먹을까, 무엇을 마실까, 무엇을 입을까만 염려하지 않게 하시고, 먼저 그의 나라와 그의 의를 구하는 하나님 나라의 성숙한 시민이 되게 해주옵소서.

이 땅에, 우리 심령에 하나님 나라가 임하게 하심을 감사합니다. 우리가 하나님의 통치 안에 거하게 하시고, 하나님의 권능으로 우리 공동체를 통치하여 주옵소서. 정치와 경제 문화 모든 영역에서 하나님의 주권을 드러내게 하시고, 우리 공동체 구석구석에서 하나님의 선하신 통치가 드러나게 해주옵소서. 교회 안에 갇힌 소심한 신앙인이 아니라 교회 밖에서 당당하게 승리하는 그리스도인이 되게 해주소서. 하나님의 자녀들을 통해 세상을 밝히게 하시고, 부패하는 세상을 정화하고 변화시키는 능력 있는 제자들이 되게 해주옵소서. 하나님의 마음을 경험한 우리가 이 땅에 그리스도의 복음의 계절을 가져오는 한 알의 작은 밀알이 되게 해주옵소서. 그리고 그것이 누룩처럼 놀랍게 번져가게 해주옵소서.

＊ 설교자와 치유를 위하여

우리가 세상에서 빛과 소금이 되기를 원하시는 주님, 치유의 은혜를 허락해주옵소서. 지치고 상한 심령을 치유하시고, 깨진 관계를 회복시켜 주옵소서. 불화하는 가정에 평화가 찾아들게 하시고, 상처가 있는 공동체에 하나 됨의 은혜를 허락해 주옵소서. 지친 엘리야를 어루만지신 하나님, 삶에 지치고 곤한 우리 마음과 영혼을 어루만져 주옵소서. 하나님의 품에서 안식과 쉼을 얻게 해주옵소서.

치유되지 않은 마음으로 하나님 나라를 섬길 수 없사오니 이 시간 세우신 말씀의 대언자를 통해 우리 삶을 새롭게 변화시켜 주옵소서. 거룩한 성령이시여, 말씀으로 우리의 높아진 생각을 고쳐주옵소서. 우리가 가진 부정적인 잘못된 감정을 고쳐주옵소서. 하나님 말씀을 통해 하나님의 임재를 경험하게 하시고, 하나님의 영광을 보게 해주옵소서. 치유된 담대한 심령으로 세상에 나아가 하나님 나라를 선포하고, 하나님의 영광을 드러내는 능력 있는 삶을 살게 해주옵소서.

우리를 치유하시고 회복시키시는 예수님의 이름으로 기도드립니다. 아멘.

주일예배
- 일반 2 -

영적 훈련으로 예수님의
강한 군사로 세움받게 하소서

* 찬양과 회개

주님께 간구하는 모든 진실한 자에게 가까이하시는 주님, 우리에게 간구의 영을 허락하시니 감사합니다. 분주한 세상에서도 하나님을 찾고 가까이 나아와 예배하오니 우리의 예배 중에 찬양을 받아주옵소서. 아버지의 임재 안에 거하는 이 시간, 우리의 지치고 상한 심령을 하나님의 영광으로 채우시고 우리의 몸과 영혼이 온전히 회복되는 은총을 허락하옵소서.

* 훈련사역을 위하여

우리가 그리스도의 장성한 분량에 이르도록 성장하기를 원하시는 주님, 우리에게 하나님 말씀의 필요성을 깨닫고 말씀을 통해 경건의 훈련을 쌓아가게 하심을 감사합니다. 날마다 예수 그리스도의 좋은 군사가 되기 위해 하나님 말씀으로 훈련받는 일을 게을리하지 않고, 그리스도를 닮아가는 기쁨과 영광을 알게 하시며, 훈련받을 기회를 저버리지 않게 하소서. 사랑하는 주님, 망망대해에 던져진 일엽편주처럼 세상 물결에 휩쓸려 요동치는 그리스도인이 아니라 세상을 변혁시키는 강한 군사가 되게 해주옵소서. 진리의 말씀으로 무장된 주님의 참 제자가 되게 하시고, 우리 삶을 통해 우리 속에 지금도 살아계시는 그리스도를 보여줄 수 있는 성숙한 제자가 되게 해주옵소서.

주님, 우리는 훈련된 제자로 세워져 간다는 것이 얼마나 힘들고 어려운 일인지 잘 알고 있습니다. 게으르고 고된 것을 싫어하는 우리 육신은 훈련으로 성숙해가는 기쁨을 알기 어렵습니다. 육체의 소욕을 이길 수 있는 성령의 강력한 이끄심을 허락하셔서 그리스도를 닮아가는 감격을 맛볼 수 있게 해주옵소서. 온 성도가 배우고 훈련받는 일에 힘쓰게 하시고, 가르치고 훈련하는 주의 종들에게 지혜와 능력을 허락해 주옵소서. 비록 더딜지라도 훈련을 통해 훈련된 제자를 세워가는 교회가 되게 해주옵소서.

✳ 말씀이 흥왕하도록

말씀으로 세계를 창조하시고 다스리시는 주님, 우리가 말씀의 사람으로 살아가는 기쁨을 알게 하시니 감사합니다. 하나님 말씀 앞에 열린 마음과 겸손한 태도를 허락해 주옵소서. 말씀을 받을 때 사람의 말이 아니라 하나님 말씀으로 받게 하시고, 말씀 안에서 변화되는 기쁨을 허락해 주옵소서. 우리는 자주 하나님 말씀을 자기 입맛에 따라 골라서 들으려는 선택적 경청의 습관이 있습니다. 우리의 감정과 처지와 상관없이 하나님 말씀 자체로 받아들여 온전한 하나님의 사람으로 변화하게 해주옵소서. 우리 안에 말씀으로 변화를 일으키시는 주님, 일정량의 음식을 섭취하듯이 하나님 말씀을 매일 묵상하고 읽게 해주옵소서. 하나님 말씀으로 머리만 키우는 교만한 성도가 아니라 지성이 변하고 생각이 바뀌며 삶이 수정되는 경험을 하게 해주옵소서. 다른 사람이 들어야 할 말씀이 아니라 나를 변화시키기 위해 나에게 주시는 하나님의 음성으로 받게 하소서.

우리 교회가 하나님 말씀을 듣고 읽고 배우는 일에 부지런하여 말씀의 부흥 운동이 일어나게 해주옵소서. 하나님 말씀을 대언하는 주의 종을 향해 존경하는 마음을 갖게 하시고, 이 시간 그의 입에서 묵상하고 나온 말씀을 우리 자신에게 주시는 하나님의 음성으로 알아 순종의 열매를 맺게 해주옵소서.

우리를 말씀의 사람으로 삼기를 원하시는 예수님의 이름으로 기도드립니다. 아멘.

주일예배

- 일반 3 -

〉〉〉 P r a y e r _ 18

교회 안에 갇힌 영성이 아닌
교회 밖 영성을 갖게 하소서

✻ 찬양과 회개

환난 중에 만날 큰 도움이신 하나님을 찬양합니다. 한 주간의 힘든 삶을 뒤로하고 하나님께 나아온 우리를 용납하고 안아주시니 감사합니다. 하늘로부터 내리는 은총을 통해 여호와의 인자하심과 긍휼하심의 풍성함을 경험하게 하신 여호와께서 찬송과 영광을 받아주옵소서. 신령과 진리로 예배하는 자를 찾으시는 하나님께서 죄로 말미암아 얼룩진 우리 생각과 마음과 양심을 정결하게 씻으셔서 저희를 온전한 예배자로 세워주옵소서.

✻ 위정자들을 위하여

왕 되신 하나님의 대리자로 이 땅에 권세자들을 세우신 하나님, 이들을 통해서 이 민족이 하나님의 뜻을 받들게 하심을 감사합니다. 대통령으로부터 모든 위정자가 자신의 권세가 하나님으로부터 말미암았음을 깨닫게 하시고, 하나님의 뜻을 충실히 반영하는 정치를 하게 해주옵소서. 사리사욕에 눈멀지 않게 하시고, 자기 정당의 이익 때문에 국민의 안위를 해치지 않게 해주옵소서. 다니엘처럼 하나님을 두려워하는 마음으로 하나님이 주시는 지혜를 갖고 일하게 하시고, 다윗처럼 넓은 마음으로 관용하고 포용할 수 있는 정치인이 되게 해주옵소서. 배타적인 정치가 아니라 포용적이고 화합을 이루는 정치인이 되게 하소서.

모든 정치인에게 깨끗한 양심과 정직한 마음을 주시고, 생각이 더럽혀지지 않는 국민으로부터 존경받는 정치인이 되게 해주옵소서. 무엇이 참이고 거짓인지를 분별하고, 참된 것을 실현하기 위해 의연한 기개를 갖고 정치하게 하시며, 소신이 있되 민의에 귀 기울이고 존중할 수 있는 위정자들이 되게 해주옵소서. 선거 때만 국민을 두려워하고 찾는 정치인이 아니라 평소에 국민과 함께 호흡할 수 있는 정치인이 되게 하시고, 그들이 펼치는 정책들이 국민을 위한 것이 되게 해주옵소서. 안정된 정치적 풍토를 주시고, 국민이 신뢰하는 정치인이 되게 해주옵소서. 정치가 안정됨으로 경제가 살아나고 이 민족의 치안이 회복되게 해주옵소서.

＊ 영적 무기력에서 깨어나기 위해

제자들을 통해서 하나님의 비전을 이 땅에 실현하기를 원하시는 주님, 거룩한 하나님의 사람들이 이 땅 곳곳에서 거룩한 영향력을 끼치게 해주옵소서. 교회 안에 갇힌 그리스도인이 아니라 교회 밖에서 거룩한 전염을 시켜갈 수 있는 그리스도인이 되게 해주옵소서. 빛과 소금이 영향력을 잃을 때 사람들에게 짓밟힐 수밖에 없사오니, 세상을 변화시킬 수 있는 영향력 있는 큰 믿음의 소유자가 되게 해주옵소서.

무기력한 영성을 갖고는 세상을 변화시킬 수 없사오니 세상에 정복되지 않는 강한 그리스도인이 되게 해주옵소서. 세상을 정복하라는 하나님의 문화명령을 충실히 수행하게 하시고, 땅끝까지 복음의 증인이 되라고 하신 주님의 지상 명령을 잘 감당하는 그리스도인이 되게 해주옵소서. 나약한 그리스도인을 통해서 다른 사람이 세워질 수 없사오니 강한 예수 그리스도의 군대로 세상에 나아가게 해주옵소서. 하나님의 은혜가 우리를 강하게 만들 수 있사오니 이 시간 주의 사자를 통해서 주시는 주님의 말씀으로 우리의 영적 무기력을 깨뜨리시고 그리스도의 강한 군대로 거듭나게 해주옵소서.

이 땅을 다스리는 정치인을 통치하시는 예수님의 이름으로 기도드립니다. 아멘.

>>> Prayer_19

사랑과 행복이 넘치는
공동체가 되게 하소서

* 감사와 찬양

자녀의 영혼을 소성하게 하고 의의 길로 인도하시는 참 목자가 되신 주님, 하루 동안의 지친 육신 가운데서도 하나님의 품에서 거룩한 예배를 드리게 하심을 감사합니다. 진리가 여기에 있사오니 우리를 진리 안에 거하게 하신 주님을 찬양합니다.

오늘 하루 교회 안에서 섬기는 동안 그릇된 마음과 생각을 품었다면 십자가의 보혈로 용서하여 주옵소서. 그리스도의 마음으로 지체들을 대하지 못했고, 하나님 말씀대로 섬기지 못했던 우리의 모든 허물을 용서하여 주옵소서.

* 사랑과 행복이 넘치는 공동체를 위하여

그리스도의 피 값으로 사신 교회에 한 가족으로 섬길 수 있는 행복을 주신 주님, 이곳에 하나님의 영광을 선포하시니 감사합니다. 우리 모두 예수 안에 한 가족 되게 하심을 감사합니다. 주님이 친히 머리가 되셔서 이 공동체를 다스려주심을 감사합니다. 주님의 다스리심에 복종하는 공동체가 되게 해주옵소서.

우리를 그리스도의 몸 된 교회의 지체로 삼으신 주님, 각자가 맡은 사명을 충성스럽게 감당하되 예수 그리스도의 심장으로 섬기게 해주옵소서. 각자가 받은 은사를 따라 주님을 대하듯이 서로를 섬길 수 있는 공동체가 되게 해주옵소서. 서로에게 걸림돌이 되지 않게 하시고, 나보다 남을 낮게 여기는 마음으로 서로를 소중히 여기는 공동체가 되게 해주옵소서.

우리를 하나님의 가족이 되게 하시고, 서로 섬기고 돌아볼 수 있는 은혜를 주심을 감사합니다. 이 공동체 안에서 하나님의 사랑을 경험하고, 지체들을 통해서 하나님 가족의 행복을 경험하게 해주옵소서. 우리가 연약한 지체를 더욱 귀히 여기게 하시고, 아픈 자의 친구가 되기를 기뻐하게 하옵소서. 사탄이 아무리 교회를 공략할지라도 넘어지지 않고 사랑 안에서 하나 되어 이 공동체를 통해 하나님의 영광을 이웃에게 보여줄 수 있게 해주옵소서.

✳ 설교자와 영적 성숙을 위하여

우리가 그리스도의 장성한 분량의 충만한 데까지 이르기를 원하시는 주님, 하나님 말씀으로 말미암아 그리스도를 아는 데 더욱더 자라가게 해주옵소서. 말씀과 기도로 우리를 거룩하게 하시는 주님, 우리가 날마다 하나님의 형상을 닮아가게 하시고, 예수 그리스도를 보여줄 수 있는 참된 제자가 되게 해주옵소서. 주의 말씀으로 우리의 생각을 교정하시고, 진리의 성령으로 잘못된 태도를 고쳐주옵소서. 주님 앞에서, 사람 앞에서 부끄럽지 않은 믿음의 사람으로 서게 해주옵소서.

한 주간을 살아갈 세상으로 나아가기 전에 하나님 말씀으로 무장하게 하시고, 좌로나 우로나 조금도 치우치지 않고 하나님 말씀의 잣대를 따라 살아갈 수 있는 능력을 덧입혀 주옵소서. 세상이 요구하는 사람이 되기 전에 하나님의 요구를 따라 살아가는 성도가 되게 하시고, 사람을 기쁘게 하는 자보다 하나님을 기쁘시게 하는 자로 든든히 서게 해주옵소서.

말씀을 전하시는 사자에게 말씀의 권세와 권능을 입히셔서 우리의 영혼과 삶을 변화시키게 하시고, 한 주간도 영적인 성장과 말씀의 열매 맺게 해주옵소서.

우리가 닮아가야 할 예수님의 이름으로 기도드립니다. 아멘.

주님의 뜻이거든

주여, 이것이 만일 당신의 뜻이거든
당신의 뜻대로 이루어지게 하소서.

주여, 그렇게 되는 것이 당신을 영화롭게 한다면
당신의 이름으로 그렇게 되게 하소서.

주여, 만일 당신께서 그것을 좋게 여기신다면
그것이 나에게도 유익하게 해주시고
나로 하여금 당신에게 영광스럽게
그것을 사용할 수 있도록 해주소서.

그러나 만일 그것이 나에게 해롭고
나의 영혼의 건강에 유익하지 않을 것으로 여기신다면
그러한 소원은 어떤 것이든 나에게서 앗아가주소서.

- 토마스 아 켐피스, 「그리스도를 본받아」의 저자

특별행사 주일 및
상황별 대표기도문

특별행사
- 전도주일 -

전도주일을 통해
성령의 역사를 체험하게 하소서

＊ 감사와 찬양

이 세상에 계실 때 날마다 가르치고 치유하시고 천국 복음을 전파하는 데 몰두하셨던 주님, 세계 선교의 비전을 교회에게 위임하시고 그 일을 위해 성령을 보내주심을 감사합니다. 전도주일을 드리는 이 시간, 온 성도가 성령 충만하여 하나님의 영광을 보게 하시고, 하나님의 비전을 교회의 비전으로 삼고 나아가게 해주옵소서.

＊ 전도 중심적인 교회가 되게 하소서

순교자의 피로 세워진 교회를 이곳에도 세우시고 복음이 확장되게 하심을 감사합니다. "나는 의인을 부르러 온 것이 아니요 죄인을 부르러 왔노라"고 말씀하신 주님, 우리 교회도 죄인을 향해 예수 그리스도의 사랑을 보여주고 천국 복음을 전파하여 천국을 확장하는 일에 더욱더 주력하게 하옵소서. "너희가 거저 받았으니 거저 주라"는 주님의 말씀을 따라 복음이 필요한 자들에게 한껏 나누어주게 하시고, 빚진 자의 심정을 갖고 그 의무를 다하게 해주옵소서. 온 교회가 전도에 주력하게 하시고 모든 조직과 기관이 전도 중심으로 움직이게 해주옵소서. 기관마다 모이면 기도하고 흩어지면 전도하여 구령의 열정이 식지 않는 뜨거운 교회가 되게 해주옵소서.

"추수할 것은 많되 일꾼이 적으니 그러므로 추수하는 주인에게 청하여 추수할 일꾼들을 보내주소서 하라"고 말씀하신 주님의 탄식 소리를 우리 교회가 듣게 하시고, 주님의 피맺힌 유언의 말씀을 순종하게 해주옵소서. 내가 전도하지 않으면 전도할 사람이 없다는 생각으로 임하게 하시고, 영혼을 건지는 열심을 위해서는 어떤 대가도 치를 각오를 하게 하옵소서. 복음을 전하기 위해 고난을 두려워하지 않게 하시고, 전도를 위해 치른 대가는 아름다운 상급으로 다가오게 해주옵소서. 예수님처럼 우리 교회도 전도자를 세우기 위해 전도훈련을 하게 하시고, 전도를 위해 헌신된 사명자가 구름처럼 많이 일어나게 해주옵소서. 전도는 은사가 아니라 사명임을 알고 특정인에게 미루지 않고 하나님의 부름을 받은 온 성도가 전도를 위해 함께 일어나게 해주옵소서.

✴ 성령의 능력으로 사역하는 교회가 되게 하소서

"볼지어다. 내가 내 아버지께서 약속하신 것을 너희에게 보내리니 너희는 위로부터 능력으로 입혀질 때까지 이 성에 머물라 하시니라."

전도를 통해 세계 선교의 비전을 이루실 주님, 전도를 나가기 전에 온 성도가 함께 모여 성령의 능력을 입기 위해 기도에 전력하게 하옵소서. 성령이 임하시면 권능을 받고 전도의 현장으로 나아갈 수 있사오니 하나님의 군대로 일어나게 해주옵소서. 온 성도가 "누가 주를 위해 갈까?" 염려하시는 성령의 음성을 듣게 하시고, 무엇을 말할까 염려하지 않고 성령의 말하게 하심을 따라 말하게 해주옵소서. 우리를 건지기 위해 자기 몸을 십자가에 내어주기까지 사랑하신 주님, 영혼을 건지는 열심을 우리에게 부어주옵소서. 사랑의 빚은 지게 하시고, 전도의 열매를 맺기 위해 씨를 뿌리게 해주옵소서. 하나님이 포기하지 않은 자를 우리가 먼저 포기하지 않게 하시고, 작은 가능성이라도 붙잡고 눈물 흘리며 기도하게 해주옵소서. 하나님이 붙이신 영혼이 복음 앞에 무릎을 꿇기까지 진돗개같이 끈질기게 하시고, 비둘기같이 순결하고 뱀같이 지혜롭게 살아 복음이 막히지 않게 해주옵소서.

성령의 능력으로 덧입히시는 예수 그리스도의 이름으로 기도드립니다. 아멘.

>>> Prayer_ 21

총동원 전도주일에
역사하소서

※ 찬양과 감사

오랜 기도와 준비 가운데 오늘의 기쁨을 누리게 하심을 감사합니다. 온 성도의 헌신과 수고의 땀을 통해 아름다운 열매를 맺게 하신 하나님을 찬양합니다. 여기 모인 모든 사람이 죄인을 살리기 위해 십자가에 못 박혀 죽으신 예수님의 큰 사랑과 은혜를 깨닫게 하시고, 복음이 필요한 모든 이가 마음 문을 열고 구원받는 하나님의 자녀가 되는 은총이 있게 해주옵소서.

※ 구원으로 초대해주소서

한 마리의 잃은 양을 찾아서 온 산과 들을 찾아 헤매는 목자의 심정을 저희에게 주셔서 전도의 열정을 허락하신 하나님께 영광 돌립니다. 저희의 전도를 통해 오늘 주님께로 나아온 우리의 이웃에게 예수님을 믿고 천국에 갈 수 있는 은혜를 허락해 주옵소서.

주님, 우리가 죄인임을 깨닫게 해주옵소서. 행동으로는 악한 일을 저지르지 않았을지라도 마음으로 저지른 죄를 바라보게 하시고, 생각으로 지은 죄를 깨닫게 해주옵소서. 더구나 피조물인 인간이 창조자를 거역하고 예수님을 믿지 않는 것이 가장 큰 죄라는 사실을 깨달아 우리가 죄인임을 고백하게 하옵소서.

"수고하고 무거운 짐 진 자들아 다 내게로 오라. 내가 너희를 쉬게 하리라"고 하신 주님, 상하고 지친 우리 마음을 어루만져 주셔서 쉼을 얻게 해주옵소서. 지친 육체가 쉼을 얻게 하시고, 상한 마음이 싸매임을 받게 하시며, 방황하는 영혼이 방황의 마침표를 찍게 해주옵소서. 짧은 인생을 살아가는 우리가 홀로 걸어가지 않게 하시고 예수님을 모시고 살아가게 하옵소서. 우리가 얼마나 연약한 존재인지 깨닫게 하시고, 우리가 할 수 없는 일이 얼마나 많은지 발견하게 하시며, 우리의 채울 수 없는 마음과 영혼의 빈 곳을 주님으로 채울 수 있게 해주옵소서. 이 땅에 발을 딛고 있는 우리가 하늘을 유산으로 물려받을 수 있는 은총을 누리게 해주옵소서.

✽ 성령께서 통치하소서

우리의 모든 마음과 삶을 살피시는 성령님, 오늘 드리는 모든 예배와 프로그램 가운데 함께 해주옵소서. 말씀을 전하는 목사님에게 성령으로 기름 부어주시고, 간증하는 강사님에게 성령의 능력을 허락해 주옵소서. 찬양대의 찬양이 하나님을 영화롭게 하고 우리 모두에게 감동이 되게 해주옵소서. 안내로 섬기는 모든 손길을 축복하시고, 주방이나 차량 관리로 섬기는 모든 이의 헌신을 통해 하나님의 사랑이 나타나게 해주옵소서. 방송과 음향 장비를 통제하셔서 실수함이 없게 하시고, 예배의 모든 분위기와 공기마저도 다스려 주옵소서.

복음을 위해 협력하는 기쁨을 맛보게 하심을 감사합니다. 물이 바다를 덮는 것처럼 여호와의 영광이 우리 교회와 이 지역을 가득 채워주옵소서. 한 알의 밀알이 땅에 떨어져서 많은 열매를 맺는 것처럼 오늘 예수님을 믿기로 작정하는 모든 이의 가정에도 많은 열매가 맺히게 해주옵소서. 온 교회가 어둠의 나라에서 벗어나 하나님 아들의 나라로 옮겨지는 감격을 맛보게 하시고, 나그네로 살면서도 하늘나라를 기대하며 살게 해주옵소서. 이 시간도 주시는 말씀을 통해 우리 모두 새로운 삶의 전환이 있게 해주옵소서.

우리에게 생명 주시기 위해 십자가에서 죽으신 예수님의 이름으로 기도드립니다. 아멘.

>>> Prayer_22

임직예배를 통해
더 은혜로운 일꾼과 교회가 되게 하소서

* 찬양과 감사

온 땅을 선교지로 삼으시고, 우리 교회와 온 성도를 영광스러운 복음의 증인 삼으신 하나님을 찬양합니다. 다윗의 무너진 장막을 일으키신 주님, 이 시간 하나님의 사랑을 입은 온 자녀들이 임직 예배 가운데 임하신 하나님을 만나고, 그 영광을 뵙게 하시니 감사합니다. 우리 교회가 하나님의 영광을 가리고, 우리가 하나님을 온전히 드러내지 못한 죄악을 용서하시고 이 임직 예배 가운데 임하시는 성령의 역사로 인해 하나님을 웃게 하기로 결단하는 은혜가 있게 해주옵소서.

* 교회를 세우는 일꾼이 되게 하소서

우리가 죄인 되었고 경건하지 못했을 때 독생자 예수님을 십자가에 못 박으심으로 자신의 넘치는 사랑을 확증해주신 하나님, 우리를 충성되이 여겨 직분을 맡겨주셔서 무한 감사합니다. 주님이 맡겨주신 직분을 늘 감사하는 마음으로 기쁘게 감당하는 참된 일꾼이 되게 해주옵소서. 오늘 세움받는 모든 직분자에게 선한 싸움을 하게 하시고, 믿음과 선한 양심을 가질 수 있게 하시며, 온 교회와 성도에게 아름다운 덕을 끼치는 진실한 일꾼이 되게 해주옵소서.

지혜의 성령님, 모든 직분자를 지혜롭게 하셔서 늘 자신을 돌아보게 하시고, 기도와 말씀으로 거룩한 삶을 추구하게 하시며, 다른 지체를 돌아보아 사람을 양육하고 세우는 일꾼이 되게 해주옵소서. 목회자의 걸림돌이나 대적자가 되지 않게 하시고 아름다운 동역자가 되어 하나님의 마음을 시원하게 해드리게 하소서. 날마다 주의 말씀으로 훈련받고 성장하여 온전한 성도가 될 뿐만 아니라 봉사의 일을 잘 감당하여 그리스도의 몸을 세우는 일꾼이 되게 해주옵소서. 우리의 열심이 오히려 교회를 핍박하는 게 되지 않게 하시고, 예수님을 다시 십자가에 못 박는 어리석은 일꾼이 되지 않게 해주옵소서. 하나님이 주신 은사와 재능을 잘 계발하여 교회의 부흥을 가져오게 하시고, 자기 자랑이나 자기 의를 드러내는 것이 아니라 십자가와 예수만 자랑하고 간증하는 일꾼이 되게 해주옵소서.

✱ 은혜로운 교회가 되게 하소서

그리스도의 남은 고난을 우리 육체에 채우기를 기뻐하시는 주님, 주님께서 우리를 위해 한 알의 밀알이 되어 주셨듯이 우리도 그리스도의 몸 된 교회와 성도를 위해 한 알의 밀알이 되어 남을 유익하게 하는 삶을 살게 해주옵소서. 자기 유익을 구함으로 교회와 성도를 힘들게 하는 것이 아니라 그리스도의 유익을 구하는 은혜로운 교회가 되게 해주옵소서. 사랑하는 주님, 우리가 지혜로운 일꾼이 되어 성령을 근심하게 하지 않고, 성령의 사역을 풍성히 드러내는 성령의 사람이 되게 해주옵소서. 십자가에 죽으심으로 막힘 담을 허무시고 한 몸을 만드신 주님, 우리 역시 한 몸을 이루는 일꾼과 교회가 되어 하나님의 영광을 가리지 않게 해주옵소서. 종이 자신의 자리를 이탈하여 주인 행세하지 않게 하시고, 그리스도께서 온 교회와 성도를 다스리는 머리가 되어 주옵소서. 주의 일을 하되 불평과 원망이 없게 하시고, 분열하고 다투어 서로에게 상처를 주는 일이 없는 사랑과 행복이 넘쳐나는 교회가 되게 해주옵소서. 은혜롭고 덕스러운 말로 다른 성도를 세우는 교회가 되게 하시고, 착함과 의로움과 진실함의 열매로 주를 기쁘시게 하는 교회가 되게 해주옵소서.

은혜와 사랑이 넘치는 일꾼으로 만드시는 예수님의 이름으로 기도드립니다. 아멘.

>>> Prayer_23

성례식을 통해
그리스도를 더 깊이 체험하게 하소서

✽ 찬양과 감사

진노의 자녀로 영원한 형벌을 받아야 할 우리를 십자가의 은총으로 하나님의 자녀 삼으신 하나님을 찬양합니다. 어둠의 나라에서 우리를 건지사 사랑의 아들 나라로 옮겨 하나님 아버지께 예배하는 특권을 허락하신 하나님, 존귀와 영광을 받아주시고 예배하는 우리의 심령이 하나님의 영으로 기뻐하는 예배가 되게 해주옵소서. 거룩한 예식에 참여하기에 거리끼는 모든 죄악을 용서하시고, 우리의 마음과 손과 발, 입술과 생각까지도 십자가의 보혈로 정결하게 해주옵소서.

✽ 그리스도께 온전히 속한 삶을 살게 하소서

십자가의 보혈로 모든 죄를 깨끗게 하시는 주님, 이 시간 믿음으로 준비하여 학습과 세례를 받고 입교와 유아세례를 받게 하신 은혜를 감사합니다. 하나님 말씀을 통해 자신이 죄인임을 고백하게 하시고, 자기 힘으로는 어쩔 수 없어 예수님을 나의 주, 나의 하나님으로 모실 수 있게 하심을 감사합니다. 문답을 잘 마치고 온 성도 앞에서 신앙고백을 하는 우리 모두에게 성령으로 충만하게 하옵소서. 이제는 옛 삶을 버리고, 옛 습관을 벗게 해주옵소서. 그리스도 안에서 새로운 피조물로 하나님이 기뻐하시는 삶을 살게 해주옵소서. 이제는 세상에 대해 죽고 하나님에 대해 살게 하시고, 죄에 대해서는 죽고 의에 대해서는 살아나게 해주옵소서. 참 포도나무 되신 주님, 이제는 예수 그리스도에게 연합하여 아름다운 열매를 맺게 하시고, 예수 그리스도의 사람으로 아름다운 향기를 발하는 신실한 성도가 되게 해주옵소서. 그리스도의 사랑과 복음에 빚졌사오니 남은 삶은 이 빚을 갚기 위해 하나님 왕국에 헌신하게 해주옵소서.

✱ 영광스러운 성찬식이 되게 하소서

십자가에 못 박히심으로 고난받는 종의 길을 걸으신 주님, 이 시간 성찬식 가운데서 주님의 한량없는 은혜를 다시 경험하고, 우리도 그리스도를 위한 고난의 길을 걸어가게 해주옵소서. 주님은 자신을 내어주는 섬김의 종이 되셨는데 주인 노릇 하려고 했던 우리 죄를 용서하여 주옵소서. 주님은 고난받는 메시아로 오셨는데 경제적이고 정치적인 메시아로 좇아가던 저희를 불쌍히 여겨주옵소서. 우리 죄를 대신하여 십자가에서 죽으신 주님을 생각하며 죄를 미워하고 죄의 사슬을 끊어 버리는 믿음의 결단이 있게 하시고, 주님의 살을 상징하는 떡을 먹고 주님의 피를 상징하는 포도주를 마실 때 우리 안에 그리스도를 위한 희생과 헌신의 결단이 있게 해주옵소서. 주님은 십자가로 막힌 담을 허시고 원수 된 우리를 하나로 묶으셨는데 자꾸 서로 간에 담을 쌓아간 우리의 죄를 용서해 주옵소서. 우리에게 주신 말씀을 붙잡고 화목하게 하는 직분을 잘 감당하여 평화로운 세상을 만드는 주역이 되게 해주옵소서. 주께서 천하보다 귀하게 여긴 형제를 업신여기지 않고 작은 자를 귀하게 여기며, 서로를 통해 그리스도를 볼 수 있게 해주옵소서.

거룩한 성찬식에 참여하지 못한 성도에게도 같은 은혜를 베푸사 일상에서 주님을 경험하게 하시고, 지금까지 세례를 받지 못한 성도에게 성찬식을 갈망하여 빨리 세례를 받고 성찬의 은혜에 동참할 수 있는 복을 주옵소서. 성찬식에서 누린 이 기쁨과 감격을 한 주간의 삶에서 다른 사람에게 나누어 줄 수 있는 은혜를 주옵소서.

십자가에서 하나님과 화목을 이루신 예수님의 이름으로 기도드립니다. 아멘.

특별행사
- 선교주일 -

>>> Prayer_24

선교주일을 통해
선교의 헌신자가 일어나게 하소서

✳ 감사와 찬양

하늘과 땅의 권세를 가지신 주님, 열방이 여호와께 나아와 예배하는 그날을 고대하시는 하나님의 마음을 우리에게 부어주심을 감사합니다. 선교주일로 하나님께 예배하는 이 시간, 우리에게 세계를 품을 수 있는 넓은 비전을 주시고, 열방 가운데 하나님의 영광을 선포하는 거룩한 하나님의 프로젝트에 참여하고자 하는 소망을 불 일 듯 일어나게 하소서. 온 세계가 주께로 나아와 예배하는 광경을 이 시간 우리의 눈에 비전으로 보여주옵소서.

✳ 선교의 일인자가 되게 하소서

"그러므로 너희는 가서 모든 민족을 제자로 삼아 아버지와 아들과 성령의 이름으로 세례를 베풀고 내가 너희에게 분부한 모든 것을 가르쳐 지키게 하라. 볼지어다. 내가 세상 끝날까지 너희와 항상 함께 있으리라 하시니라."

모든 민족을 예수 그리스도의 제자로 삼고자 일어나는 저희에게 세상 끝날까지 항상 함께하시겠다고 약속하신 여호와여, 우리 안에 하나님의 일에 대한 우선순위를 결정하게 해주옵소서. 하나님이 가라시면 일어나 선교 현지로 달려가게 하시고, 하나님이 현지에서 선교하는 선교사들을 후원하라고 하시면 보내는 선교사로 헌신할 수 있게 해주옵소서. 친구들과 어울려 커피 한 잔 마시는 돈으로 죽어가는 영혼을 건질 수 있고, 가족끼리 외식하는 한 끼 식사비를 모아서 교회를 세울 수 있사오니, 더 나은 투자를 위해 하나님께서 주신 물질을 아낌없이 드릴 수 있게 해주옵소서. 성령이 주시는 감동을 인간의 욕심으로 누르지 않게 하시고, 보물을 하늘에 쌓아둘 수 있는 지혜로운 마음을 주소서.

선교를 이끌어가시는 주님, 이 시간 우리가 해야 할 선교사역을 바라보게 하소서. 온 성도들이 선교현장의 비전 트립에 동참하고, 하나님이 허락하시면 단기적으로 선교현지에 가서 선교 경험을 할 수 있게 하시고, 해외선교와 농어촌선교, 방송선교, 학원선교, 인터넷선교, 문화선교, 교육선교, 문서선교를 위해 내가 참여할 수 있는 일이 무엇인지 발견하여 적극적으로 동참하게 하옵소서. 우리 교회가 선교하는 교회가 되게 하시고, 나 자신이 선교의 일인자가 되게 하소서.

✳ 선교의 헌신자들에게 복을 주소서

온 교회가 선교에 에너지를 모으려는 이 시간, 하나님의 선교 비전에 동참하는 자들에게 한없는 은총과 복을 내려주옵소서. 하나님이 가장 원하시는 일에 아낌없이 투자하는 성도에게 하나님께서도 아낌없이 부어주옵소서. 건강을 지키시고, 직장과 사업장에 형통하게 되는 복을 주옵소서. 영적으로 하나님과 풍성한 교제를 누리고 날마다 하나님과 동행하는 은혜를 누리게 하옵소서. 선교하는 교회가 건강해지고 부흥하게 되어 있사오니, 우리 교회가 선교에 헌신함으로 더욱더 건강해지고 부흥하는 은혜가 있게 해주옵소서. 작년보다는 올해가, 올해보다는 내년에 선교 후원자가 더 많아지고, 더 많이 후원하게 해주옵소서.

온 교회가 물질로만 선교하는 것이 아니라 마음으로 선교하게 하시고 기도로 꾸준히 후원하게 해주옵소서. 선교 현지와 선교사들의 필요를 돌아보게 하시고, 선교사들이 탈진하고 탈선하지 않도록 돌아보고 섬길 수 있게 해주옵소서. 교회 안에서는 선교행정이 원활히 이루어지고 선교재정이 투명하게 쓰이게 해주옵소서.

하늘 영광을 버리시고 이 땅에 선교사로 오신 예수님의 이름으로 기도드립니다. 아멘.

구제주일을 통해
욕망의 속박에서 벗어나게 하소서

❋ 감사와 찬양

가난한 자와 나그네, 고아와 과부를 외면하지 아니하시고 그들의 하나님 되심을 찬양합니다. 이들을 향하신 하나님의 마음을 우리에게 보여주시고 그들을 돌아보는 구제주일로 예배하게 하심을 감사합니다. 하늘의 권세와 영광을 버리시고 연약한 자와 비천한 자, 죄인의 친구가 되신 주님, 이 시간 우리에게 가난한 마음을 주사 낮은 자를 돌아보는 주님의 마음을 갖게 해주옵소서.

❋ 미래를 위해 준비하게 하소서

"너는 네 떡을 물 위에 던져라. 여러 날 후에 도로 찾으리라. 일곱에게나 여덟에게 나눠 줄지어다. 무슨 재앙이 땅에 임할는지 네가 알지 못함이니라."

내일 일을 알 수 없는 우리에게 내일 일을 자랑하지 말라고 권고하신 하나님, 재앙이 임할 때를 위해 예비하는 마음을 주사 우리가 가진 것을 우리의 도움이 필요한 사람에게 나누어주는 너그러운 마음을 주옵소서. 언제 다른 사람의 도움을 받아야 할지 모르는 우리가 선을 행하고 구제할 수 있을 때 주님의 사랑으로 베풀고 나눌 수 있게 해주옵소서. 나일강에 던져진 것이 삼각주에 가서 여러 날 후에 열매로서 다가올 수 있사오니 훗날을 생각하며 과감하게 뿌릴 수 있는 지혜를 주옵소서.

나누고 싶어도 능력이 없으면 나눌 수 없고, 가진 것이 없으면 주고 싶어도 줄 수 없는 때가 다가오는데, 남을 돌아볼 수 있는 지금 나의 도움이 필요한 사람에게 주님의 마음으로 아낌없이 베풀게 하옵소서. 어린 소자에게 냉수 한 그릇 대접한 것을 잊지 않겠다고 약속하신 주님, 지극히 작은 자 하나에게 한 것이 나에게 한 것이라고 말씀하신 주님, 우리가 하나님이 주신 기회를 차버리지 않게 하시고, 소자에게 하는 것이 주님을 대함같이 하게 해주옵소서. 가난한 자와 약한 자의 핏소리가 나로 인해 하나님께 올라가지 않도록 하나님이 주신 것을 나눌 수 있게 해주옵소서.

* 욕망을 내려놓게 하소서

"흩어 구제하여도 더욱 부하게 되는 일이 있나니 과도히 아껴도 가난하게 될 뿐이니라. 구제를 좋아하는 자는 풍족하여질 것이요 남을 윤택하게 하는 자는 자기도 윤택하여지리라."

좀 더 움켜잡기 위해 두 손을 꽉 쥐지만 주님이 빼앗아갈 때 막을 길이 없으며, 아무리 모아도 만족함이 없는 것이 인간의 욕심인데, 우리가 욕심의 노예가 되지 않게 해주옵소서. 부한 자로서 우리를 부하게 하려고 가난한 자가 되신 주님, 우리가 어리석은 부자의 길을 택하지 않고 자비를 베푸는 선한 사마리아인의 길을 선택하게 해주옵소서. 인색한 마음을 갖고 아무리 쌓으려 할지라도 주님이 허락하시지 않으면 하루아침에 물거품이 될 수 있는 것이 물질인데, 하나님이 주신 물질을 가지고 하나님이 기뻐하시는 선한 일에 부하게 사용하게 해주옵소서. 거지 나사로에게 자비를 베풀지 않은 부자가 죽음 이후의 세계에서 고통을 받았는데, 오늘 나에게 다가오는 나사로를 외면하지 않게 하시고, 아브라함처럼 부지중에 천사를 대접하는 은총을 허락해 주옵소서. 흩을지라도 부하게 되고, 남을 윤택하게 하는 것이 자기도 윤택하게 되는 비결인 것을 알고 하나님의 경영법칙을 따라 살게 해주옵소서.

자신을 만백성을 위한 희생 제물로 내어주신 예수님의 이름으로 기도드립니다. 아멘.

특별행사
- 교회설립주일 -

>>> Prayer_26

교회설립주일을 통해
교회의 사명을 회복하는 은혜를 주소서

※ 감사와 찬양

보좌에 앉으셔서 찬양과 영광을 세세토록 받으실 여호와여, 이곳에
세우신 교회를 통해 그 영광을 온 세상에 드러내심을 찬양합니다. 촛대
사이를 거니시는 주님께서 지금까지 다스리셔서 그 사명을 감당하게
하심을 감사합니다. 주님이 오시는 그날까지 하나님 앞에 인정받는 교
회가 되게 하시고, 세상을 구원하는 생명선이 되게 해주옵소서.

※ 사명을 감당하는 교회가 되게 하소서

"이 집은 살아계신 하나님의 교회요 진리의 기둥과 터니라." 주님이
세우신 이 교회를 통해 하나님을 보여주고, 이곳에서 진리의 말씀이 선
포되게 하시니 감사합니다. 이 강단에서 흘러넘치는 생명수가 목마른
심령에게 생명을 공급해주고, 이곳에서 선포되는 진리의 말씀이 사람
들을 죄에서 자유롭게 하니 감사합니다. 거짓 교사나 이단으로부터 진

리를 파수하는 교회가 되게 하시고, 진리를 파수하되 에베소교회처럼 사랑을 잃는 교회가 되지 않게 해주옵소서. 진리를 파수하면서도 사랑으로 충만한 교회가 되게 해주옵소서.

앞으로도 보좌에 앉으신 하나님과 어린 양 예수께 성령과 진리로 예배하는 교회가 되게 하시고, 생명을 살리기 위해 전도하고 선교하는 일에 주력하는 교회가 되게 하시며, 온 성도가 모이면 기도하고 흩어지면 전도하게 해주옵소서. 이웃을 사랑하고 지역사회를 섬기고 봉사하는 교회가 되게 해주옵소서. 이곳을 찾아드는 모든 성도가 아름다운 사랑의 교제를 통해 행복을 누리게 하시고 사랑과 행복이 넘쳐나는 교회가 되게 해주옵소서. 초대 예루살렘 교회처럼 사랑의 떡을 떼고 격려하고 위로하는 공동체가 되게 해주옵소서. 각 사람을 교육하고 훈련하여 그리스도의 군사와 평신도 사역자로 세우게 하시고, 교회학교가 무너지는 이 시대에 다음세대를 준비하는 비전 공동체가 되게 하시며, 건강한 교회로 사회를 향해 영향력을 미칠 수 있게 해주옵소서.

✳ 부흥하게 하소서

지금까지 이곳에서 눈물을 흘리고 기도의 씨를 뿌린 주의 종들의 헌신이 헛되지 않고 아름다운 열매로 맺히게 해주옵소서. 지금까지 교회를 위해 헌신하고 수고했던 모든 성도와 그 가정을 축복해주시고, 앞으로도 부흥을 거듭할 수 있게 해주옵소서. 이곳에서 드리는 기도가 응답받게 하시고, 온 성도가 주변 사람에게 칭찬받아 구원 얻는 자가 날마다 더해지는 은총을 허락해 주옵소서. 교회학교의 위기 속에서도 온 성도의 협력과 교사의 헌신을 통해 부흥하게 하시고, 시대와 조국을 이끌어가는 글로벌 리더를 많이 배출하게 해주옵소서. 구역과 전도회가 선한 일에 열심을 품고 총력 전도하여 날마다 교회가 부흥되게 해주옵소서. 주의 일들을 하는 데 재정적인 어려움이 없도록 성도의 가정에 넘치는 복을 주옵소서.

온 성도가 믿음의 선한 싸움을 싸워 사탄의 일을 대적하게 하시고, 서로 사랑과 선행을 격려하는 신앙공동체가 되게 해주옵소서. 선을 행하다가 낙심하지 않게 하시고, 성령을 위하여 아름다운 것을 심게 해주옵소서. 그리스도의 사랑 안에서 서로 존중하고 귀히 여기게 하시며, 게으른 자를 권면하고 경계하고, 마음이 약한 자를 격려하고, 힘이 없는 자를 붙들어주며, 모든 사람에게 오래 참는 사랑의 공동체가 되게 해주옵소서.

교회를 세우시고 진리로 이끄시는 예수님의 이름으로 기도드립니다. 아멘.

>>> Prayer_27

성령의 음성을 들으며
화목한 당회가 되게 하소서

✱ 감사와 찬양

그리스도의 몸인 교회를 세우시고 당회를 통해 교회를 섬길 수 있게 하신 하나님을 찬양하고 감사드립니다. 이 시간 교회와 성도를 섬기기 위해 당회로 모였사오니 성령님이 통치하시는 당회가 되게 해주옵소서. 당회원 한 사람 한 사람에게 하나님의 지혜를 더하시고, 예수 그리스도의 마음을 품게 하셔서 하나님의 뜻을 분별하는 당회가 되게 해주옵소서.

✱ 성령의 음성을 듣게 하소서

우리 안에 자기의 기쁘신 뜻을 두고 행하시는 주님, 사람의 목소리가 커지는 당회가 아니라 하나님의 음성이 크게 들리는 축복을 허락하옵소서. 인간의 목소리가 커질 때 하나님의 음성이 들리지 않고, 인간의 뜻이 분명해질수록 하나님의 뜻이 흐려질 수 있사오니 사람의 뜻이 서는 당회가 아니라 하나님의 뜻을 분별하고 세우는 당회가 되게 해주옵소서. 우리 교회를 다스려 나가시는 성령께서, 그동안도 교회에서 이루어지는 모든 사역을 통치하신 성령께서 이 시간 모든 당회원의 생각을 다스리시고, 주님의 마음을 갖게 하시고, 인간의 욕심과 감정을 따라 의견을 개진하는 것이 아니라 하나님의 마음을 살피게 해주옵소서.

사랑하는 주님, 오늘 이루어지는 모든 의견이 그리스도의 몸을 세우는 데 사용되게 하시고, 성도의 평안과 영적 성장을 도모하는 의견이 되게 해주옵소서. 자기 생각을 주장하지 않고 공동체의 유익을 추구하게 하시고, 의결되는 모든 사안이 그리스도의 몸을 세우는 데 덕이 되게 해주옵소서. 하나님 말씀의 잣대를 벗어나서 생각하고 의견을 개진하는 일이 없게 하시고, 하나님이 기뻐하시는 뜻만 드러내고 하나님의 영광만을 나타내게 해주옵소서. 교회의 정책을 이끌어가는 모든 당회원에게 성도들이 존경할만한 경건한 삶과 성도들에게 본을 보여줄 만한 뛰어난 영성을 허락해 주옵소서. 매일의 삶 속에서 성령의 음성에 민감하게 하시고 성령의 통치 속에 성결한 삶을 살게 해주옵소서.

＊ 화목한 당회가 되게 하소서

교회의 어른으로 세워주신 주님, 당회원이 교회에 아픔을 주는 일이 없게 하시고, 이 시간 회의할 때 마음과 뜻이 하나가 되어 한 목표와 비전을 향해 서로 협력하고 돕는 마음을 허락해 주옵소서. 당회가 분열되어 성도에게 아픔을 주지 않게 하시고, 원망과 시비가 없이 서로의 의견을 존중하며 주님의 뜻만 추구하게 해주옵소서. 자기 의견이 소중하듯이 다른 사람 의견을 존중하여 경청하게 하시고, 자기주장이나 고집이 아니라 성령 안에서 합일된 의견을 허락해 주옵소서. 당회장에게 지혜로운 마음을 주셔서 성령의 임재 속에서 말씀을 전하시고 회무를 잘 이끌어가게 해주옵소서.

우리를 충성스럽게 여겨 교회의 영적 지도자로 세워주신 주님, 지도자로서 바른길을 걸어가게 하시고, 하나님의 영광을 가리는 말이나 행동을 추호도 하지 않게 해주옵소서. 모든 당회원이 직장이나 사업장에서 하나님의 임재를 경험하게 하시고, 교회에서 섬기는 데 어려움이 없도록 건강을 주시고 평안한 가정도 주옵소서. 사업장과 직장에서 인정받고 존경받게 하시고, 교회에서 섬기고 헌신하는 데 물질적인 구애됨이 없도록 필요한 은혜를 베풀어 주옵소서.

겸손하고 온유한 마음으로 살아가신 예수 그리스도의 이름으로 기도드립니다. 아멘.

특별행사
- 부흥회 -

변화된 삶을 위한
심령의 부흥을 주소서

✳ 감사와 회개

감사함으로 그의 문에 들어가게 하시고 찬송함으로 그의 궁정에 들어가게 하시는 하나님이시여, 저희에게 인자와 긍휼을 풍성히 베푸심을 감사합니다. 수년 내에 부흥시키기를 기뻐하시는 주여, 주의 얼굴을 저희에게 향하심을 감사합니다. 하나님의 영광을 저희 예배 가운데 선포하심을 감사합니다. 마음이 상한 자를 가까이하시고, 중심으로 통회하는 자를 구원하시는 주님! 우리 손에 가득한 피를 깨끗게 해주옵소서. 입술의 거짓과 마음의 악함을 제하시고, 화평하게 하는 성령의 사람이 되게 해주옵소서. 예배 가운데 임하시는 하나님, 이 예배를 통해 여호와의 선하심을 맛보게 해주옵소서.

✳ 성령의 임재를 위해

거룩하신 주님, 우리 안에 정한 마음을 창조하시고, 정직한 영을 새롭게 하옵소서. 궁휼이 풍성하신 주님, 우리를 주의 앞에서 쫓아내지 마시고 주의 성령을 거두지 말아주옵소서. 은혜 베풀기를 기뻐하시는 주님, 상하고 통회하는 심령 위에 주의 성령을 부어주소서. 지치고 메마른 우리의 심령에 주의 구원의 즐거움을 회복시키시고, 자원하는 마음을 허락해 주옵소서. 이 시간 하나님의 자녀에게 성령의 은혜와 은사를 충만히 부어주셔서 하나님이 주신 사명을 잘 감당할 수 있게 해주시고, 성령의 능력으로 세상을 이길 수 있게 해주옵소서.

주님, 우리 영혼이 주를 찾기에 갈급하오니 진리의 말씀으로 채우사 곤한 심령이 회복되고, 상한 마음이 위로받으며, 약한 몸이 치유되게 해주옵소서. 메마른 대지에 장맛비를 내리셔서 만물을 소성시키시는 하나님, 이 시간 답답하고 힘든 우리 삶을 회복시켜 주옵소서. 하나님의 은혜를 떠나 살 수 없는 우리에게 하나님의 마음을 알게 하시고, 우리를 향한 하나님의 뜻을 분별하게 하옵소서. 에스겔 골짜기의 마른 뼈를 살리신 성령께서 마른 뼈와 같은 우리 영혼과 교회를 살려주시고, 갈멜산에서 부르짖은 엘리야의 기도에 응답하신 하나님의 능력을 이곳에 부어주소서.

❋ 변화된 삶을 위해

하나님의 자녀를 거룩하고 성결하게 변화시키시는 주님, 이 시간 사모하는 영혼을 거룩하고 영화롭게 해주옵소서. 우리의 영안을 열어 진리를 깨닫게 하시고, 이 집회를 위해 기도로 준비한 우리에게 은혜 베푸사 세상을 향한 부자가 되기보다 하나님을 향해 부유한 자가 되게 하시며, 세상의 이익에 약삭빠른 사람보다 우직하게 진리를 따라 행하는 참된 제자가 되게 해주옵소서. 최악의 상황에도 합력하여 선을 이루시는 하나님께 순종하여 최선을 경험하는 믿음을 허락해 주옵소서.

처음 이 자리에 참석한 이들에게 불같은 성령 임하셔서 그들의 심령으로부터 거듭나게 하시고, 예수님을 만나 새로운 인생에 대한 결단이 일어나게 해주옵소서. 완고한 마음을 열어 진리를 받아들이는 열린 마음과 부드러운 심령을 허락해 주옵소서.

이 시간 하나님 말씀을 전할 사자에게 성령의 능력을 덧입혀 주셔서 복음의 나팔수가 되게 하시고, 집회 기간에 건강한 몸과 평안한 마음을 주셔서 주님으로부터 받은 말씀을 아낌없이 쏟아붓는 은혜를 허락해 주옵소서.

연약한 자에게 강한 능력을 베푸시는 예수님의 이름으로 간절히 기도드립니다. 아멘.

特별행사
- 총회주일 -

>>>Prayer_29

총회주일을 통해 하나님이 기뻐하는 총회로 도약하게 하소서

✽ 감사와 찬양

한국 사회에 복음을 허락하시고 복음으로 세계 선진대열에 참여하여 선교 대국으로 자리 잡게 하신 것을 감사합니다. 불교와 유교로 물든 이 땅에서 우상을 섬기던 자들이 주님께로 돌아와 여호와만 섬기기로 작정하게 하신 하나님을 찬양합니다. 그 일에 교회가 쓰임받게 하시고, 우리 교단이 앞장서게 하심을 감사합니다. 총회주일로 지키는 모든 교회 위에 하나님의 영광과 은총을 풍족히 나타내 주옵소서.

✽ 질서가 서게 하소서

총회 산하에 노회와 지교회를 세우시고 하나님의 사역과 비전을 위해 일심으로 협력하게 하시니 감사합니다. 노회와 지교회를 섬기는 총회가 진리 가운데 바로 서게 하시고, 거짓된 교훈과 가르침을 통해 교회와 성도들에게 혼란을 초래하는 이단에 대해 분별력을 가지고 진리를 파수해낼 수 있게 하옵소서. 총회가 평안함으로 총회 산하에 있는 노회와 지교회가 평안을 누리게 하시고, 정치나 행정, 진리를 따라 행함에 있어서 아름다운 모델이 되게 하소서. 총회가 역기능으로 나아가지 않도록 다스리시고, 산하 조직에 영향력을 상실하지 않도록 거룩함과 공평함과 정직함을 잃지 않게 하소서. 우리 교단의 총회가 많은 종파와 기독교 교단과 단체들에 긍정적인 영향력을 끼치게 하시고, 대사회적인 영향력을 높여가고 아름다운 롤모델이 되게 해주옵소서.

총회 산하에 있는 노회와 교회가 총회의 권위를 인정하고 질서에 따라 순복함으로 총회가 흔들림이 없이 든든히 서게 하시고, 끊임없이 거룩한 영향력을 끼치게 해주옵소서. 노회와 지교회가 총회의 방침을 따라 순복하고 협력하게 하시고, 총회에서 시행하는 사역에 적극적으로 동참하여 총회가 하는 일이 힘차게 진행되게 하옵소서.

☀ 건강하고 부흥하는 총회가 되게 하소서

우주적인 하나님의 교회가 성장하고 부흥하기를 원하시는 주님, 하나님 나라 확장과 비전 프로젝트에 본 교단 총회가 선두 주자가 되게 하시고, 세계교회를 이끌어가는 데 쓰임받게 해주옵소서. 장자 교단 자랑만 하지 않고 장자 교단으로서 자화상을 잃지 않고 주어진 사명을 잘 감당하게 하시고, 바른 신학을 정립하고, 좋은 목회자들을 배출하게 하시며, 민족 복음화와 세계 선교의 사명을 잘 감당하게 해주옵소서.

"성령이 하나 되게 하신 것을 힘써 지키라"고 하신 주님, 우리 교단이 개인적인 정치적 야욕과 지역 이기주의로 말미암는 분열과 싸움을 일삼지 않고, 어느 사람도 정치적 욕망의 종으로 전락하지 않도록 지켜

주옵소서. 총회에서 하는 재판과 하부 기관에 대한 지도가 성경적이고 공정하고 의롭게 하시고, 종교 정치인을 위한 총회가 아니라 교회와 성도를 섬기기 위한 총회가 되게 해주옵소서. 기독교와 성도들의 이미지와 신뢰도가 형편없이 실추되는 이때 우리 교단이 사회에 긍정적인 영향력을 회복할 수 있도록 자정 능력을 갖추게 해주옵소서. 이곳저곳에서 진통하는 소리가 들리고 병든 모습이 돌출되는 이 시대에 본 교단의 총회가 진리를 외칠 뿐만 아니라 진리를 삶으로 드러내는 데 앞장서게 하시고, 이 사회와 교단들을 정화하기 위한 대사회적인 경건 운동을 펼쳐나가게 하시며, 교회 부흥의 초석을 놓게 해주옵소서.

총회를 세우시고 다스리시는 예수 그리스도의 이름으로 기도드립니다. 아멘.

>>> Prayer_ 30

교회연합주일을 통해
성령 안에서 하나 되는 은혜를 허락하소서

✳ 감사와 찬양

"보라. 형제가 연합하여 동거함이 어찌 그리 선하고 아름다운고." 보잘것없는 이스라엘 민족을 부르시고 연합하여 동거하는 은총을 허락하신 여호와여, 하나님이 선히 여기시고 아름답게 보시는 동거와 연합에 대한 열망을 우리에게도 부어주시니 감사합니다. 일치와 연합을 이룬 공동체를 통해 하나님이 영광받으시고, 하나님의 영광을 세상 가운데 드러내 주옵소서.

✳ 성령 안에서 하나 되게 하소서

"아버지여, 아버지께서 내 안에, 내가 아버지 안에 있는 것 같이 그들도 다 하나가 되어 우리 안에 있게 하사 세상으로 아버지께서 나를 보내신 것을 믿게 하옵소서." 죽음을 앞두신 주님께서 제자들이 하나 되기를 원하셨던 것처럼 우리가 하나 되기를 원하심을 알게 하시니 감사합니다. 교회가 하나 될 때 세상으로부터 비난을 피할 수 있고, 교회 자체의 힘을 상실하지 않을 수 있으며, 큰일을 주도하기 위한 에너지를 사용할 수 있사오니, 주님의 바람처럼 교회가 일치와 연합에 동참하게 하옵소서. 다툼과 분열을 일삼는 교회를 바라보며 세상은 "너나 잘하라"고 손가락질하고 있사오니, 오, 거룩하신 주님이여! 우리가 하나 됨과 연합에 대한 비전을 잃지 않게 하소서. 인간의 욕망과 죄성으로 말미암아 교단과 교회가 분열되어 하나님의 영광을 가리지 않게 하시고, 서로를 향한 정죄와 비난의 손을 내림으로 복음이 흐려지지 않게 해주옵소서.

거룩하신 성령이시여, 교회의 일체를 위해 여전히 일하시는 성령이시여, 우리에게 성령의 하나 되게 하신 것을 지키는 거룩한 열심을 허락해 주옵소서. 우리의 교만이 하나 된 것을 깨뜨리지 않게 하시고, 마음의 악함이 한 몸을 파괴하지 않게 해주옵소서. 거칠고 악한 우리의 마음을 다듬으셔서 부드럽고 온유함으로 서로를 포용하고 용납하게 해주옵소서. 바벨탑 사건 때처럼 악한 일에 일체감을 형성하지 않게 하시고, 거룩하고 선한 일에 연합하는 힘을 주옵소서.

✻ 아름다운 덕을 선전하게 하소서

"그러나 너희는 택하신 족속이요 왕 같은 제사장들이요 거룩한 나라요 그의 소유가 된 백성이니 이는 너희를 어두운 데서 불러내어 그의 기이한 빛에 들어가게 하신 이의 아름다운 덕을 선포하게 하려 하심이라."

싸우고 분열하는 가정이나 교회는 스스로 망할 수밖에 없사오니, 한국교회와 우리 교단과 교회가 어떤 상황에서도 다투고 분열하지 않게 해주옵소서. 서로 이해하고 온유함으로 서로 품을 수 있게 해주옵소서. 복음의 유익을 위해서 자기주장과 색깔을 내려놓게 하시고 본질적인 것이 아니라면 차이를 인정하고, 원칙이라는 잣대를 가지고 더 중요한 것을 놓치는 어리석은 아집에 싸이지 않게 하소서. 교회가 연합된 힘을 가지고 지역사회를 섬기고 사회를 향해 정치 경제 문화 영역에서 거룩한 영향을 끼치게 하시고, 거룩한 제사장의 역할을 감당하게 해주옵소서. 민족을 품고 기도하고, 사회를 향해 대언하며, 온 누리에 축복의 통로로 쓰임받게 해주옵소서. 분열된 교회들이 복음을 위해 서로 손 내밀어 화해할 수 있게 하시고 화합과 일치의 감정을 사회 곳곳에 퍼뜨리게 해주옵소서.

인류의 하나 됨을 위해 십자가에서 죽으신 예수님의 이름으로 기도드립니다. 아멘.

>>> Prayer_31

성전기공예배를 통해
마음의 성전을 건축하게 하소서

✳ 찬양과 감사

약한 자를 통해 강한 자를 부끄럽게 하시는 하나님을 찬양합니다. 알파와 오메가가 되신 하나님, 성전건축을 위한 첫 삽을 뜨게 하심을 감사합니다. 부한 자로서 가난한 우리를 위해 가난해지신 주님, 우리가 하나님의 영광을 사모하게 하심을 감사합니다. 성전에 거하시는 하나님께서 우리 몸을 성전으로 삼고 우리 안에 거하심을 감사합니다. 아버지께 예배하는 자가 영과 진리로 예배하라고 하신 주님, 우리 가운데 하나님의 영으로 충만하게 하시고, 진리를 따라 예배하게 해주옵소서.

✳ 한마음으로 헌신하게 하소서

"너희는 산에 올라가서 나무를 가져다가 성전을 건축하라"고 명령하신 하나님, 온 교회가 하나님의 전을 건축하기를 사모하는 마음을 주심을 감사합니다. 우리가 성전을 건축하기 전에 먼저 하나님을 사랑하는 마음을 주시고, 성전을 향한 뜨거운 마음을 주옵소서. 주님, 우리가 마음으로만 사랑하는 것이 아니라 다윗과 솔로몬처럼 우리가 가진 물질을 하나님의 일을 위해 쏟아부을 수 있는 열정과 헌신도 주옵소서. 스룹바벨과 여호수아의 마음을 감동하게 하셨던 하나님께서 우리 교회 온 성도의 마음도 감동하게 해주셔서 능히 하나님의 성전을 건축하고도 남음이 있게 해주옵소서.

내가 이 성전에 영광이 충만하게 하리라고 약속하신 하나님, 이미 시작하신 일을 친히 성취하여 주옵소서. 은도 내 것이요 금도 내 것이라고 말씀하신 하나님, 온 성도에게 성전건축을 감당할 수 있는 믿음과 물질을 넉넉하게 허락해 주옵소서. 어느 한 사람도 뒤로 물러나 있지 않게 하시고, 누구보다 많이 앞장서서 헌신하는 성도로 가득하게 해주옵소서. 성전기공예배를 드리는 우리가 모두 마지막까지 한마음 되게 해주시고, 한 비전을 갖고 함께 달려가는 기쁨을 주옵소서. 온 성도가 마지막까지 한 삽 한 삽을 뜨는 마음을 갖게 하시고, 벽돌 한 장 한 장을 정성껏 쌓아가게 해주옵소서. 성전을 건축하는 모든 과정에 악한 사탄이 훼방하지 않도록 성령께서 지켜주옵소서.

* 마음의 성전을 건축하게 하소서

교회의 기초석이 되신 주님, 우리가 짓는 성전의 영원한 머릿돌이 되어주옵소서. 교회의 머리 되신 주님이 우리 교회와 온 성도를 친히 다스려주시고 공사하는 중에 이웃과 관계가 불편해지지 않게 해주옵소서. 우리의 더러운 마음을 정결하게 하시고, 우리 마음을 성령이 거하시는 성전으로 삼아주시니 감사합니다. 성전을 건축하기 전에 먼저 우리 마음의 성전을 건축하는 지혜를 주옵소서. 우리의 믿음이 더욱 자라게 하시고, 헌신의 폭도 커지고, 주님을 향한 사랑의 부피도 더해지게 해주옵소서.

성전을 친히 지어나가시는 주님, 우리 모두 거룩한 성전으로 지어져가는 불완전한 존재입니다. 서로를 바라볼 때 공사 중인 것을 인정하면서 사탄이 틈탈 기회를 제공하지 않게 해주옵소서. 성전건축을 해가면서 불완전한 존재이기에 서로 배려하며, 이해하고 용납하는 마음을 허락해 주옵소서. 주님, 성전건축을 통해 각 가정이 더욱 견고히 세워지게 하시고, 온 성도가 우주적인 교회를 바라보는 더 큰 비전의 세계로 이끌림을 받게 해주옵소서.

성전의 건축가인 예수 그리스도의 이름으로 기도드립니다. 아멘.

>>> Prayer _ 32

성전준공예배를 통해
주님이 주신 은혜를 잊지 않게 하소서

* 찬양과 감사

성전을 건축할 마음을 주시더니 이제 성전준공예배를 드릴 수 있는 영광스러운 날을 우리에게 주신 하나님을 찬양합니다. 이 위대한 역사를 이루신 하나님께서 모든 영광을 받으시고, 준공예배를 드리는 이곳에 하나님의 영광과 능력을 선포하여 주옵소서. 성전건축을 친히 이끌어 오신 주님, 이 시간도 우리 가운데 충만히 임재하시고, 우리 영혼을 영광의 영으로 덮어주옵소서.

* 은혜를 잊지 않게 하소서

오늘 이렇게 성스러운 성전준공예배를 드리는 것이 모두 하나님의 은혜임을 고백합니다. 우리에게 성전건축에 대한 비전을 주셨고, 성전을 건축해 갈 수 있는 능력을 주셨을 뿐만 아니라 이렇게 완공할 수 있는 은혜를 주시니 무한 감사합니다. 놀라운 그 은혜를 한시도 잊지 않게 하시고, 어떤 상황에서도 감사를 잃지 않게 하옵소서. 한없는 은혜로 우리에게 채워주시는 주님, 성전건축을 통해 우리에게 하나 됨의 기쁨을 맛보게 하시고, 선한 일을 협력하는 행복을 경험하게 하시니 감사합니다. 이 성전에 거하는 온 교회가 하나님이 기뻐하시는 선한 사역을 위해 한마음으로 협력하게 해주옵소서.

때마다 일마다 평강으로 채우시는 주님, 성전건축을 위해 헌신했던 모든 성도에게 좋은 것으로 충만히 채워주옵소서. 자녀들의 생애가 복되게 하시고, 이 성전에서 대대로 복음의 은총을 누리게 해주옵소서. 이 성전에 거하는 자들이 죄 사함의 은총을 누리게 하시고, 낙심하지 않고 성전준공의 역사를 이룬 것처럼 선한 일을 행하다가 절대 낙심하지 않는 큰 믿음의 사람들이 되게 해주옵소서. 우리 앞에 태산 같은 장애물들이 닥쳐올지라도 성전건축을 하는 동안 우리를 도우셨던 하나님을 신뢰함으로 담대하게 나아가게 해주옵소서.

❋ 하나님이 기뻐하시는 일을 위해 쓰임받게 하소서

우리를 충성되이 여겨 귀한 직분을 맡겨주신 하나님, 저희를 하나님의 거룩하고 위대한 사역의 아름다운 일꾼으로 세워주심을 감사합니다. 온 성도가 함께 일어나 건축한 이곳이 진리의 전당이 되게 하시고, 죽어가는 영혼을 살려내는 생명의 터전이 되게 해주옵소서. 이 성전의 문턱을 밟는 모든 이가 구원의 은총을 경험하게 하시고, 영광스러운 대업을 이룬 온 성도가 세상의 빛과 소금으로 세움받았듯이 이 성전이 이 지역을 비추고 살리는 생명선이 되게 해주옵소서.

이 성전이 성도의 풍성한 교제의 장소가 될 뿐만 아니라 성도들의 영적인 훈련소가 되게 하시고, 영적인 생명이 흘러넘치는 예배 처소가 되게 해주옵소서. 이 집이 만민이 기도하는 집이 되게 하시고, 이곳에서 기도하는 모든 성도의 기도가 응답받게 하시며, 하나님의 영광을 경험하는 축복을 허락해 주옵소서. 성령이 지배하는 교회, 성령의 능력으로 살아가는 성도로 가득 채워주옵소서. 네 이웃을 네 몸같이 사랑하라고 하신 주님, 이 성전이 지역 주민의 삶을 윤택하게 하시고, 주민들에게 쉼터와 안식처의 역할을 감당하게 해주옵소서. 이곳을 찾아오는 모든 이가 아픈 마음과 상처를 치유받게 하시고, 지친 영혼에 차고 넘치는 새 힘을 공급받게 해주옵소서. 여기에서 복음의 증인이 불같이 일어나게 하시고, 세계 선교의 비전을 품고 헌신하는 복음의 헌신자들이 세계를 뒤덮게 해주옵소서.

한없는 은총을 베푸시는 예수님의 이름으로 기도드립니다. 아멘.

특별행사
- 헌당예배 -

〉〉〉 P r a y e r _ 33

헌당예배를 통해
여호와의 열심을 회복하게 하소서

✳ 찬양과 감사

일을 시작하실 뿐만 아니라 자기의 기뻐하시는 뜻을 따라 아름답게 성취하신 하나님을 찬양합니다. 하나님의 영광으로 채우신 이 성전을 하나님께 봉헌할 수 있는 은총을 허락하신 하나님께서 이곳에서 예배하는 모든 자에게 하늘의 평강과 기쁨으로 충만하게 해주옵소서. 죄인된 우리를 하나님 자녀 삼으시고 아버지께로 나아와 예배하는 특권을 허락하셨사오니 참으로 하나님이 찾으시는 예배하는 자가 되게 해주옵소서.

✳ 하나님을 영화롭게 하는 성전이 되게 하소서

"너희가 먹든지 마시든지 무엇을 하든지 다 하나님의 영광을 위하여 하라"고 하신 주님, 이 집을 살아계신 하나님의 교회요 진리의 기둥과 터로 삼아주신 하나님께 감사와 찬양과 영광을 돌립니다. 황폐한 땅에 복음의 씨를 뿌리시고, 겨자씨가 자라 새들이 깃드는 쉼터를 이루듯이 이 성전이 하나님의 영광을 선포하는 영광스러운 하나님의 집이 되게 하심을 감사합니다. 이곳에 복음의 영광을 충만하게 비추사 주변에 있는 사람을 살리는 영광을 허락하소서. 이곳에 찾아오는 모든 이가 죄 사함의 은총을 경험하고 그 감격으로 아버지를 온전히 섬기는 믿음의 대장부로 거듭나게 해주옵소서. 이곳에서 드리는 성도들의 모든 기도가 천사의 손에 들려 하늘 제단에 올라가 하늘 보좌를 움직이게 하는 능력이 있게 해주옵소서. 날마다 이 성전에서 기도의 향연이 꺼지지 않게 하시고, 365일 기도의 향이 켜져 있는 하나님의 인재의 처소가 되게 해주옵소서.

길이요 진리요 생명이신 주님, 이 성전에서 영생을 주는 샘물이 흘러넘쳐 죽음의 골짜기를 적시는 은총을 허락하시고, 상하고 지친 영혼을 소성하게 하는 생명의 말씀이 풍성한 강단이 되게 해주옵소서. 이 성전의 머릿돌이 되신 주님, 우리가 봉헌하는 이 성전에서 예수 그리스도를 마음껏 자랑하게 하시고, 복음이 많은 사람에게 전해지게 해주옵소서. 이곳에 찾아오는 가난한 자들이 배부름을 얻게 하시고, 불안한 자들이 평안을 맛보며, 염려로 가득한 자들이 참 기쁨과 평안을 누리게 해주옵소서.

✽ 여호와의 열심을 갖게 하소서

일의 시작이요 마침이 되신 주님, 이 모든 것이 하나님의 열심으로 이룬 열매이오니 하나님의 의가 드러나게 하소서. 우리가 하나님의 열심에 동참하는 기쁨을 누리게 하심을 감사합니다. 이 시대에 하나님의 의를 이루기 위해 쓰임받는 교회가 되게 하시고, 온 성도가 하나님의 열심을 드러내는 도구가 되게 해주옵소서. 자원함으로 자기 것을 아낌없이 쏟아부은 성도들의 헌신 위에 하나님의 은혜가 넘쳐나게 하시고, 자손 후대까지 하나님이 베푸시는 축복의 잔치에 참여하게 해주옵소서. 이곳을 드나드는 자들이 성령의 충만한 은혜를 누릴 때 지금까지 성전건축을 위해 헌신한 성도들의 정성이 빛나게 하시고, 교회가 부흥되는 은혜를 누리게 해주옵소서. 우리의 헌신을 기뻐 받으신 하나님 아버지, 하나님의 왕국을 위해 섬기기를 기뻐하는 이들이 세상에서 빛과 소금으로 살게 하시고, 어디를 가든지 복음의 깃발을 들고 승리하는 삶을 살게 해주옵소서. 이미 하나님을 사랑하는 마음으로 분에 넘치는 헌신을 했지만 앞으로 남은 생애가 더 아름답게 하시고, 하나님을 사랑하고 가까이하는 것이 그들의 복이 되게 해주옵소서.

성전에 거하기를 기뻐하시는 예수 그리스도의 이름으로 기도드립니다. 아멘.

>>> Prayer_ 34

입관예배를 통해
인간의 실존을 깨닫게 하소서

＊ 찬양과 감사

아침 안개와 같이 연약하고 허무한 인생을 사랑하셔서 독생자 예수 그리스도를 십자가에 내어주신 그 크신 사랑과 은혜를 감사합니다. 하나님의 형언할 수 없는 사랑이 우리에게 천국 문을 열어주시고 거기에서 영원한 안식을 누리게 하심을 감사합니다. 이 땅에 있는 영광과 비교할 수 없는 영화로움을 이 시간 입관예배를 통해 깨닫게 해주옵소서.

＊ 유족을 위로하소서

영원한 진노의 자녀가 된 우리를 예수 그리스도를 믿음으로 하늘나라로 옮겨주신 하나님을 찬양합니다. 이 시간 하나님의 사랑받는 자녀로 살던 고인을 하나님 품으로 보내드리고 입관하면서 유족과 믿음의 권속이 함께 모여 예배하오니 우리 가운데 임재하셔서 위로할 자를 위로하시고, 권면할 자를 진리의 말씀으로 권면하시고 인생의 새로운 결단이 필요한 자에게 하나님의 엄한 말씀으로 경책하여 주옵소서. 그동안 늘 밥상에 함께 앉아서 도란도란 대화하며 식사하고, 저녁에 지친 몸으로 돌아와 함께 피로를 풀던 고인의 몸을 입관하며 예배합니다. 이 땅에서는 다시 얼굴을 볼 수 없는 마지막 순간이지만 우리에게 하늘에서 만날 소망을 갖게 하시니 감사합니다. 다시 만나는 그때까지 하나님께서 친히 고인의 육신을 돌보아 주옵소서.

그러나 그동안 인간적인 정이 들었던 유족에게는 아쉬움과 회한이 많이 남습니다. 위로의 주님, 유가족에게 사람이 줄 수 없는 성령의 한 없는 위로가 넘치게 하시고, 하늘의 평강으로 채워주옵소서. 사랑하는 주님, 이제 더는 느낄 수 없는 고인의 따뜻한 손길을 주님으로부터 느끼게 하시고, 이제는 들을 수 없는 따뜻한 육성을 하나님의 음성을 통해 경험하게 해주시며, 허전한 잠자리를 주님이 채워주셔서 잠 못 이루는 밤이 없게 하시고 외롭지 않게 해주옵소서.

✳ 인간의 실존을 깨닫는 지혜를 주소서

사람이 그 든든히 선 때도 허사라고 하신 주님, 정말 그렇습니다. 우리 곁에 있을 때는 영원히 함께할 것처럼 생각했는데 이제는 다시 얼굴을 볼 수 없습니다. 아쉬움과 아픔을 뒤로 한 채 어쩔 수 없이 떠나보내야만 합니다. 이게 바로 인생임을 우리가 깨닫게 하옵소서. 자랑할 것이 없고 장담할 것이 없는 인생이건만, 우리는 하나님 없이 살 수 있는 것처럼 교만했고 우리가 이룬 작은 업적을 가지고 자랑하고 우쭐댔습니다. 우리의 어리석음을 용서하시고 이제부터라도 주님께 소망을 둘 수 있는 우리가 되게 해주옵소서.

요셉이 입관할 때 "당신들은 여기서 내 해골을 메고 올라가겠다 하라"고 부탁했는데, 고인이 이 땅에 사는 동안 나그네였지만 하늘나라에 소망을 두게 하셨고, 비록 육신은 관에 있지만 그 영혼은 그렇게 소망하던 하나님 나라에 안겨 안식을 얻게 하심을 믿습니다. 여기에 남은 모든 가족과 성도들도 나그네 삶을 살지만 하나님 나라를 소망하며 살아가게 해주옵소서. 잡았다 하는 순간 우리의 손에서 떠나는 헛된 영광에 도취하지 않게 하시고, 구하고 구해도 채워지지 않는 안식을 이 땅에서 바라는 것이 아니라 하나님의 품에 안기는 안식을 구하며 살게 해주옵소서.

영원한 소망을 주시는 예수님의 이름으로 기도드립니다. 아멘.

상황별

- 발인예배 -

>>> P r a y e r _ 35

발인예배를 통해 아침 안개와 같은 인생을 주님께 의탁하며 살게 하소서

✳ 찬양과 감사

고통과 슬픔뿐인 이 세상에서 하늘에 소망을 두고 살게 하신 하나님을 찬양합니다. 이제 정들었던 사람과 장소를 떠나 장지를 향해 출발하기 전에 소망을 주시는 하나님 앞에 발인예배를 드리오니 위로의 성령께서 이 자리에 함께하셔서 유족들과 이 시간 머리 숙인 우리 모두에게 하늘의 위로로 채워주옵소서.

✳ 아침 안개와 같은 인생을 인도하소서

허무 위에 소망의 씨를 뿌리시고, 슬픔과 아픔에서 웃음을 경영하시며, 죽음과 썩음의 거름더미 위에서 아름다운 열매를 거두시는 주님, 이 시간 발인예배를 하나님 앞에 드리면서 인생을 다시 한번 돌아보게 하시니 감사합니다. 누군가 든든히 선 인생을 자랑한다 해도 하나님이 허락하지 않고 붙들어주시지 않는 인생을 누릴 사람은 없습니다. 화려

했던 삶 뒤에는 어두운 그림자가 드리워져 있고, 웃음 이면에는 남모를 고뇌의 신음이 새겨져 있음을 우리는 잘 알고 있습니다. 오, 주님! 이것이 인생의 진정한 모습일진대 우리에게 인생을 바로 바라볼 수 있는 눈을 주옵소서.

이른 아침에 앞을 가리던 짙은 안개가 찬란한 태양이 떠오름과 동시에 흔적도 없이 사라지고, 차가운 새벽녘에 풀잎을 촉촉이 적시던 이슬이 떠오르는 태양에 어느새 사라지고 없어지듯이 우리가 자랑하는 인생이 그러함을 깨닫게 하시니 감사합니다. 아침 안개와 같고, 새벽이슬과 같은 인생을 자랑하지 않고 하나님의 사랑과 은혜에 감사하며 살게 해주옵소서. 잠시 있다가 없어질 육체의 영광과 안일을 위해 동분서주하는 삶에서 돌이켜 우리에게 맡기신 사명과 하늘나라를 위해 투자하는 인생을 살게 해주옵소서. 세상을 향해 부자로 살기보다 하나님께 부한 삶을 살게 하시고, 세상일에 지치기보다 하나님 나라와 의를 위해 지치도록 달려가는 인생을 살게 해주옵소서.

＊ 부활의 소망을 품고 출발하게 하소서

우리가 지금 슬퍼하며 눈물 흘릴지라도 이미 하늘나라에서 이루어지는 천국 입성식을 바라보게 하시니 감사합니다. 지금 우리에게는 보이지 않지만 천국을 믿게 하시고, 지금은 느껴지지 않지만 죽어도 다시 사는 부활을 믿게 하시니 감사합니다. 보이지 않는 예수님을 보이는 것처럼 믿고 사랑하다가 하나님의 부르심을 받고 천국 입성하신 故 ○○○ 성도의 발인예배에서 다시 한번 부활의 소망을 확인하게 하시니 감사합니다. 이 시간 슬픔에 잠긴 사랑하는 유가족들에게 부활의 소망으로 가득 채워주시고, 죽음 너머에 있는 부활을 바라보는 믿음으로 위로받게 해주옵소서.

사랑하는 주님, 유가족들이 부활의 소망을 품고 하루하루를 살아가게 해주옵소서. 이 시간 이후로 다시 볼 수 없는 얼굴이지만 천국과 부활에 대한 소망을 가진 자들이기에 다시 만날 날을 기대하며 살게 해주옵소서. 결코 부활이 없는 것처럼 살아가지 않게 하시고, 어떤 상황에서도 죽음을 두려워하지 않는 부활의 신앙을 갖게 해주옵소서. 전후좌우 사방이 다 막힌 절박한 상황에서도 부활의 믿음으로 불가능을 가능하게 하시는 하나님을 신뢰하며 살게 해주옵소서. 세상 모든 사람이 안 된다고 할지라도 죽은 몸을 다시 살리시는 하나님을 믿고, 생각하고, 말하고, 행동하게 해주옵소서.

죽은 몸을 다시 일으키실 예수님의 이름으로 기도드립니다. 아멘.

>>> Prayer_ 36

하관예배를 통해
허무를 넘어 부활의 소망을 갖게 하소서

※ 찬양과 감사

죄로 말미암아 영원한 형벌과 진노를 받아 마땅한 저희를 하나님 자녀로 삼아주시고 하늘 기업을 유업으로 받게 하신 하나님을 찬양합니다. 사랑하는 주님, 이 시간 마지막 장례 예식절차로서 하관예배를 하나님께 드립니다. 하늘에 계신 하나님께서 감찰하시고 하관예배를 드리는 유족들과 온 성도에게 하늘의 소망을 갖게 하시고 지친 몸과 마음을 회복시켜 주옵소서.

※ 인생의 허무함을 깨닫게 하옵소서

인간의 생명이 풀과 같고, 우리가 누리는 영광이 한낱 풀의 꽃과 같은데 그것을 깨닫지 못하고 하나님이 필요 없는 것처럼 산 우리의 죄를 용서하옵소서. 하나님이 우리의 생명을 보존하는 동안만 나의 시간이요 나의 생명인 것을 새삼 깨닫게 하시니 감사합니다. 아무것도 아닌 것을 대단한 것으로 착각하며 살아온 저희를 불쌍히 여기시고 이 시간 인생이 얼마나 허무한 것인지를 바로 알게 해주옵소서. 살았다 하나 살았다고 장담할 자 누구이며, 건강하다고 장담할 자 누구겠습니까? 하나님의 은혜가 저희의 안전 보장임을 알게 하시고 은혜 안에 머무는 인생이 되게 해주옵소서.

오늘 있다가 내일 없어질 것들을 위해 시간과 에너지를 다 쏟고 정작 그의 나라와 그의 의를 구하지 못했던 삶을 고백합니다. 든든히 섰다고 하던 사람이 하루아침에 무너지고, 모았던 재물이 한순간에 바람에 흩어지는 겨와 같음을 아나이다. 그렇기에 우리의 소망은 주님께만 있음을 고백합니다. 허탄한 것에 빼앗긴 우리 마음을 찾아 하나님께 두게 하시고, 땅의 것을 추구하던 우리 마음을 돌려 위의 것을 추구하게 해주옵소서. 모두 두고 가야 할 것에 마음이 빼앗겨 정작 소중한 것을 잃어버리는 어리석은 인생을 살지 않게 해주옵소서.

✳ 부활에 대한 소망을 갖게 하소서

"다 흙으로 말미암았으므로 다 흙으로 돌아가나니"라고 하신 하나님 말씀을 따라 이제 하관예배를 드립니다. 허무를 넘어 새로운 기대를 하게 하시는 주님, 이 시간 땅에 묻히는 육체에 하나님께서 꽃이 피게 만드실 날이 있음을 믿습니다. "나는 부활이요 생명이니 나를 믿는 자는 죽어도 살겠고 무릇 살아서 나를 믿는 자는 영원히 죽지 아니하리니"라고 말씀하신 주님, 부활의 첫 열매가 되셔서 우리의 부활에 보증되시니 감사합니다. 비록 무덤에 안장되지만 결코 흙에 묻혀 영원히 사라지지 않고 영광스럽게 부활할 육신을 보게 하시니 감사합니다.

우리의 낮은 몸을 자기 영광의 몸의 형체와 같이 변하게 하시는 주님, 무덤에 갇힌 몸에 주님 영광의 빛을 비추시고 주님이 오시는 그날에 영광스러운 몸으로 일어나는 축복을 주실 것을 믿고 감사합니다. 여기에 머리 숙인 모든 유족이 그 영광을 바라보고 위로받게 하시고 우리에게 그날의 영광에 동참할 수 있는 인생의 결단이 있게 해주옵소서. 부활의 소망 안에 사는 우리가 세상의 헛된 일에 분주하게 살 것이 아니라 하나님께서 맡기신 사명 감당하기 위해 시간을 잘 다루어 분투하게 하시고, 죄의 종이 되어 육신을 기쁘게 하는 것이 아니라 성령의 종이 되어 하나님을 기쁘시게 하는 삶을 살게 하옵소서. 우리가 부활의 소망을 가진 자처럼 살게 하시고 소망이 없는 자처럼 생활하지 않게 하옵소서.

부활의 첫 열매가 되신 예수님의 이름으로 기도드립니다. 아멘.

- 화장예배 -

>>> Prayer_37

한 줌의 재와 같은 인생임을
기억하며 살게 하소서

✳ 찬양과 감사

생명 없는 자에게 영원한 생명을 주시고, 지옥의 형벌을 받아야 할 저희에게 천국을 선물로 주신 하나님을 찬양합니다. 모든 장례 일정을 마치는 마지막 화장예배 앞에 선 우리에게 영생의 소망을 주시고, 우리의 남은 나그네 인생을 가치 있고 색다르게 살아갈 수 있는 지혜로움을 허락해 주옵소서.

✳ 한 줌의 재와 같은 인생을 잊지 않게 하소서

어둠이 짙어지는 가운데서도 밝은 태양을 비추시고, 죽음의 문턱을 넘어 부활의 기쁨을 주시는 주님, 이 시간 마지막 화장예배 가운데 선 우리가 잠시 후면 나올 한 줌의 유골을 바라보며 인생의 의미를 다시 한번 생각해 봅니다. 이 세상에 영원히 살 것처럼 재물을 쌓고 영광을 축적하려 했지만 모든 인생이 남기는 것은 한 줌의 재밖에는 없습니다.

오, 주님! 빈손으로 왔다가 빈손으로 돌아가는 인생이요, 부지런히 쌓으나 누가 취할는지 알 수 없는 인생인데, 우리가 가지고 있는 헛된 꿈에서 깨어나게 하시고, 두고 가야 할 것에 대한 지나친 애착을 조용히 내려놓게 해주옵소서. 아무리 붙잡으려 안간힘을 써도 좀처럼 우리의 손에 들어오지 않고, 때로는 손아귀에 넣었는가 싶었는데 또다시 사라지는 욕망의 허상에 도취하여 인생을 허비하지 않게 하시고, 보이지 않는 하나님 나라를 위해 가치 있는 인생을 살아가게 해주옵소서.

우리가 진정으로 자랑해야 할 것은 이 세상의 재물이 아니라 우리의 구원자 되시는 예수 그리스도임을 알게 하시고, 우리 삶의 형편이 어떠하든지 간에 그곳에서 주님이 기뻐하는 삶을 살게 해주옵소서. 아무리 아름다운 것을 소유한다 해도 우리가 누릴 수 있는 한계가 있고, 아무리 든든한 인생의 보호막을 쌓아도 그것이 우리를 지켜주는 데는 한계가 있사오니, 오직 우리의 소망이 주께 있음을 알고 주님을 의지하고 따르게 하옵소서. 비록 한 줌의 재와 같은 인생일지라도 우리 안에 보배이신 예수 그리스도를 담고 살게 하시고, 초라한 우리를 빛나게 만든 주님의 은총을 잊지 않고 살게 해주옵소서.

✽ 보이지 않는 세계를 생각하며 살게 하소서

우리 눈에 보이지는 않지만 우리가 영원히 사랑할 가치가 있으신 주님, 이 시간 불태워지는 육신의 허무함 속에서 보이지 않는 영원의 소중함을 알고, 사라지는 이 세상을 떠나 보이지 않는 영원한 천국을 바라볼 수 있는 영적인 안목을 뜨게 하시니 감사합니다. 경험에 익숙한 우리는 시각과 촉각에 느껴지는 세계만 인정하려 합니다. 하지만 이 세상엔 보이지 않는 더 중요한 것이 있음을 알고 있듯이, 비록 경험의 세계에 속하는 육신은 사라질지라도 보이지 않는 영혼은 하나님의 품에서 영원한 안식을 누리고, 보이는 이 땅에서 사라질지라도 보이지 않는 천국에서 평안과 기쁨을 누리고 있을 줄 확신합니다. 여기에 남은 유족들 모두 보이는 것이 다가 아님을 명심하고, 보이지 않는 세계를 위해 준비할 수 있는 지혜로운 인생이 되게 해주옵소서. 아무리 건강을 자부하는 사람도 한 세기를 넘길 수 없고, 아무리 호화저택에서 행복을 누리며 살아도 죽음의 대문은 활짝 열려있사오니 자만하지 않게 하시고, 하루하루를 마지막 심판대 앞에서 받을 하나님의 심판을 의식하며 겸손하게 해주옵소서.

우리를 보이지 않는 천국으로 인도하실 예수 그리스도의 이름으로 기도드립니다. 아멘.

〉〉〉Prayer_38

추도예배를 통해 고인의 유지를 되새기고
온 가족이 화목하게 하소서

＊ 찬양과 감사

우리의 모든 삶을 인도하시고 세밀하게 간섭하시는 하나님 아버지,
오늘도 생명을 주시고 그 속에서 살아계신 하나님을 경험하며 살게 하
시니 감사합니다. 이 시간 故 ○○○의 추도예배를 드리게 하시니 감사
합니다. 우리가 드리는 예배 가운데 임재하셔서 영광받으시고, 이 시간
을 통해 우리에게 말씀하시는 하나님의 음성을 들을 수 있는 은혜를 허
락해 주옵소서.

＊ 고인의 유지를 잊지 않게 하소서

인류 역사의 주인일 뿐만 아니라 시간을 다스리시는 주님, 고인이 하
나님 품으로 가신지 ○주년을 맞이하여 하나님의 은혜를 기억하며 예
배하게 하시니 감사합니다. 고인이 천국에서 참 평안과 안식을 누리듯
이 우리도 믿음으로 살다가 언젠가 천국에 입성하여 참 평안과 안식을

누리게 해주옵소서. 우리 곁을 떠난 지 ○년이 지났지만 우리가 고인의 유지를 가슴에 새기며 살게 하시고, 고인이 가졌던 숭고한 마음과 정신적인 유산을 잊지 않게 하시며, 그가 못다 이룬 뜻을 남은 우리가 다 성취해 갈 수 있게 해주옵소서. 유족의 삶이 고인의 아름다운 삶의 흔적에 누가 되지 않게 하시고, 하루하루를 의미 있고 가치 있게 살아 사회에 긍정적인 기여를 하게 해주옵소서.

언젠가 우리에게도 죽음이 다가올 텐데 미리 죽음을 준비하는 지혜를 주시고, 지금 이 자리에서 눈을 감을지라도 천국에 이를 수 있는 믿음을 주옵소서. 유족 가운데 지금까지 예수님을 믿지 않는 가족에게 죽음이 다가오기 전에 예수님을 믿어 고인이 가신 천국에서 꼭 만날 수 있는 축복을 주옵소서. 이미 믿음으로 살아가는 유족들은 세상의 헛된 일에 분주하게 살아가는 것이 아니라 주의 일에 힘쓰게 하시고, 세월을 아껴 하나님 나라를 위해 신령한 것을 많이 심어서 마지막 날 주님 앞에 설 때 주님이 주시는 상급을 많이 누리게 해주옵소서.

＊ 유족들이 화목하게 살게 하소서

죽음이 우리 앞에 다가오기 전에 사랑해야 할 사람을 마음껏 사랑하게 하시고, 소중한 사람을 소중하게 여기며 살게 하시고, 부끄러움 없는 시간을 보내게 해주옵소서. 우리에게 가장 소중한 것이 바로 사람이요 가족인데, 살아 있는 동안에 소중한 줄 깨닫지 못하는 우리의 우둔한 마음을 밝히셔서 늦기 전에 서로의 필요를 채워주고 섬기며 살게 해주옵소서. 유족들의 마음이 나뉘지 않게 하시고, 온 가족이 화목하여 고인의 바람을 헛되이 하지 않게 해주옵소서. 사랑하며 살아도 부족한 시간을 서로 미워하고 증오하는 데 허비하지 않게 하시고, 시간을 아껴서 서로 사랑하는 데 투자하게 해주옵소서.

서로가 가진 것을 아낌없이 나누게 하시고, 선한 것을 위해 믿음으로 투자하게 하시며, 기회가 있는 대로 모든 이에게 착한 일을 하되 더욱 믿음의 가족들을 위해 더욱 그리하게 해주옵소서. 돌봐야 할 가족을 내팽개치지 않고, 서로에게 상처를 안겨주지 않으며, 형제간에 우애함으로 믿음의 본을 보이게 해주옵소서. 사랑하는 주님, 우리에게 달려가야 할 인생길을 부끄러움 없이 달려가는 힘을 주시고, 인생의 목표를 향해 달려가되 오늘이 인생의 마지막이라고 생각하며 최선을 다하는 삶을 살게 하시며, 유언을 쓰는 심정으로 하루하루를 아름다운 일기로 마감하게 해주옵소서.

마지막 날에 행한 대로 심판하실 예수 그리스도의 이름으로 기도드립니다. 아멘.